예술의 정원
마드리드 산책

오후의 프라도, 한밤의 오페라

프롤로그

● **11 Part 1 고전회화의 천국, 프라도 미술관**

12 프라도 미술관 소개
   프라도는 '피나코테크'이다.
   프라도는 '고전미술관'이다.
   프라도의 취향은 '그랜드 매너'이다.
   프라도는 '스페인 미술의 성전'이다.
   프라도는 '종교화'가 풍부하다.

22 구역별 특징
   기획전시

33 고전회화를 즐기는 법
   지성에 의지하라
   편견을 버려라
   변주를 즐겨라

43 프라도의 명작들
   로히어르 판 데르 베이던 〈십자가에서 내려지는 그리스도〉
   히에로니무스 보스 〈쾌락의 정원〉 / 티치아노 〈황금비를 맞는 다나에〉
   틴토레토 〈세족식〉 / 안토니스 모르 〈메리 튜더〉
   엘 그레코 〈수태고지〉 / 루벤스 〈파리스의 심판〉
   벨라스케스 〈시녀들〉 / 무리요 〈베네라블레스의 무염시태〉
   프란시스코 고야 〈카를로스 4세 가족〉
   프란시스코 프라디야 〈여왕, 후아나 라 로카〉

106 고메 in 마드리드
   : 오첸타 그라도스

● **113 Part 2 전율 혹은 휴식, 나만의 미술관을 찾아서**

114 서양미술의 종합 카탈로그
　　: 티센 보르네미사 미술관

　　　크리스토프 암베르거 〈마테우스 슈바르츠의 초상〉
　　　장 오노레 프라고나르 〈시소〉
　　　베리트 모리조 〈프시케 거울〉
　　　차일드 해샘 〈뉴욕, 워싱턴 스퀘어 5번가〉
　　　존 앳킨스 그림쇼 〈고요한 글래스고〉, 〈달밤〉
　　　에리히 헤켈 〈벽돌공장〉

146 스페인 예술가의 요람
　　: 왕립예술원

　　　폼페오 바토니 〈성녀 루치아의 순교〉
　　　알론소 카노 〈옷을 집어들고 있는 그리스도〉
　　　안토니오 데 페레다 〈기사의 꿈〉
　　　훌리오 로메로 데 토레스 〈기도하는 여인〉
　　　호세 마리아 로페스 메스키타 〈안드레스 세고비아의 초상〉
　　　에두아르도 치차로 〈붓다에 대한 유혹〉

176 부부의 컬렉션, 시민 모두의 예술
　　: 라사로 갈디아노 미술관

　　　레오 라포르테 블레아지 〈꽃밭의 점심〉 테이블 장식
　　　프랑수아 링케(추정) 〈실린더 데스크〉
　　　작자 미상(플랑드르 장인) 〈카이사르 접시〉
　　　대(大) 루카스 크라나흐 〈세례자 요한으로부터 경배받는 아기 예수〉

196 지중해의 햇살, 가족의 사랑
　　: 소로야 미술관

　　　따뜻한 마음을 가진 천재
　　　소로야의 바다, 화가의 가족

209 고메 in 마드리드
　　: 이마놀, 페레치코

- **217　Part 3　마드리드를 감싸 안는 뮤즈의 선율**

  218　거장의 연주는 멈추지 않는다
  　　　: 국립 콘서트홀

  　　　연중 끊이지 않는 최고 수준의 클래식 콘서트
  　　　클래식 콘서트, 무엇을 어떻게 볼 것인가

  228　왕실이 보낸 초대장
  　　　: 왕실 콘서트

  　　　왕궁에서 펼쳐지는 라이브 연주
  　　　왕실 콘서트와 함께 하는 완벽한 1박 2일 코스

  234　가장 호화스러운 경험, 오페라를 보는 밤
  　　　: 왕립극장

  　　　마드리드에서 가장 화려한 공연장
  　　　케이크처럼 달콤한 벨칸토, 신화처럼 웅장한 악극

  246　유럽 10대 재즈 클럽
  　　　: 카페 센트랄

  　　　마드리드에서 만나는 유럽 10대 재즈클럽
  　　　재즈에 대해 버려야 할 몇 가지 편견

  253　고메 in 마드리드
  　　　: 메종 멜리

● 259　**Part 4 미술관 밖 예술**

260　유럽 궁전의 정점
　　　: 레알 궁전
　　　　나폴레옹이 감탄한 럭셔리의 끝판왕
　　　　초청자를 압도하는 갈라 만찬장
　　　　명품을 넘어 전설이 된 악기
　　　　왕과 왕비를 만나는 방

274　스페인의 작은 베르사유
　　　: 그랑하 궁전
　　　　베르사유 정원의 축소판
　　　　광대한 정원 속 21개의 오아시스
　　　　왕실정원, 시민들의 산책로가 되다
　　　　고전 조각의 향연
　　　　부르봉 가문이 남긴 숨겨진 보물

290　이토록 황홀한 바로크
　　　: 산 안토니오 데 로스
　　　　알레마네스 성당
　　　　바로크 미술의 집대성
　　　　때로는 엄격하게, 때로는 자애롭게, 성인의 기적
　　　　스페인 고유의 서민적 조각

300　고메 in 마드리드
　　　: 세인트 제임스

● 307　**Part 5 뮤즈와의 산책**

308　유럽의 파르나소스
　　　: 프라도 산책로
　　　　골든 트라이앵글의 꼭짓점들
　　　　아폴로, 뮤즈 그리고 파르나소스
　　　　마드리드의 상징, 시벨레스 광장

322　역사와 건축
　　　: 왕궁에서 하원의사당까지 산책
　　　　국민이 자랑하는 화가, 시민이 사랑하는 빵집
　　　　마드리드 시민의 뜨거운 피가 흐르는 솔 광장
　　　　야외 건축 박물관
　　　　세르반테스 동상을 지나 럭셔리한 호텔로비에서 휴식

에필로그

프롤로그 *Prologue*

'마드리드는 예술의 창고다. 예술을 사랑할 줄 아는 청년이 되기 바란다.'

마드리드에서 어학연수를 하던 대학 시절. 독일에 계시는 고모로부터 편지를 받은 적이 있다. 편지 속에 담긴 문장들이 한국에서 익히 들어오던 충고와는 사뭇 다른 내용이라 신선하게 다가왔다. 마드리드라는 도시를 예술의 창고라고 표현하다니. 부모님 말씀 잘 듣고 공부 잘하라는 말 대신 예술을 사랑하라는 충고는 또 얼마나 설레이는 지. 고모는 70년대에 간호사로 독일에 건너가신 분이다. 젊은 조카에게 남긴 메시지에는 다분히 유럽적인 가치관이 녹아 있었다. 여기서 한국적인 것은 열등하고 유럽적인 것은 우월하다는 이야기를 하고 싶은 것이 아니다. 다른 문화, 다른 현실에서 살아온 사람은 세상을 바라보는 시각도 다르고, 하고 싶은 이야기도 다를 수밖에 없다.

음식, 쇼핑, 공원, 축구, 화창한 날씨, 활기찬 사람. 마드리드의 매력

은 수없이 많지만, 그중에서도 하나만 꼽으라면 단연 예술이다. 2017년 여름, 대학 시절 이후 약 20년이 지나 마드리드에 다시 돌아오게 되었고 해외주재원으로 3년 6개월을 생활한 후 한국으로 돌아왔다. 20대보다 좀 더 넓어진 견문과 20대보다 좀 더 여유로운 시간을 가지고 둘러본 마드리드는 '예술의 창고' 그 이상이었다. 이 도시는 뮤즈의 정원인 것이다. 뮤즈는 그리스 신화에서 예술을 관장하는 9명의 여신을 가리킨다. 여신들이 가장 사랑하는 도시는 파리와 더불어 마드리드일 것임에 틀림없다.

마드리드를 예술의 도시라고 생각하는 사람은 저자나 저자의 고모뿐이 아니다. 유럽인에게 마드리드는 예술을 사랑하는 사람이라면 일생에 한 번은 방문해야 할 '순례지'로 뚜렷하게 각인되어 있다. 영국의 인기 미술 작가 웬디 수녀의 『유럽미술 산책』이란 책을 보면 이런 글이 나온다. '실제로 그런 일이 있을 것이라고 상상하지 못했지만, 만일 어디론가 여행을 떠나게 된다면 그 여행지는 마드리드가 될 것이라고 오래 전부터 생각하고 있었다'. 인상파의 거장 마네는 마드리드의 프라도미술관을 방문하고 찬사를 쏟아내기도 했다. 르누아르, 마티스, 로트렉 등 마드리드에서 영감을 찾은 예술가들은 그 외에도 수없이 많다.

마드리드는 눈부신 문화유산을 자랑하는 수많은 유럽 도시 중에서도 발군의 매력을 가지고 있지만 한국인에게는 아직 그 매력이 전달되지 않았다. 코로나로 해외여행이 힘들어지기 전에 스페인 여행 붐이 일었으나 대부분 바르셀로나와 남부 안달루시아에 관심을 쏟고 마드리드는 항공 일정상 잠시 들렀다 가는 도시쯤으로 인식하는 것 같다. 종종 인터넷에서 '마드리드는 별로 볼 것 없어요'라는 글을 볼 때면 안타까운 심정이 된다. 그 글을 쓴 분은 마드리드의 매력을 제대로 보지 못했다는 뜻이고 그 글을 읽게 될 분들은 모처럼 스페인에 방문하고도 마드리드를 스쳐 지나갈 수도 있지 않겠는가.

　마드리드에서 3년 6개월간 근무하는 동안, 여가 시간의 대부분을 예술 감상에 쏟았다. 마드리드는 마치 화수분 같았다. 주말마다 부리나케 미술관으로 공연장으로 달려갔기에 꽤 많은 것을 보고 즐겼다고 생각했지만, 그럼에도 이 도시는 기어이 새로운 예술을 보여주었다. 굳이 미술관이 아니더라도 눈길 닿는 곳곳에 예술이 녹아 있었다. 마드리드는 벨라스케스의 〈시녀들〉이나 피카소의 〈게르니카〉가 전부가 아니다. 물론 그 두 작품만으로도 마드리드는 방문할 가치가 있다. 이 놀라운 보물들을 접할 때마다 더 많은 사람에게 소개하고 싶다는 욕구는 커져만 갔다.

　저자는 예술 전공자가 아니다. 예술에 대해 책을 쓴다는 것은 부담스런 일일 수밖에 없다. 하지만 전문가가 아니라 미술과 음악을 사랑하는 팬의 입장에서 쓰는 글도 의미가 있겠다는 생각에 용기를 내었다. 이 책이 예술을 사랑하는 분들과 유럽 여행을 계획하는 분들에게 친절한 안내서가 될 수 있다면 더할 나위 없이 기쁠 것이다.

　아버지의 영전에 이 책을 바칩니다.

Part 1

고전회화의 천국, 프라도 미술관

프라도 미술관 소개
구역별 특징
고전회화를 즐기는 법
프라도의 명작들

프라도 미술관 소개

프라도 미술관으로 검색하면 〈프라도 미술관 무료 관람 후기〉라는 내용을 자주 찾아볼 수 있다. 프라도는 폐관 2시간 전부터 무료로 개방한다. 프라도의 입장료는 15유로, 한화로는 약 2만 원 이다. 2만 원은 작은 돈이 아니다. 하지만 15유로를 아끼기 위해 수백만 원의 경비와 14시간의 비행시간을 투입하여 모처럼 마드리드까지 와서 프라도를 2시간만 관람하는 것은 '절약'도 '이득'도 아닌 어마어마한 '손해'이다. 프라도는 2시간으로 볼 수 있는 미술관이 아니다.

프라도를 처음 방문한 것은 1994년 여름이었다. 프라도는 미술 감상의 즐거움을 알려준 첫사랑이자 옛 은사와 같은 존재이다. 이후 기회가 있을 때마다 다양한 미술관을 찾았다. 크리스마스 이브의 강남역 마냥 바글거리는 루브르부터 입장해서 나갈 때까지 관람객이라고는 나 혼자밖에 없었던 포 Pau 시립미술관까지, 규모나 명성에 관계없이 기회만 있으면 미술관으로 달려갔다.

루브르는 루브르대로, 포 미술관은 포 미술관대로 각자의 매력이 있다. 하지만 마음 속에는 항상 프라도미술관이 '내 인생 최고의 미술관'으로 자리하고 있다. 그런 생각이 드는 것은 첫사랑에 대한 애틋함이나 은

<프라도 미술관> 정문

사에 대한 감사함 때문인지도 모른다. 하지만 프라도가 특별하게 다가오는 것은 꼭 그런 감정적인 이유 때문만은 아니다. 프라도가 보유한 걸작, 프라도 전시실이 뿜어내는 예술적 아우라, 프라도의 쾌적한 감상 환경, 이 모든 것이 마음에 더 와닿았기 때문이다. 스페인에서 근무하는 3년 6개월 동안 수없이 프라도를 방문했지만, 신기할 정도로 프라도 관람은 질리지 않았다. 질리기는커녕 방문할 때마다 디즈니랜드에 입장하는 아이처럼 가슴이 두근거렸다. 지금도 눈을 감으면 프라도의 그림들이 손에 잡힐 듯 펼쳐진다.

　프라도 미술관은 1819년 개관하여 지난 2019년 200주년을 맞이했다. 프라도 미술관에 앞서 루브르 박물관이 1793년 개관한 바 있다. 프랑스 혁명 정신 중 하나인 '평등'은 예술 감상의 기회를 일반 시민에게로 넓혀주는 계기가 되었고 스페인 또한 그 영향을 받은 것이다. 프라도 미술관이 위대한 이유는 무엇보다도 작품 수와 질로 얘기할 수 있다. 프라도가 소장하고 있는 작품 수는 약 35,000점이다. 그중 전시하고 있는 작품만 헤아려도 1,700여 점에 달한다. 이 1,700점은 방대한 컬렉션에서 가려 뽑은 '명작'들이다. 이 명작들만 1분씩 보아도 꼬박 28시간이 걸린다. 다시 말하지만 프라도는 2시간으로 볼 수 있는 미술관이 아니다.

프라도는 종종 '미술가들의 미술관'이라 불린다. 마네, 르누아르, 드가, 로트렉, 마티스. 이들 모두 프랑스에서 태어나 모더니즘의 초석을

프라도 미술관 외벽을 장식하는 스페인의 위대한 고전화가.
왼쪽부터 호세 리베라, 프란시스코 데 수르바란, 디에고 벨라스케스

마련했다는 공통점이 있다. 또 한 가지 공통점은 모두 프라도를 다녀갔고 거기서 영감을 받았다는 것이다. 스페인 미술의 위대한 전통인 사실주의나 프라도가 풍부하게 소장하고 있는 베네치아 화가들의 화려한 색채는 인상파와 야수파의 자양분이 되었다. 프라도가 프랑스 화가들에게만 영감을 준 것은 아니다. 자국의 후배들에게 미친 지대한 영향은 두말할 필요 없다. 스페인 예술의 두 번째 전성기, 즉 '은의 시대'(Siglo de plata)를 이끌었던 달리와 피카소 모두 프라도에서 위대한 선배들의 세례를 받았다.

유럽 미술관 중에서 유독 프라도에서 좋은 시간을 보냈다고 말씀하시는 분들을 심심치 않게 만난다. 무엇 때문일까? 먼저 생각할 수 있는 것은 위에서 얘기했듯이 작품 수와 질 때문일 수 있다. 하지만 이 때문만은 아니다. 파리의 루브르나 런던의 내셔널 갤러리도 명작들을 풍부하게 전시하고 있다. 프라도에는 분명 특별한 것이 있다. 비밀은 프라도가 현대인들의 가장 빈번한 일상 중 하나를 금지했다는 데 있다. 프라도에서는 사진 촬영을 할 수 없다. 프라도 개관 200주년 기념 인터뷰에서 미구엘 팔로미르 프라도 관장은 촬영 금지에 대한 철학을 얘기한 바 있다. 첫째, 방문객들이 스마트폰 너머가 아닌 자신의 눈으로 미술을 감상하기를 바란다는 것이고 둘째, 셀프 카메라를 찍는 사람들로 인해 다른 관람객이 감상에 지장을 받는 일이 없어야 한다는 것이다. 촬영 금지 덕에 사람들은 좀 더 작품에 집중할 수 있고 작품감상에 적절한 공간을 확보할 수 있으며 작품 간 동선도 훨씬 쾌적해진다. 소위 '인생샷' 포인트 쟁

탈전이 벌어지면 감상을 위한 공간은 줄어들 수밖에 없다. 루브르의 모나리자는 작품보다도 그 앞에 늘어선 스마트폰 대열이 더 놀랍다는 농담이 있다. 프라도 팬으로서 벨라스케스의 〈시녀들〉 앞에 그와 비슷한 일이 발생하는 것은 상상하고 싶지 않다.

세계 최대 규모의 컬렉션, 초일류의 작품 수준, 미술가들이 사랑한 그림들, 최상의 관람 환경. 미술관에게 무엇을 더 바랄 수 있겠는가. 이 책을 읽는 당신이 프라도 미술관을 관람하기로 했다면 인생에서 절대 후회하지 않을 결심을 한 것이다.

프라도를 본격적으로 소개하기 전에 한 가지 얘기할 것이 있다. 바로 '세계 4대 미술관' 논쟁(?)이다. '세계 4대 미술관'. 프라도를 소개하는 글에서 자주 찾아볼 수 있는 문구이다. 루브르, 에르미타주, 바티칸, 우피치, 내셔널 갤러리, 메트로폴리탄, 보스턴 미술관… 4대 미술관에 속하는 미술관은 책마다 다르고 사람마다 다르다. 대체로 사람들은 자기가 다녀온 미술관을 4대 미술관 중 하나로 얘기하는 분위기다. 예를 들어 메트로폴리탄을 다녀왔지만 프라도를 다녀오지 않았다면 그 사람은 매트로폴리탄이야말로 4대 미술관에 속하고 프라도는 아니라고 생각하는 식이다.

'포춘 500대 기업 리스트'처럼 '위대한 세계 미술관 순위'가 있을 것이라 생각한다면 그건 오산이다. 세계 4대 미술관 운운은 주로 여행안내서나 블로그에서 찾아볼 수 있다. 정작 미술가나 미술학자 같은 전문가가 '세계 4대 미술관'을 언급하는 것을 본 적이 없다. 그 누구도, 그 어떤 기관도, 그 어떤 문서도 세계 4대 미술관을 단정할 수 없다. 매출액 순위, 관람객 순위는 매길 수 있겠지만 이런 지표가 '위대함'의 충분조건은 아니다. 프라도 미술관을 설명하기 위해서는 '세계 4대 미술관 중 하나'라는 식의 근거도 불명확한 소개보다는 '세계에서 가장 위대한 미술관 중 하나'라는 표현이 낫다. '가장 ~~~한 것 중 하나'라는 구문은 영어식 표현이라 바람직하지 않다고도 얘기한다. 하지만 '최고가 될만한 후보 중 하나'이긴하나 '최고'라고 단정할 수 없는 대상을 설명하기에 이보다 적절한 표현도 없다.

얼핏 프라도는 루브르나 메트로폴리탄 같은 대형 미술관과 별 차이가 없어 보인다. 서양미술을 풍부하게 전시한다는 점에서 비슷하긴 하다. 하지만 자세히 들여다보면 프라도 컬렉션만의 특징을 발견할 수 있다. 몇 가지 꼽아보자면 다음과 같다.

프라도는 '피나코테크'이다.

시각 예술의 중요한 두 장르는 회화와 조각이다. 따라서 미술관도 크게 회화 미술관과 조각 미술관으로 나눌 수 있다. (물론 두 가지 모두 전시하는 미술관도 많다.) 전자를 피나코테크, 후자를 글립토테크라 한다. 두 가지 모두 그리스어에서 유래한 단어로 피나코테크를 직역해 보면 '그림 컬렉션'쯤 된다. 프라도는 조각과 장식예술도 소장하고 있지만 메인 소장품은 그림이다. 따라서 스페인어나 영어로 프라도를 소개할 때 종종 '세계 최고의 피나코테크'라는 표현을 쓴다. 프라도는 '회화의 천국'이다.

프라도는 '고전미술관'이다.

프라도 소장품은 15세기부터 19세기에 걸쳐있다. 일부 15세기 이전의 작품도 있으나 20세기 작품은 없다. 즉 프라도는 고전미술 전문 미술관이다. 혹자는 19세기 작품을 소장하고 있다고 하니 인상파를 기대할 수도 있을 것이다. 하지만 프라도에는 인상파 작품이 없다. (외광파 소로야의 작품 일부가 있긴 하다.) 고전미술은 친절하면서도 심오하고 지

프라도는 회화 중심으로 전시한다.

적이면서도 감성적이다. 작은 붓끝에서 탄생한 종교, 신화, 역사의 세계 속으로 떠나보자.

프라도의 취향은 '그랜드 매너'이다.

프라도 미술관의 근간은 스페인 왕실 소장품이다. 자연히 왕과 왕비의 취향이 묻어날 수밖에 없다. 왕실의 취향은 소박함보다는 웅장함을, 통속적 이야기보다는 영웅과 성인의 이야기를 쫓아가기 마련이다. 즉 프라도 소장품의 전반적인 분위기는 '그랜드 매너'라고 할 수 있다. 그랜드 매너는 고상하고 화려한 양식을 가리키는 용어이다. 따라서 프라도 컬렉션의 대부분은 종교화, 역사화, 신화화, 초상화이고 상대적으로 풍경화, 풍속화, 정물화는 많지 않다. 또 한 가지 덧붙이자면 프라도는 보스, 루벤스, 티치아노의 작품을 유럽 그 어느 미술관보다 풍부하게 소장하고 있다. 플랑드르와 베네치아 화가를 사랑한 스페인 왕실의 취향이 반영되었기 때문이다.

프라도는 '스페인 미술의 성전'이다.

스페인 대표 미술관인 프라도는 스페인 미술작품을 가장 많이 보유하고 있다. 이 이야기는 당연하게 들린다. 그럼 다른 이야기를 해보자. 유럽 다른 미술관에는 스페인 작품이 그리 많지 않다. 이건 당연한 이야기가 아니다. 예를 들어, 이탈리아 르네상스 작품은 유럽 미술관 대부분에서 감상할 수 있고 플랑드르 바로크 작품이나 프랑스 인상파 작품 역시 세계 곳곳에 산재해 있다. 하지만 고야, 벨라스케스, 무리요를 비롯한 스페인 거장들의 걸작은 프라도에 집중되어 있다. 스페인 미술을 넓고 깊게 감상할 수 있는 최적의 장소가 프라도 미술관이란 뜻이다.

◀ 프라도는 '종교화'가 풍부하다.

이 부분에서 '아…'라고 탄식하는 분이 있을지도 모르겠다. 흔히 유럽여행에서 성당과 종교화는 넘기고 본다는 분들이 많다. 하지만 종교화야말로 고전미술의 정점이고 그런 점에서 프라도에 특히 종교화가 많다는 것은 축복이다. 중세를 거쳐 근세에 이르기까지 유럽은 종교의 시대를 지나왔다. 15-16세기 르네상스, 17세기 과학혁명, 18세기 계몽철학. 종교의 족쇄에서 벗어나려는 시도가 이어졌지만, 이 기간에도 종교의 힘은 여전히 막강했다. 따라서 예술가들이 자신의 재능을 가장 화려하게 불태운 장르는 종교화였다. 게다가 종교적 관점을 차치하고라도 성경은 놀랍고 감동적인 이야기로 가득차 있다. 성경에 더해 한국인에게는 다소 낯설 수도 있는 여러 가톨릭 성인들의 이야기까지 알게 되면 종교화의 감상 재미는 극적으로 증가한다. 스페인은 8세기부터 이슬람의 지배를 받다가 15세기 후반이 되어서야 이슬람 세력을 모두 몰아냈다. 기나긴 국토회복 대장정, 레콩키스타의 구심점은 바로 가톨릭 신앙이었다. 스페인 왕실은 유럽 그 어느 왕실보다 가톨릭 신앙이 두터웠고 자연히 종교화를 사랑하였다. 종교화의 감동과 재미를 알기에 프라도만큼 적합한 미술관도 드물다.

◀디에고 벨라스케스, 〈브레다의 항복〉 The Surrender of Breda, 1634-1635년, 캔버스에 유채, 307x367cm, 프라도 미술관
장엄한 역사화인 이 작품은 그랜드 매너가 무엇인지 잘 보여준다.

구역별 특징

　프라도와 같은 대형 미술관에서는 내부 구조와 구역별 특징을 자주 확인하는 것이 좋다. 유럽의 대형 미술관이 그러하듯, 프라도 역시 시대별, 지역별, 사조별로 작품을 모아두었다. 프라도의 전문가는 이 위대한 미술관을 방문하는 관람객이 자연스럽게 미술사의 흐름을 음미할 수 있도록 세심하게 작품을 배치하였다. 즉 미술관에서의 동선 자체가 훌륭한 큐레이션인 것이다. 프라도의 수많은 전시실을 단순히 번호 순서대로 이동하는 것과 작품의 흐름을 인식하면서 옮겨 다니는 것은 차원이 다른 경험이다. 프라도에서는 '6번에서 7번으로 이동' 하지 말고 '이탈리아 바로크에서 스페인 바로크'로 이동해 보자.

　프라도 미술관은 크게 비야누에바Villanueva관과 헤로니모Jeronimo관으로 나뉜다. 비야누에바는 프라도 미술관을 디자인한 건축가 이름에서 따왔다. 상설전시는 이곳에서 이루어진다. 헤로니모관은 나중에 지어진 건물이며 기획전시관이 위치하고 있다. 따라서 대부분은 비야누에바 관에서 관람을 시작한다. 비야누에바 관은 3개 층으로 나눠 작품을 전시하고 있다. 구역별 소개에 앞서 몇 가지 이야기해 둘 것이 있다. 먼저 유럽의 건물은 0층부터 시작한다. 즉 유럽의 0층은 한국의 1층에 해당한다. 이 책에서는 유럽식에 맞춰 가장 낮은 층을 0층으로 표기할 예정이다.

다음으로 아래에서 설명하는 좌측, 우측은 가이드맵 기준으로 표기한 것이다. 마지막으로 프라도 미술관은 종종 작품의 위치를 바꾸기도 한다. 따라서 미술관 방문 시기에 따라, 아래 안내와 일부 다른 부분이 있을 수도 있으니 양해 바란다.

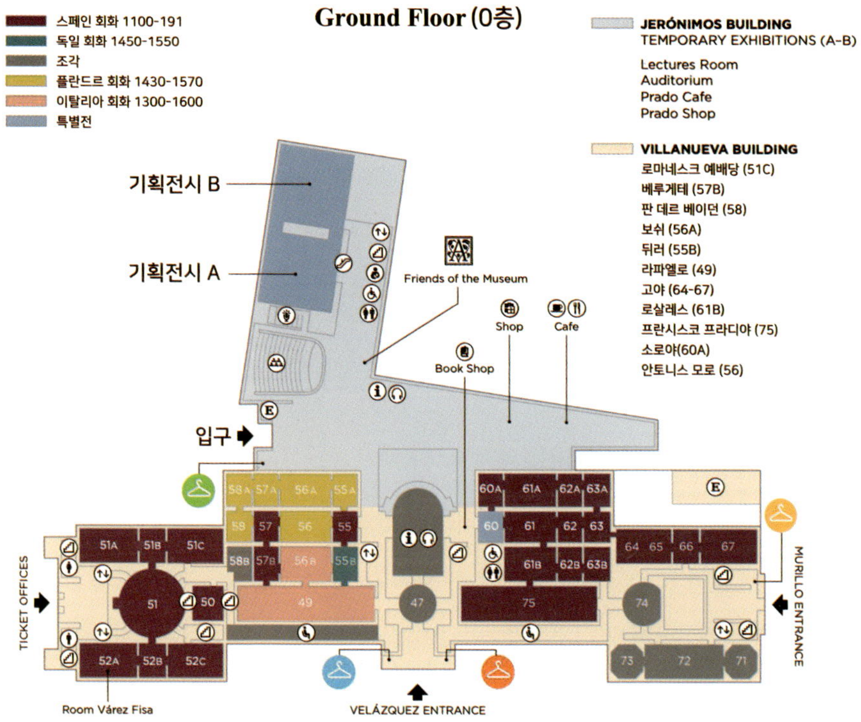

0층 좌측

미술관 입장 후 다른 입장객을 따라가다 보면 55번 방에서 관람을 시작할 가능성이 높다. 55번은 합스부르크 왕가의 초상화가 걸려있다. 다소 어둡고 엄숙해 보이는 초상화가 연달아 걸려있어 눈길이 덜 갈 수 있는데 서양사에 관심 있는 분이라면 작품 가까이 다가가 인물 이름을 확인해 보시기 바란다. 노란색으로 표시된 전시실에서는 르네상스 시기의 플랑드르 작품들을 볼 수 있으며 바로 코 앞에 있는 56B, 49번 방으로 발걸음을 옮기면 이탈리아 르네상스 작품을 감상할 수 있다. 0층 좌측 구역의 커다란 재미가 바로 이 동선에 숨어있다. 즉 플랑드르와 이탈리아 르네상스를 자연스럽게 비교해 볼 수 있는 것이다. 날카롭고 세밀한 플랑드르와 부드럽고 자연스러운 이탈리아. 당신의 취향은 어느 쪽일지. 플랑드르와 이탈리아 사이에 있는 55B에는 독일 거장들의 작품이 있다. 조그만 방이지만 독일 고전회화의 거장, 뒤러와 크라나흐, 한스 발둥 그린의 작품이 알차게 전시되어 있다.

0층 가장 좌측의 50번대 방들과 57, 57B에는 스페인의 고딕미술 위주로 전시하고 있다. 일부 로마네스크 작품도 있다. 고딕 미술은 크게 인기가 없어 프라도에서 한산한 편에 속한다. 사람이 많지 않다 보니 0층 좌측에서 한숨 돌리기 좋은 공간이기도 하다. 편안하게 앉아 지긋이 바라보면 단순하면서도 적나라한 고딕의 매력에 빠질지도 모른다.

0층 우측

0층 우측은 개인적으로 가장 애정이 가는 공간이다. 대부분의 관람객은 고야의 블랙 페인팅을 보기 위해 우측을 찾는다. 말할 필요 없이 블랙

페인팅은 절대 놓칠 수 없는 작품들이다. 하지만 이 구역은 고야가 전부가 아니다. 0층 우측의 60번대 방에서는 19세기 스페인 화가들의 작품을 감상할 수 있다. 프랑스의 영향을 받은 신고전주의와 낭만주의 작품을 다양하게 만나볼 수 있다. 그 중 가장 눈길을 끄는 작품들은 역사화이다. 국전 입선을 노리고 야심차게 제작한 이 작품들은 웅장하고 역동적이다. 리들리 스콧 감독의 사극영화 한 편을 보는 듯하다. 19세기는 스페인 화가들의 활약이 두드러지던 시기는 아니다. 따라서 이 구역은 좌측의 고딕 구역만큼이나 한산하다. 하지만 이곳에서는 무르익을 대로 무르익은 고전회화의 걸작들을 만날 수 있다. 단순히 인지도가 낮거나 혁신적이지 않다는 이유로 지나치기에는 아까운 작품들이다. 이 시기에 눈여겨 볼만한 화가들로는 에두아르도 로살레스, 프란시스코 프라디야, 안토니오 데그라인이 있다. 공인된 걸작 몇 점을 건너뛰는 한이 있더라도 이 전시실들은 빠지지 않고 둘러보길 권한다.

고야의 작품과 19세기 작품들 외에도 0층 우측에서는 조각 컬렉션을 감상할 수 있다. 앞서 말했듯 프라도는 피나코테크라 불리지만 조각도 적지 않게 소장하고 있다. 잠시라도 시간을 내어 조각을 둘러본다면 유럽미술을 종합적으로 이해하는 데 도움이 될 것이다.

안토니오 데그라인,
〈테루엘의 연인들〉
The Lovers of Teruel,
1884년, 캔버스에 유채,
330x376cm, 프라도 미술관

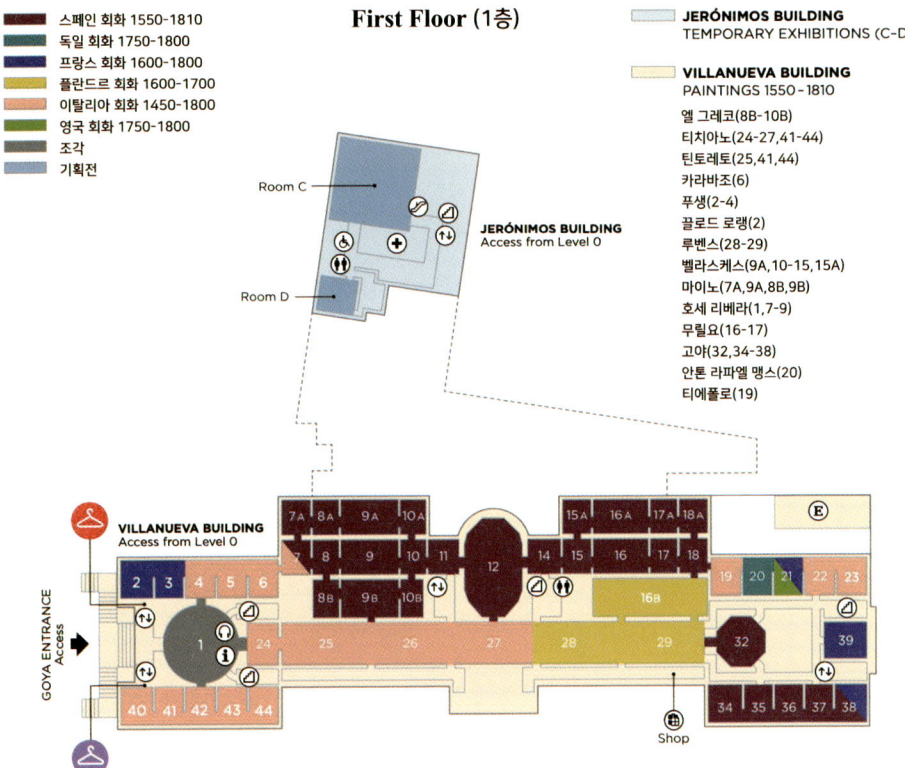

1층 상단

1층의 컬렉션을 요약한다면 스페인 황금시대, 바로크의 천국, 베네치아의 위대함이다. 0층에서 고딕과 르네상스, 신고전주의, 낭만주의를 만나볼 수 있다면 1층에서는 르네상스와 바로크가 우리를 기다린다. 르네상스 작품은 0층과 1층에 모두 자리잡고 있지만 지역적으로 분명히 구분된다. 0층은 플랑드르, 피렌체, 로마 작품 위주이고 1층은 베네치아 작품이 주를 이룬다. 프라도가 다른 유럽 미술관에 비해 더 강한 분야는 피렌체나 로마보다 베네치아 르네상스이다. 무엇보다 1층에서는 스페인 예술의 황금기인 17세기를 주름잡았던 화가들을 만나볼 수 있다.

앞서 0층은 좌측과 우측으로 나누었지만, 1층은 하단과 상단으로 길쭉하게 나누는 것이 적합하다. 0층은 중간에 로비가 있어 공간적으로 끊어지기도 하고 시대나 화풍 역시 좌우로 나뉜다. 하지만 1층은 끊김 없이 좌우가 이어지고 작품의 테마도 횡으로 길게 이어지기 때문이다. 따라서 가급적 위아래로 움직이기 보다 옆으로 옮겨가며 작품을 감상하는 것이 좋다.

1층 상단은 스페인 미술의 성전이다. 프라도 미술관을 대표하는 10명의 화가를 꼽으라면 사람마다 의견이 갈릴 것이다. 하지만 딱 1명만 꼽으라면 이견은 없다. 바로 벨라스케스다. 9번부터 15번 전시실까지, 벨라스케스 작품을 장르별로 쭉 감상할 수 있다. 물론 스페인 황금 세기의 천재는 벨라스케스 한 명이 아니다. 리베라, 무리요, 수르바란, 코탄, 카노, 페레다... 프라도의 자랑, 스페인의 천재성을 여기서 확인하기 바란다.

그리스에서 건너오긴 했지만 보통 스페인 화가로 분류하는 엘 그레코의 작품들도 이 구역에서 감상 가능하다. 니콜라 푸생, 클로드 로랭,

와토 같은 프랑스 화가들의 작품은 상단 좌측과 우측끝, 2, 3, 20, 21번 방에서 감상할 수 있다. 스페인, 이탈리아, 플랑드르의 웅장한 작품들을 보다가 20번 전시실에 있는 자그마한 프랑스 로코코 작품을 보면 메인 요리 후의 디저트를 먹는 듯한 색다른 즐거움을 느낄 수 있을 것이다.

1층 하단

1층 하단 25번에서 29번까지의 전시실을 '센트럴 갤러리' Galeria Centra 라고 한다. 갤러리는 원래 '복도'를 뜻하는 단어다. 따라서 센트럴 갤러리는 중간에 칸막이가 없으며 일렬로 쭉 뻗어 있다. 이 구역에는 주로 대작이자 걸작, 즉 스케일이 크면서 동시에 완성도 높은 작품들을 엄선하여 전시하고 있다. 말 그대로 대작들의 향연이 펼쳐지는 공간이다. 각 작품이 뿜어내는 아우라가 워낙 강렬한데 그런 작품이 연달아 나타나기 때문에 센트럴 갤러리에서는 피곤해지기 쉽다. 미술관 입장 초반에 관람하거나 체력을 충분히 회복한 후 방문하는 것을 권한다. 센트럴 갤러리의 좌측은 베네치아 르네상스, 우측은 플랑드르 바로크가 맡고 있다. 좌우측의 수장은 각각 티치아노와 루벤스다.

센트럴 갤러리 우측 끝의 30번대 전시실에서는 고야의 걸작들을 만날 수 있다. 고야는 0층부터 2층까지 3개 층에 걸쳐 모두 만나볼 수 있다. 고야는 한 작가가 그렸다고 믿기 어려울 정도로 다양한 주제, 다양한 화풍으로 작업했기 때문이다.

명작들의 장엄한 향연, 센트럴 갤러리

2층

'마드리드에 새로운 미술관이 문을 열었다' 스페인 미술전문 잡지 『데스쿠브리르 아르떼』는 프라도의 2층 전시실 개관을 이렇게 소개하였다. 2층은 0층과 1층에 비해 전시공간이 작지만, 이곳에 있는 작품들만으로도 따로 일류 미술관을 만들 수 있을 정도로 작품 수가 충분하고 질도 높다. 사실 0층과 1층을 충분히 보았다면 2층까지 둘러볼 힘도 시간도

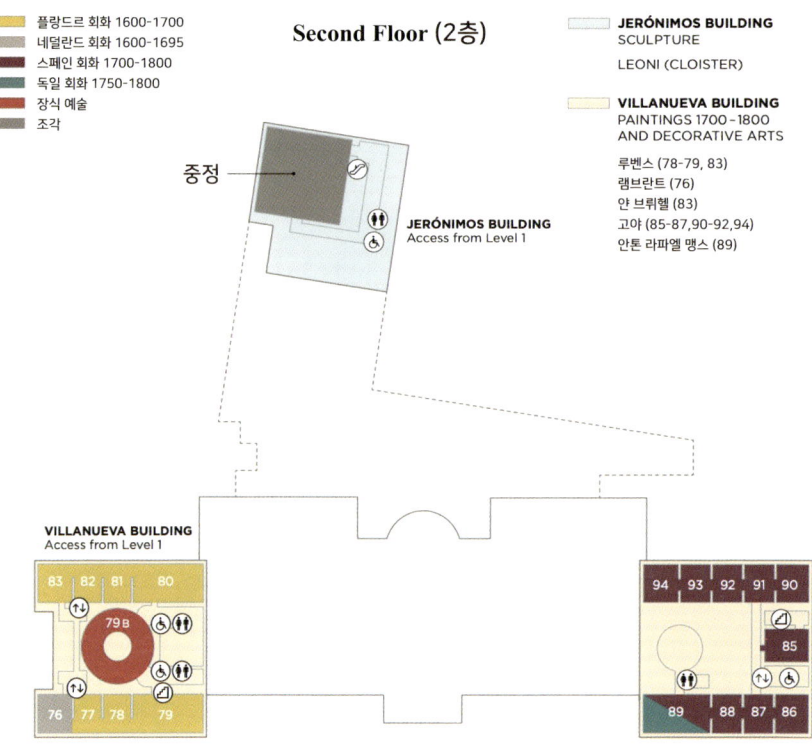

없을 것이다. 2층은 세 가지 경우에 추천한다. 첫째, 2일 이상 프라도를 방문할 수 있는 경우, 둘째, 플랑드르 바로크와 고야를 특별히 좋아하는 경우, 마지막으로 한적하고 여유로운 분위기 속에서 작품을 감상하고 싶을 경우이다.

    2층 왼쪽에는 플랑드르 컬렉션이 있다. 가장 먼저 눈에 띄는 작품은 렘브란트의 〈홀로페르네스의 연회에 있는 유디트〉이다. 이 그림은 프라도가 소장하고 있는 렘브란트의 유일한 작품이다. 그 외에도 루벤스의 작품도 다수 만나 볼 수 있다. 2층 오른쪽에서는 고야의 태피스트리색실을 짜넣어 그림을 표현하는 직물 공예 밑그림을 감상할 수 있다. 민초의 소박한 일상이나 귀족의 유희를 묘사한 로코코풍 작품이 많다. 0층에서 블랙 페인팅을 먼저 감상한 후 2층의 사랑스러운 아이들과 여인들의 모습을 보면 격심한 화풍 차이에 어리둥절해질 것이다.

기획전시

2층까지 보았다 해도 프라도 감상은 여기서 끝나지 않는다. 앞서 말했듯 헤로니모 건물에서는 기획전시를 하고 있다. 특정 화가나 화풍, 주제 등을 선정하여 그와 관련한 작품들을 한곳에 모아 전시하고 있다. 작품은 프라도 소장품일 수도 있지만, 유럽의 다른 미술관으로부터 대관

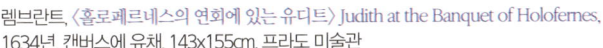

렘브란트, 〈홀로페르네스의 연회에 있는 유디트〉 Judith at the Banquet of Holofernes, 1634년, 캔버스에 유채, 143x155cm, 프라도 미술관

한 작품이 더 많다. 한국에서의 기획전은 여러 제약 때문에 작품의 양이나 질이 아쉬운 경우가 많으나 프라도는 해당 주제의 대표작을 한곳에 모아 전시한다. 기획전은 한 가지 주제에 대해 깊이 알 수 있는 좋은 기회이지만, 하루 이내에 미술관을 모두 둘러봐야 하는 여행자로서는 역시 상설 컬렉션부터 감상할 수밖에 없다. 기획전 역시도 2층 관람과 마찬가지로 이틀에 걸쳐 프라도를 방문하거나 특별히 관심이 있는 주제로 전시하는 경우에 한해 방문할 것을 권한다.

고전회화를 즐기는 법

앞서 이야기했듯이 프라도는 고전회화 미술관이다. 미술사조 관점에서는 고딕부터 사실주의까지, 시간상으로는 13세기 경부터 19세기 중반까지의 작품을 고전회화라 부를 수 있다. 고딕 이전 시기의 작품도 고전회화라 분류할 수 있으나 유럽의 고전미술관은 대부분 고딕 작품부터 전시한다. 고전회화가 현대미술에 비해 감상하기 수월하다고 생각하는 사람들이 있는 반면, 고루하거나 거기서 거기 같다고 지루해하는 분도 상당히 많다. 재미있는 것은 고전회화를 지루하게 생각하는 분도 전문가의 설명과 함께 감상하면 대부분 즐거워한다는 것이다. 고전회화 자체가 지루한 것이 아니라 즐기는 법을 모르니 지루한 것이라는 얘기다. 프라도라는 고전회화의 전당에 들어가기에 앞서 일단 어떻게 하면 고전회화를 즐겁게 감상할 수 있는지부터 얘기해 보자.

지성에 의지하라

미술 감상은 감성의 영역이라 생각하는 분들이 많다. 예술을 사랑처럼 생각하는 것이다. 즉 운명의 사람을 만나 그 사람이 왜 좋은지 설명할 수 없으나 사랑에 빠지고 눈빛만 봐도 설레일 것이라는 환상이다. 하지만 미술은 그렇지 않다. 걸작은 운명처럼 다가오지도 않고 왜 좋은 지 이유도 모른채 사랑할 수 없으며 그저 쳐다보기만 해서는 설레이지도 않는다. 미술 감상은 철저하게 지적인 활동이다. 정확하게 얘기하자면 먼저 머리로 이해해야 가슴으로 감동하게 된다. 물론 어떤 작품은 잘 모르고서도 감동 받을 수 있다. 하지만 그런 작품들도 알고나서 다시 보면 더 크게 감동 받을 것이다. 모르는 상황에서는 잔잔한 감동에 지나지 않았던 그림이 제대로 알고 보면 전율로 다가온다.

호세 리베라, 〈성 예로니모〉 Saint Jerome,
1644년, 캔버스에 유채, 109x90cm, 프라도 미술관
모르고 보면 초췌한 노인, 알고 보면 성경을 라틴어로 옮긴 대 신학자

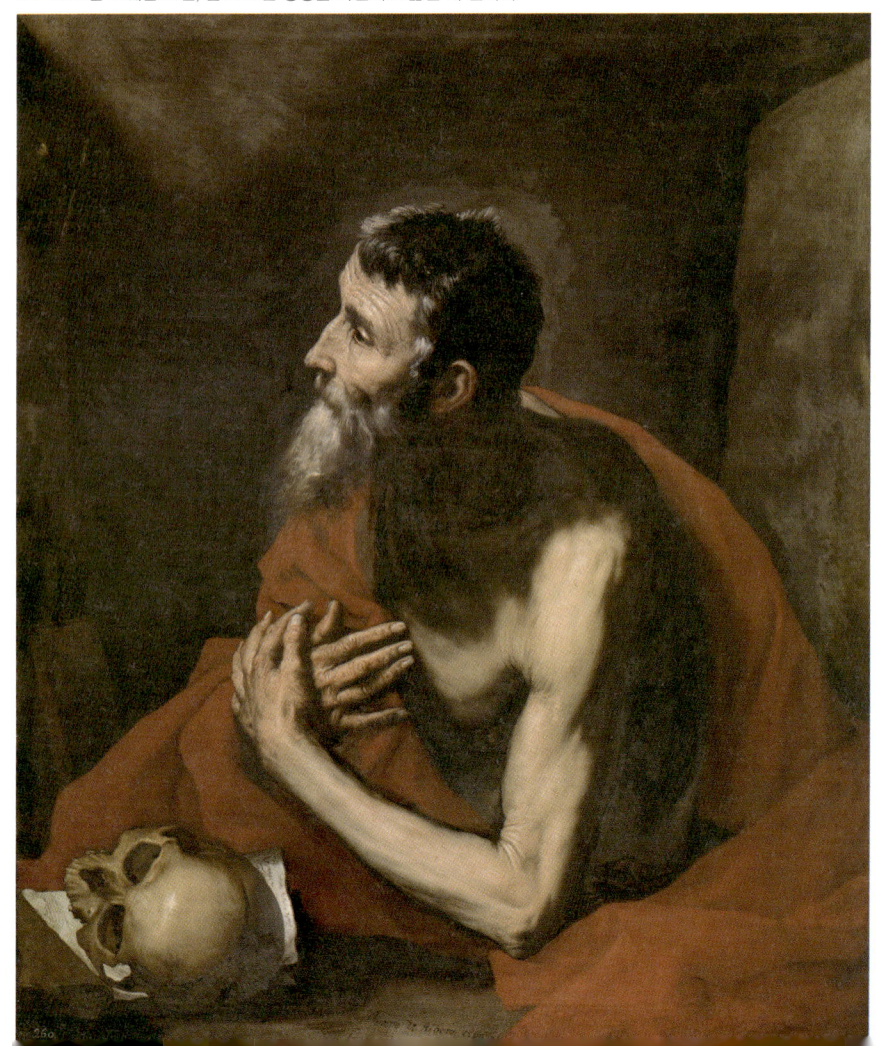

그럼 무엇을 알아야 할까. 미술 사조, 국가별 특징, 당시의 사회상, 화가의 일생, 그림에 사용된 기술이나 구도, 그림이 표현하고 있는 이야기... 그림 한 점을 놓고 나눌 수 있는 이야기는 무궁무진하다. 깊이 파려면 넓게 파라는 말이 있다. 미술에 대해 공부하다보면 웬만한 인문학을 모두 건드릴 수밖에 없다.

모든 것을 제대로 알고 감상하면 더없이 좋겠지만, 미술사 전공자가 아닌 바에야 공부할 수 있는 깊이에 한계가 있다. 그렇다고 지적인 감상을 포기해야 하는 것은 아니다. 미술에 대한 관심이 높아지면서 시중에는 비전공자를 위한 훌륭한 책을 어렵지 않게 찾을 수 있다. 이러한 책을 활용하면 미술에 대한 기본 상식 정도는 갖출 수 있다.

미술에 대한 책은 크게 두 가지로 나뉜다. 미술사를 심도 있게 설명하는 책과 개개 작품이나 작가에 대한 해설이나 감상을 곁들인 책이다. 서점 매대에서 이 책 저 책 구경하다 보면 다소 부드러워 보이는 후자 유형에 손이 가는 경우가 많다. 하지만 미술을 제대로 감상하려면 한 번은 반드시 미술사를 알고 넘어가야 한다. 이 책은 미술사 책이 아니다. 따라서 프라도를 방문하기 전에 미술사 책도 빠지지 않고 읽어볼 것을 추천한다. 단 책을 고를 때 너무 가벼운 책은 추천하지 않는다. 하룻밤에 단숨에 미술사를 가르쳐 주겠다거나 미술사는 너무 쉬우니까 아무 부담 없이 읽어보라는 식의 책이 있다. 하지만 미술사는 하룻밤에 이해할 수도 없고 너무 쉬운 나머지 라면 먹으면서 읽어도 술술 이해할 수 있는 것이 아니다. 입시 공부하듯이 공부할 필요까지는 없지만 조용한 곳에서 집중하여 책 한 권 읽는 정도의 정성은 필요하다.

만약 고전회화를 좀 더 본격적으로 이해하고 싶다면 미술사에 더해 몇 권 더 읽어보는 것이 좋다. 서양사, 성경, 그리스로마 신화. 여기까지 읽고서 미술관을 방문하면 금상첨화다. 사실 누구나 학생 때 적지 않은 소양을 쌓았을 것이다. 다만 성인이 되어서는 어지러운 세상사에 치여 학창시절에 공부한 것은 잊어버렸을 가능성이 높다. 성경은 통독하기에 만만치 않은 책이다. 따라서 이야기 성경을 추천한다. 서양사와 그리스로마 신화는 만화부터 시작해서 대학교재처럼 두꺼운 전문서까지 다양하게 출판되어 있다. 너무 쉽지 않고 어느 정도는 깊이가 있는 책을 읽는 것이 좋다.

편견을 버려라

편견은 선글라스다. 대상을 있는 그대로 보지 못하고 필터를 낀 채로 바라보는 것이다. 편견이라는 선글라스를 끼고 작품을 감상하면 '걸작'을 '졸작'으로, '졸작'을 '걸작'으로 오인하게 된다. 이 말은 걸작과 졸작 혹은 범작을 정해진 답에 따라 가려내지 못한다는 뜻이 아니다. 훌륭한 작품 앞에서도 감동 받지 못하거나 그리 훌륭하지 않은 작품 앞에서 억지로 감동을 받으려 노력하게 된다는 것을 말한다. 미술 감상을 방해하는 편견은 어떤 것들이 있을까.

먼저 '명성의 편견'이다. 라파엘로, 고흐, 피카소. 작품 앞에 이런 이름이 붙어 있으면 묻지도 따지지도 않고 걸작이라 감탄하고 시작하기 쉽다. 좋아서 감탄하는 것이 아니라 감탄부터 하고 왜 좋은 지 설명하려 애쓰는 형국이다. 하지만 라파엘로, 고흐, 피카소라고 해서 걸작만 쏟아낸 것은 아니다. 거장의 작품 중에도 범작 심지어 졸작이 있다. 반대로 덜 알려진 화가들의 작품 속에도 걸작이 있다. 어디선가 들어본 유명 작품만 찾아다니다보면 안목을 높이지도 못하고 취향을 발견할 수도 없다.

프라도 미술관 1층에는 19세기 스페인 관학파의 작품을 모아놓은 전시실이 있다. 에두아르도 로살레스, 프란시스코 프라디야 같이 고전회화의 마지막 불꽃을 태운 화가의 작품이 전시되어 있다. 이들의 작품 앞에 설 때마다 절로 감탄사가 나왔으나 주위를 둘러보면 여기가 1년에 300만 명이 찾아오는 프라도 미술관이 맞나, 싶을 정도로 썰렁했다. 이 책에서도 프라도의 명작 위주로 소개하겠지만 그 작품들만 골라서 찾아다니는 일은 없었으면 좋겠다. 명작과 또 다른 명작 사이에 걸려 있는 수많은 작품 속에는 분명 보석이 숨어 있다.

두 번째는 '미술은 예뻐야 한다'는 편견이다. 미술이라는 한자를 풀이해보면 아름다울 미美가 떡 하니 들어가 있으니 모름지기 미술이란 예쁘고 봐야 하는 것이지 않냐고 반문할 수도 있다. 이러한 오해를 없애기 위해 미술이라는 단어를 영어로 옮겨보자. 미술을 영어로 옮기면 'Visual art' 즉 시각 예술이 된다. 미술은 눈으로 즐기는 예술의 한 갈래라고 할 수 있다. 그리고 예술이란 '감정적 혹은 지적으로 자극을 주는 창조물'이다. 미술은 예쁘고 봐야 한다고 주장하려면 '인간은 예쁜 것 외에는 감정적으로도 지적으로도 자극을 받을 수 없는 존재'라는 명제에 동의해야 한다. 물론 여기에 동의할 사람은 없을 것이다.

만약 예쁜 것만이 좋은 예술이라면 '동요'야말로 음악의 최고 경지일 것이다. 동요는 대부분 멜로디가 예쁘기 때문이다. 그에 비해 재즈는 멜로디를 종잡을 수 없기도 하고 록 Rock Music 은 전자기타의 난폭한 음향을 들려주며 블루스는 한없이 우울하기도 하다. 동요는 그 나름의 아름다움을 갖추고 있지만, 음악이 지향하는 최고 단계는 결코 아니다. 미술도 마찬가지다. 예쁜 그림도 좋지만 그런 그림만이 훌륭한 작품이 아니다. 프라도가 자랑하는 걸작 중 고야의 〈블랙 페인팅〉시리즈가 있다. 어둠과 기괴함으로 가득한 이 그림들은 우리 내면 깊숙이 잠들어있는 불안, 공포, 광기를 불러일으킨다. 블랙 페인팅이 위대한 이유는 예뻐서가 아니라 인간의 감정을 흔들어 깨우는 강렬한 표현 때문이다. 예쁜 그림이 아니라 나를 자극하는 그림 앞에서 좀 더 많은 시간을 보내는 것. 그것이 프라도를 깊게 즐기는 방법이다.

마지막으로 '인상파가 최고라는 편견'이다. 달리 이야기하면 인상파에 대한 편애이다. 인상파에 대한 편애라니. 조금 뜬금없이 들릴 수도 있다. 하지만 한 번쯤 얘기할만한 주제라고 늘 생각해왔다. 대부분의 사람은 인상파를 좋아한다. '서양회화=인상파'라고까지 생각하는 사람도 있다. 고전회화에 비해 사전지식이 필요 없고 현대미술처럼 난해하지도 않은 인상파는 분명 매력적이다. 하지만 인상파에 대한 지나친 애정은 결국 다양한 미술작품으로 감상의 지평을 넓히는 데 걸림돌이 된다. 인상파에 대한 편애는 앞서 얘기한 예쁜 그림에 대한 편애와 비슷하다. 인상파를 왜 좋아하냐고 물으면 대부분 '예쁘니까'라는 답이 돌아올 것이기 때문이다.

고야, 〈사투르누스〉 Saturn, 1820-1823년, 벽에서 캔버스로 옮김, 144x81cm, 프라도 미술관

대중들에게 워낙 인기 있는 장르이다보니 인상파에 대한 글도 많다. 인상파 화가들이 기존 화풍에 반발하여 새로운 회화의 길을 열었다는 이야기나 보수적인 평단과

냉담한 대중의 반응에도 불구하고 끝내 높은 평가를 받았다는 이야기는 아이폰을 출시한 스티브 잡스의 혁신 스토리나, 무명의 서러움을 떨쳐 낸 오디션 우승자의 사연처럼 감동적이다. 인상파의 의미와 성취를 누가 부정할 수 있을까. 본인도 인상파를 좋아하고 오르세미술관에서 큰 감명을 받았다. 하지만 인상파의 혁신과 역전 스토리에 열광한 나머지 고전화가들에게는 관심을 덜 주게 되는 경우가 안타까울 뿐이다.

새삼스러운 말이지만 인상파 이전의 고전 대가들은 위대하다. 만약 인상파 위주로만 애정을 가지고 있는 분이 있다면 프라도 방문이 고전회화의 세계에 빠져들 수 있는 계기가 될 수 있기 바란다.

변주를 즐겨라

첫 전시실에서는 한 작품 한 작품 자세히 보다가 15분 정도 지나면 어느새 발걸음이 빨라지고 30분쯤 지나면 어디 앉을 곳이 없나 찾게 된다. 프라도와 같은 대형 미술관을 찾는 방문객 중 많은 분이 이와 같은 패턴으로 관람한다. 왜 그럴까. 당연한 얘기지만 미술관에서의 시간이 지루하기 때문이다. 그럼 왜 지루하게 느껴질까. 다양한 답이 있을 수 있으나 가장 많이 들을 수 있는 이유가 그림들이 다 비슷해 보인다는 것이다. 십자가의 예수 그리스도, 근엄한 표정의 왕과 귀족, 숲속의 여신. 고전미술관을 가득 메운 그림들은 얼핏 보면 거기서 거기 같다.

고전미술의 주제는 분명 한정된 면이 있다. 그럼에도 고전미술 감상이 즐겁고 질리지 않는 이유는 '변주'에 있다. 변주는 음악용어로 동일한 주제를 연주하되 선율, 리듬, 화성에 변화를 주는 것이다. 대중음악에서 자주 볼 수 있는 리메이크도 일종의 변주이다. 같은 주제로 그림을 그리더라도 변주할 수 있는 방법은 무궁무진하다. 각 작품마다 구도, 색채, 인물 표현, 배경 처리, 그림에 사용한 기법은 제각각 다르다. 십자가의 그리스도는 너무나 흔한 주제이지만 고통스러워 보이는 그리스도와 모든 것을 초월한 듯한 표정의 그리스도는 다르다. 그리스도가 화면 중앙에 있는지, 아니면 화면 한구석으로 밀려나 있는지도 분명 다른 느낌을 준다.

엇비슷해 보이는 작품들 속에서도 뭔가 특별한 점을 찾아내는 것. 그것이 고전미술 감상의 비할 데 없는 즐거움이다. 프라도와 같은 고전미술관이 흥미로운 이유는 전시중인 1,700개 작품이 모두 파격적이고 혁신적이어서가 아니라 미묘한 차이 즉 변주가 만들어내는 독창성 때문이다.

사실 대부분의 사람은 디테일한 분석을 통해 무엇인가를 감상하거나 혹은 즐기며 살아가고 있다. 우리 모두는 취미나 취향을 가지고 있고 취미나 취향은 '차이'를 알아볼 줄 아는 능력에 근거하고 있기 때문이다. 축구를 별로 좋아하지 않는 사람 눈에는 조기축구나 월드컵 결승이나 큰 차이 없다. 그냥 공 쫓아서 우르르 달리다가 골대 앞에서 뻥 차서 골 넣는 것. 하지만 축구팬은 안다. 메시의 드리블이나 손흥민의 슛이 왜 클라스가 다른 지. 패션에 관심 없는 사람에게는 마트에 걸린 옷이나 유명 디자이너의 신상이나 별 차이 없어 보인다. 옷이란 치수가 맞고 가격

그뤼네발트, 〈십자가형〉 The Cruxification, 이젠하임 제단화, 1512-1516년, 패널에 유채, 269x307cm, 콜마르, 운터린덴 박물관

고야, 〈십자가에 못 박힌 그리스도〉 Christ Crucified, 1780년, 캔버스에 유채, 255x154cm, 프라도 미술관

이 두 그림은 주제만 같을 뿐 표현은 확연히 다르다.

적당하면 걸치는 것일 뿐. 그러나 패셔니스트는 안다. 샤넬이 괜히 비싼 것이 아니라는 것을.

프라도에서 같은 주제의 작품을 만나면 "또 이거야?"라고 생각하기 전에 이 작품이 다른 작품과 어떤 점이 다른지 찾아보고 그 차이가 만들어내는 각각의 고유함을 즐겨 보자. 당신이 축구를 즐기 듯 혹은 패션에 관심을 가지듯 그렇게 말이다.

프라도의 명작들

| 로히어르 판 데르 베이던 <십자가에서 내려지는 그리스도>

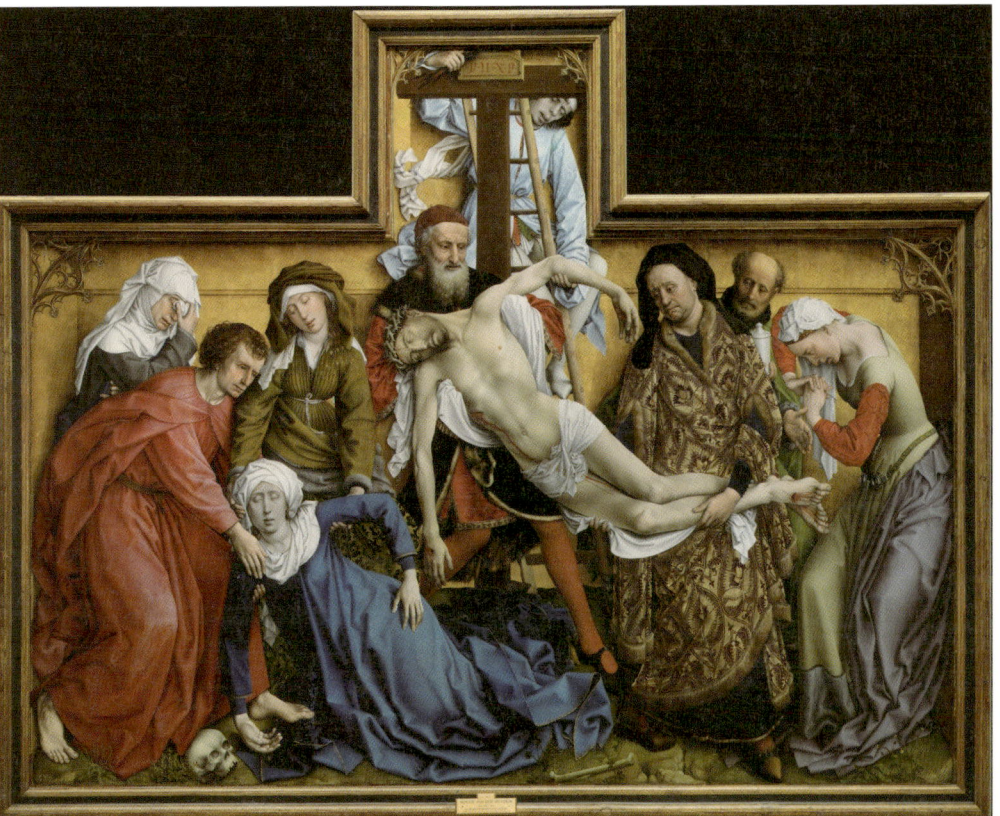

로히어르 판 데르 베이던, 〈십자가에서 내려지는 그리스도〉 The Descent from the Cross, 1435년경, 목판에 유채, 220x262cm, 프라도 미술관

이 그림의 주제에 대해서는 길게 이야기할 내용이 없다. 제목 그대로 십자가에서 내려지는 그리스도를 그린 작품이다. 대신 화풍, 기법, 구도

에 대해 이야기하는 것이 더욱 흥미롭다. 다소 이론적이라 딱딱하게 느껴질 수도 있다. 하지만 북유럽 르네상스의 특징을 한 번 알아두면 서양 미술관을 방문할 때마다 두고두고 유용하게 활용할 수 있다.

먼저 화풍에 대해서 얘기해 보자. 이 그림은 북유럽 르네상스의 대표작이다. 북유럽이라고 해서 스칸디나비아 인근국을 말하는 것은 아니고 플랑드르 벨기에 인근 나 독일 같은 알프스 이북 국가를 말한다. 보통 르네상스라고 하면 이탈리아를 떠올린다. 이탈리아가 르네상스의 중심지였던 것은 사실이나 미술사적으로 볼 때는 알프스 이북, 그중에서도 특히 플랑드르 지역은 중요한 한 축을 담당했다. 이탈리아와 플랑드르 작품 간의 화풍은 확연한 차이가 있다. 이탈리아 작품이 부드럽고 화사하다면, 플랑드르 작품은 날카롭고 세밀하다. 이탈리아 작품은 첫눈에 반하게 되고 플랑드르 작품은 보면 볼수록 감탄하게 된다. 이탈리아 작품에서 천재성이 느껴진다면 플랑드르 작품에서는 집요함이 느껴진다. 일본의 저명한 지식인 중 한 명인 사이토 다카시는 플랑드르 르네상스의 대표작〈아르놀피니 부부의 결혼〉을 보고 아무리 확대시켜도 흐트러지지 않을 만큼 정교하다며 감탄하기도 했다. 플랑드르 작품은 멀리서만 보지 말고 작품 앞에 가까이 다가가 자세히 보기 바란다.

이탈리아와 알프스 이북의 차이는 지금까지도 이어진다. 당신이 개인적으로는 옷을 한 벌 구입해야 하고 회사에서는 기계를 한 대 구입해야 한다고 생각해보자. 아마 옷은 이탈리아에서, 기계는 플랑드르에서 구입하고 싶을 것이다. 이탈리아 디자이너들은 아름다움에 천착했던 라

코레조, 〈나를 만지지 마라〉 Noli me tangere,
1525년경, 캔버스에 유채, 130x103cm,
프라도 미술관

로베르 캉팽, 〈성녀 바르바라〉 Saint Barbara,
1438년, 목판에 유채, 101x47cm,
베를의 세 폭화 오른쪽 날개, 프라도 미술관

부드러운 이탈리아 vs 정교한 플랑드르

파엘로의 후손이고 플랑드르의 엔지니어들은 세밀함에 매료되었던 판 데르 베이던의 후손이라는 것을 떠올려보면 자연스러운 선택이다.

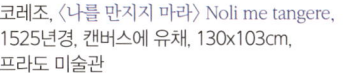

프라도의 명작들 45

플랑드르 화가들이 사물을 치밀하게 묘사할 수 있었던 이유는 집요한 성격 때문만은 아니다. 그들에게는 남다른 기술이 있었으니 바로 유채 물감이다. 고전 화가들은 자신이 사용할 물감을 직접 만들었다. 물감을 만들기 위해서는 안료와 용매가 필요하다. 안료는 광물이나 식물 같이 색을 품고 있는 원재료이고 용매는 가루 형태의 안료를 끈적한 물감으로 만들기 위해 섞어주는 물질이다. 중세시대에 가장 인기 있었던 용매 중 하나가 계란이었고 계란으로 만든 물감을 '템페라'라고 부른다. 템페라는 내구성이 강하고 빨리 건조되는 특징이 있다. 유채 물감은 이름에서 짐작 가능하듯 기름을 용매로 사용한다. 특징은 건조가 느리다는 것. 바로 이 점이 화가들을 열광하게 했다. 건조가 느리다보니 여러 번 덧칠이 가능했다. 덕분에 다층적이면서도 자연스러운 색 표현이 가능해졌고 세밀한 묘사도 가능해졌다. 계란을 사용하다가 기름을 사용한 것이 뭐 그리 대단하냐고 생각할지 모르지만, 이는 피쳐폰이 스마트폰으로 진화한 것 만큼 대단한 기술적 진보이다. 스마트폰을 만져본 사람이 다시는 피쳐폰으로 돌아가지 못하는 것처럼 유채 물감을 접한 화가들은 너도 나도 템페라의 세계를 떠나 유화의 세계로 뛰어들었다.

이제 앞에서 이야기했던 그림 〈십자가에서 내려지는 그리스도〉로 눈을 돌려 보자. 이 그림은 구조가 특이하다. 먼저 그림의 배경이 없다. 화면 가득 사람이 있을 뿐이다. 다양한 인물들을 감싸고 있는 것은 액자인 것 같지만 그렇지 않다. 화면 외곽을 자세히 보자. 나무 상자 같은 틀을 발견할 수 있을 것이다. 흡사 나무 상자 속에 사람과 꼭 닮은 밀랍 인형을 세워둔 것 같지 않은가. 화가는 성서의 장면을 재현한 것이 아니라 성서의 장면을 재현한 인형 혹은 조각상자를 재현한 것이다.

   이 그림은 구도도 재미있다. 액자 모양은 한자 '철凸'자와 비슷하다. 십자가를 꼭짓점으로 하여 양쪽으로 서서히 낮아지는 삼각형 구도를 취하고 있다. 균형을 중시하는 르네상스적인 구도이다. 예수와 성모 마리아, 성모 손끝의 해골은 사선으로 연결되어 있다. 그리스도가 십자가형을 당한 골고다 언덕에는 인류의 조상, 아담이 묻혀 있었다고 한다. 따라서 십자가 형장의 그림 속에 나오는 해골은 아담을 상징하는 경우가 많다. 원죄를 범한 아담과 인류를 대신해 죽은 그리스도 사이를 성모마리아가 연결해 주는 구도이다.

   판 데르 베이던은 플랑드르 르네상스를 대표하는 화가이다. 얀 반 에이크, 로베르 캉팽과 함께 플랑드르 르네상스를 열어젖힌 3대 거장 중 한 명으로 칭송받는다. 이들 세 명의 선배가 세상을 떠날 때 즈음, 기발한 천재가 한 명 나타난다. 히에로니무스 보스가 그 주인공이다.

| 히에로니무스 보스 <쾌락의 정원>

히에로니무스 보스, 〈쾌락의 정원〉 The Garden of Earthly Delights,
1490-1500년경, 패널에 유채, 세 폭 제단화, 220x389cm, 프라도 미술관

프라도에서 특히나 많은 사람을 불러 모으는 그림이 두 점 있다. 한 점은 1층의 〈시녀들〉이고 다른 한 점은 0층의 〈쾌락의 정원〉이다. 쾌락의 정원은 기상천외한 그림이다. 기상천외. 착상이나 생각 따위가 쉽게 짐작할 수 없을 정도로 기발하고 엉뚱함. 〈쾌락의 정원〉에 이보다 더 어울리는 표현은 없을 것이다. 앞서 고전회화 감상의 즐거움은 '디테일의 변주'를 발견하는 것이라 얘기했다. 이 그림은 얘기가 다르다. 보스는 디

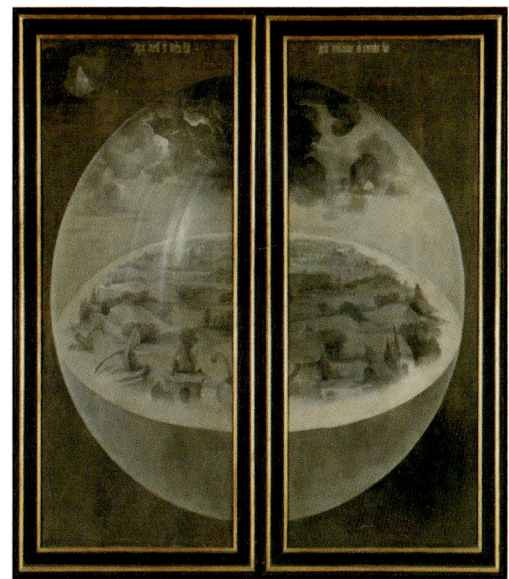

보스, 〈쾌락의 정원〉, 양쪽 패널이 닫힌 모습

테일을 변주하지 않았다. 다른 사람들이 음표의 길이나 강약을 조절하고 있을 때 보스는 아예 음정을 바꿔 연주했다.

이 그림이 제작된 정확한 연도는 알 수 없다. 15세기 후반으로 짐작할 뿐이다. 〈쾌락의 정원〉이라는 제목도 19세기 들어 만들어졌다. 그전에는 〈천지창조〉, 〈육체적 쾌락〉 같은 이름으로 불렸다. 사람들 사이에서는 '플랑드르 사람이 그린 이상한 그림', 이런 식으로 불리지 않았을까. 〈쾌락의 정원〉은 세 폭 제단화이다. 세 폭 제단화는 명칭 그대로 세 개의 패널로 이루어진 종교화다. 별다른 정보 없이 이 그림을 맞닥뜨리면 중간의 큰 그림부터 눈이 가게 될 가능성이 높다. 하지만 이 작품은 순서대로 봐야 한다.

〈쾌락의 정원〉이 있는 전시실에 들어서면 많은 사람이 이 그림 앞에 몰려있을 것이다. 인파 속에 끼어들기 전에 먼저 그림 뒤로 살짝 돌아가자. 배치가 바뀌었을 수도 있으나 2020년까지는 그림 뒤로 돌아갈 수 있었다. 그림 뒤로 돌아가면 회색 톤의 둥근 구체를 볼 수 있을 것이다. (좌우측 패널을 열어둔 상태이니 반구 형태로 보일 것이다.) 하느님이 막 천지창조 3일째 일정을 마친 장면이다. 1일차 빛, 2일차 하늘, 3일차 땅과 식물. 따라서 아직 지구상에는 동물도 사람도 없다. 흑백으로 그린 이유는 아직 태양이 없어서일 것이다. 지금의 과학적 지식으로 말하자면 1일차에 빛이 있었으니 색도 있어야겠지만.

이제 그림 앞쪽으로 이동하자. 총천연색의 그림이 유독 화려해 보일 것이다. 화가는 흑백과 컬러의 대조를 통해 천지창조 3일차에서 천지창조를 마친 화려한 세상으로 이동하는듯한 드라마틱한 연출을 펼쳐 보인다. 먼저 왼쪽 패널부터 보자. 화면 아래를 보면 하느님이 막 이브를 창조하였음을 알 수 있다. 즉 이곳은 낙원이다. 그림 속에는 상상의 동물과 실제 동물이 뒤섞여 있다. 당시 유럽에서는 보기 힘들었을 코끼리와 기린이 눈에 띈다. 옛 유럽인들은 코끼리는 성욕이 없다고 믿었다. 따라서 코끼리는 육체적 쾌락을 몰랐던 아담과 이브를 상징하기도 한다. 왼쪽 패널은 그림 제목과 달리 별다른 쾌락이 보이지 않는다.

　이제 화면 중앙 패널을 보자. 패널 뒷면과 왼쪽 패널을 거쳐 중앙 패널에 이르면 드디어 〈쾌락의 정원〉이라는 제목에 고개가 끄덕여질 것이다. 일일이 숫자로 세기 힘들 정도로 많은 인간과 동식물이 등장한다. 그림 속의 무수한 상징과 해석에 대해 일일이 설명하는 것은 지루한 작업일 것이다. 대신 전체적으로 무엇을 묘사하는지 얘기해 보자. 중앙 패널을 지배하고 있는 주제는 육욕, 즉 성적 욕망이다. 좌측 패널의 아담과 이브는 아직 부끄러움이 없는 낙원에 살고 있으니 나체로 있다고 하지만 중앙 패널은 이미 세속으로 넘어왔는데도 온통 나체로 활개치고 있다. 땅 위에도 물 속에도 심지어 하늘 위에도 눈 닿는 모든 공간에 나체 남녀가 있다. 화면 가득한 나체와 다소 민망한 포즈는 야릇한 분위기를 만들어 내는데 일조하고 있지만 그게 전부는 아니다. 이 그림에는 유독 딸기를 비롯한 과일이 많은데 이 역시 성욕을 암시한다. 화면 중앙을 보면 한 무리의 사람이 여러 동물에 올라탄 채 둥근 호수를 중심으로 강강수월래 하듯 돌고 있다. 자세히 보면 호수 안은 모두 여자이고 그 주위를 돌고 있는 인물은 모두 남자이다. 이 장면도 성욕을 상징하는 것으로 해석한다. (이 그림에 특이한 점이 한두 가지가 아니지만) 특이한 점 한 가지는 항문에 봉변(?)을 당한 사람이 많다는 것이다. 훗날 프로이트는 성적발달의 두 번째 단계로 '항문기'를 제시하였다. 프로이트가

이 그림을 본 것은 아닐런지.

　이제 마지막 오른쪽 패널로 옮겨가 보자. 이곳은 지옥이다. 왼쪽 패널이 〈쾌락을 몰랐던 에덴동산〉, 중간 패널이 〈쾌락의 정원〉이라면 오른쪽 패널은 〈쾌락의 대가〉쯤 될 것 같다. 지옥은 지옥인데 유독 악기가 많은 지옥이다. 그래서 오른쪽 패널의 별칭이 '음악 지옥'이다. 화면 중앙부 살짝 밑을 보면 류트, 하프, 허디거디, 북, 플루트와 유사한 관악기가 있는데 모두 고문 도구로 사용되고 있다. 왜 하필 아름다운 음악을 선사하는 악기를 지옥의 고문 도구로 묘사했냐고 의아해할지 모르겠다. 중세 사람들은 쾌락 추구를 죄악시하였다. 문제는 쾌락이 다름 아닌 오감에서 나온다는 것이다. 따라서 음악이 신을 찬미하기 위해 사용되는 것이 아니라 청각적 쾌락만을 추구하기 위해 사용된다면 이는 죄를 잉태하고 있는 것이나 다름 없다고 생각했다. 화면 상단부를 보면 귀를 자르고 있는 듯한 칼이 보일 것이다. 신의 말씀에 귀 기울이기 보다 청각적 쾌락에 몰두하는 인간을 벌하는 장면으로 해석할 수 있다. 다른 한편으로 보면 양쪽 귀와 그 사이의 칼은 남성 성기를 연상시키기도 한다. 그런 의미에서는 성욕에 대한 징벌일 수도 있겠다. 잠깐 중앙 패널을 다시 보자. 중앙 패널에는 시각, 후각, 미각, 촉각을 이용한 쾌락이

〈쾌락에 탐닉하지 마라〉,
음악 지옥을 연상시키는 세부 그림

널려있다. 아름다운 남녀, 향긋하고 달콤한 과일, 나체인 상태로 부딪히는 살갗. 오감 중 유독 청각만 빠져있다. 앞서 설명했듯 청각에 해당하는 이미지는 우측 패널에 몰려 있다. 보스는 오감 중에서도 청각이 죄와 징벌을 묘사하기에 가장 적합하다고 생각한 것이 아닐까.

세로 2미터, 가로 4미터를 빼곡히 채우고 있는 수많은 이미지가 얘기하고자 하는 주제는 무엇일까. 여기에는 다양한 해석이 있겠지만 대표적으로 두 가지 버전이 힘을 얻고 있다. 먼저 도덕적 견해이다. 즉 이 그림은 인간의 타락을 비판하고 있다는 견해이다. 세속적 쾌락에 탐닉하는 어리석은 인간 군상과 그들의 비참한 최후를 보여준다는 것이다. 다른 하나는 정반대 의견이다. 보스가 '아담파'의 일원이었다는 가정에서 출발하는 해석이다. 아담파는 에덴동산에서의 순수성을 회복해야 한다고 주장하며 나체를 신성시했던 이단이다. 그들은 일부일처제를 비판하고 자유로운 성교를 장려했다. 따라서 이 그림은 나체와 자유로운 성생활을 찬양하고 있다는 것이다.

여기에 대한 명확한 결론은 없지만 개인적으로는 아담파에 근거한 해석은 지나친 추측이라 생각한다. 보스의 다른 그림들을 보면 묘사가 다소 기괴하지만 기독교적 가르침에 충실하다는 느낌을 받는다. 프라도는 보스의 또 다른 걸작 〈7대 죄〉를 전시하고 있다. 제목 그대로 색욕을 포함한 7대 죄를 저지르고 있는 인간들과 그 모든 것을 지켜보는 신의 모습을 묘사하고 있다. 신이 모두 지켜보고 있으니 평소 행실을 조심하라는 메시지가 분명히 드러난다. 보스가 아담파였다면 색욕을 경계하라는 메시지의 그림을 왜 그렸겠는가. 자신의 정체를 숨기고 그림을 그리다가 쾌락의 정원에서 살짝 자신의 믿음을 드러냈다고 추측할 수도 있지만, 겉으로 드러난 증거가 많은데도 숨겨진 메시지에만 집착하는 음모론적 접근은 그리 합리적이지 않은 것 같다.

글의 흐름상 여기 따로 설명하고 싶은 인물 두 명이 있다. 먼저 옷을 입고 있는 사람. 모두 나체인 것 같으나 옷을 걸치고 있는 사람이 딱 한 명 있다.(좌측 패널 아담과 이브 사이의 옷 입은 이는 인간이 아니고 하느님이다.) 이렇게나 많은 사람 중에 옷 입은 사람 찾기는 한때 유행했던 월리 찾기만큼이나 힘들 수 있다. 정답은 중앙 패널 우측 아래를 보면 동굴 같은 장소에서 한 여자를 가리키고 있는 사람이다. 옷 입은 남자는 세례자 요한, 손가락으로 가리키고 있는 여자는 이브라고 해석한다. 다음으로 우측 패널 나무 같은 몸통을 가지고 뒤를 돌아보는 사람을 보자. 이 사람은 화가 자신이 아닐까, 하고 추측한다.

세례자 요한과 이브

화가 자신으로 추정되는 인물

판 데르 베이던과 보스는 플랑드르 르네상스를 대표하는 화가이다. 스페인 합스부르크 왕실은 플랑드르 화가와 더불어 이탈리아, 그 중에서도 베네치아 화가를 총애하였다. 16세기 스페인 왕실의 마음을 완전히 사로잡은 화가가 있으니 바로 티치아노이다.

| 티치아노 <황금비를 맞는 다나에>

티치아노, 〈황금비를 맞는 다나에〉 Danae and the Shower of Gold, 1560-1565년, 캔버스에 유채, 129.8x181.2cm, 프라도 미술관

미켈란젤로, 라파엘로, 보티첼리, 도나텔로. 르네상스라고 하면 가장 먼저 떠오르는 예술가들이다. 이들은 모두 피렌체와 로마를 무대로 활동했다. 당시 피렌체와 로마는 마치 초신성처럼 폭발적인 광채를 발하

고 있었지만, 그렇다고 다른 지역이 모두 암흑이었던 것은 아니다. 특히 베네치아는 이탈리아 어느 지역 못지않게 위대한 거장을 배출한 도시이다.

피렌체의 소묘, 베네치아의 색채. 이탈리아 르네상스를 대표하는 두 지역 화풍의 차이를 이렇게 요약할 수 있다. 베네치아 화가들이 색채를 중요히 여기게 된 이유에 대해서는 여러 설명이 있다. 당시 베네치아는 동서 교역의 중심지였기 때문에 귀한 안료를 비교적 손쉽게 구할 수 있었다. 거기다 베네치아는 물의 도시이지 않은가. 집 밖에 나서기만 하면 수면과 태양이 어우러지는 환상적인 색채의 마법을 즐길 수 있다. 자연히 색채에 민감할 수밖에 없었을 것이다.

프라도 컬렉션이 다른 미술관에 비해 확연히 우위를 가지고 있는 두 분야가 있다. 스페인 미술 그리고 베네치아 르네상스. 프라도가 소장하고 있는 수많은 베네치아 거장의 걸작 중 딱 두 점(나머지 한 점은 다음 그림에서 소개할 것이다)만 골라내는 것은 쉽지 않았다. 고민 끝에 먼저 티치아노의 〈황금비를 맞는 다나에〉를 골랐다. 티치아노는 베네치아 르네상스의 최고 거장이며 스페인 국왕이자 신성로마제국 황제이기도 했던 카를로스 5세가 귀족 작위를 하사했을 정도로 총애한 화가다.

그림 속 주인공 다나에는 아르고스 왕국의 공주였다. 그의 아버지인 국왕이 신탁을 받았는데 외손자가 자신을 살해한다는 내용이었다. 국왕은 고민 끝에 다나에를 탑에 가두어 버린다. 외손자가 생길 수 있는 기회 자체를 봉쇄하려 한 것이다. 하지만 왕은 몰랐을 것이다. 그리스로마 신화 최고의 난봉꾼인 제우스가 다나에를 점 찍어 두고 있었다는 것을. 문제는 제우스가 어떻게 탑 속으로 잠입하는가이다. 자신의 주무기인 번개로 탑을 부숴버릴 수도 있지만, 그런 요란한 방식은 헤라에게 "나 좀 봐라!"고 외치는 꼴이다. 제우스는 변신을 하기로 한다. 자신의 목적을 이루기 위해 소와 백조로 변신한 적이 있긴 하지만 동물로 변신한다고 탑 속에 들어갈 수 있는 것은 아니다. 이 지점에서 제우스는 '아웃 오브 박스'라 할 만한 아이디어를 생각해낸다. 제우스는 비로 변신하기로 한다! 하늘에서 내리는 비로 말이다.

작자 미상, 미켈란젤로 원작 모사, 〈레다와 백조〉 Leda and the Swan, 1530년 이후, 캔버스에 유채, 105.4x141cm, 런던 내셔널갤러리

루벤스, 〈에우로파의 납치〉 The Rape of Europe, 1628-1629년, 캔버스에 유채, 182.5x201.5cm, 프라도 미술관
백조와 소로 변신하여 여인을 유혹하는 제우스

말 그대로 빗물처럼 스며든 제우스와 다나에 사이에 아들이 태어나는데 그가 바로 헤라클레스, 테세우스와 함께 그리스로마 신화를 대표하는 영웅, 페르세우스이다. 메두사의 목을 베고 안드로메다를 구출하며 눈부신 활약을 펼친 페르세우스는 끝내 외할아버지를 죽이고 만다.

티치아노의 그림은 제우스가 황금비가 되어 다나에의 침실을 찾아드는 장면을 묘사하고 있다. 먼저 눈에 들어오는 것은 색 대조이다. 다나에의 새하얀 피부와 늙은 시녀의 검게 그을린 피부, 그리고 좌측의 붉은 톤의 커튼과 오른쪽 블루 톤의 하늘이 만들어내는 색 대조가 강렬하다. 이제 황금비가 내리는 장면을 보자. 비는 어두운 구름에서 내리기 마련이다. 그런데 그냥 비가 아니라 반짝이는 황금비가 쏟아진다면? 이 설정에서 색채의 마법사, 티치아노의 진가를 확인할 수 있다. 즉, '먹구름을 뚫고 내려오는 황금비'라는 상황이 만들어내는 복잡미묘한 색 번짐을 천재적인 솜씨로 잡아내고 있다. 구름 속에 빛이 퍼져나가는 장면을 자유분방한 붓놀림으로 표현한 티치아노의 솜씨 앞에서 인상파 화가들은 감탄을 금치 못했으리라.

티치아노는 살아서나 죽어서나 베네치아 르네상스의 최고 거장으로 칭송받았다. 화가로서 최고의 영예를 누린 티치아노이지만 그를 두려움에 떨게 했던 '앙팡 테리블' 무서운 아이 이 있었다. 틴토레토가 바로 그 주인공이다.

| 틴토레토 <세족식>

틴토레토, 〈세족식〉 The Washing of the feet,
1548-1549년, 캔버스에 유채, 210x533cm, 프라도 미술관

    천재적 재능을 가진 제자를 바라보는 스승은 어떤 기분일까? 흐뭇함이나 기대를 느낄 수도 있겠지만 질투나 위협을 느끼는 것이 인지상정일 것이다. 티치아노도 틴토레토를 보며 그와 비슷한 감정을 느꼈던 것 같다. 틴토레토는 티치아노보다 30년 가까이 늦게 태어났다. 어릴 때 티치아노의 작업실에서 배웠다고 하는데 얼마 지나지 않아 쫓겨난다. 티치아노가 틴토레토를 내쫓은 이유는 아들 뻘 되는 후배의 어마어마한 재능에 두려움을 느꼈기 때문이라고도 하고, 틴토레토의 성격이 원만하지 않아서라고도 한다. 아마 두 가지 이유가 복합적으로 작용했을 것이다. 이 둘이 화해했다는 기록은 없지만, 틴토레토는 스승 티치아노를 존경했다. 그의 공방에 적혀 있었다는 유명한 글귀가 옛 스승에 대한 존경

심을 보여준다. 〈미켈란젤로의 소묘와 티치아노의 색채〉. 타인에 대한 평가에 박했던 틴토레토가 자신을 쫓아낸 스승을 여전히 롤모델로 삼았다는 것이다. 화해를 꿈꾸며 스승의 화실 앞을 몇 번쯤 어슬렁거렸을지도 모를 일이다.

틴토레토는 야심이 대단했다. 그렇다고 예술을 자신이 출세하기 위한 수단쯤으로 생각했던 것 같지는 않다. 작품에 한번 몰두하면 좀체 그 분위기에서 헤어나오지 못했고 미술뿐 아니라 음악에도 꽤나 조예가 있었다고 한다. 예술에 대한 애정과 재능을 모두 가지고 있었기에 많은 사람에게 인정받고 싶었던 것이 아닐런지.

틴토레토, 〈자화상〉 Self-Portrait, 1547년, 캔버스에 유채, 46x38cm, 런던, 빅토리아 앤드 앨버트 박물관

틴토레토는 작업 속도가 빠르기로 유명했다. 동시대에 활동했던 화가 세바스티아노 피옴보는 그의 작업 속도에 놀라 이런 말을 남겼다. "나 같으면 2년이 걸릴 것을 그는 이틀 만에 끝낸다." 티치아노가 틴토레토를 두려워했던 이유 중 하나가 바로 이 미친 속도일 것이다. 대부분의 스승이 제자에게 혹은 선배가 후배에게 강조하는 것이 하나 있다. 소위 '이 바닥이 만만치 않다'라는 것인데 작은 일 하나를 하더라도 며칠 날 며칠 밤을 고민하고 번민해야 한다고 강조한다. 티치아노가 틴토레토를 가르치는 장면을 상상해보자. 스승은 제자를 앉혀 놓고 몇 가지 팁을 전수한 후 과제를 준다. 오늘의 가르침을 참고해서 작품 하나를 그려 봐라. 기한은 일주일. 틴토레토는 과제를 받은 지 두 시간이 채 안되어 티치아노를 찾아온다. "다 그렸습니다." 이 어린 녀석이 그림을 우습게 보는건가. "야 이 녀석아..."라고 호통을 시작했으나... 더 이상 말이 안 나온다. 두 시간 만에 그렸다는 그림이 흠잡을 곳 없지 않은가. 스스로에게 물어본다. '나라면 두 시간 만에 이런 그림을 그릴 수 있을까?' 아무리 생각해도 그럴 수 없다는 결론에 도달한 티치아노는 전율했을 것이다. '도대체 이런 괴물이 어디서 나타난거야?'

프라도가 소장하고 있는 〈세족식〉은 틴토레토의 다작 중에서도 걸작 중 하나로 꼽힌다. 프라도에 있는 여러 그림을 감상한 후 이 그림을 보면 뭔가 특이하다는 감이 올 것이다. 주인공이어야 할 예수가 화면 중앙이 아니라 오른쪽에 쏠려 위치하고 있다. 이 그림은 원래 교회 오른쪽 벽면에 걸려 있었다고 한다. 교회에 입장한 사람은 중앙이 아니라 오른쪽 끝에서 이 그림을 만나게 된다. 따라서 오른쪽 끝의 그리스도는 감상자의 전면에 위치하게 되고 그 뒤로 탁자와 실외까지 연결되는 풍경이 펼쳐지게 되는 것이다. 원근법이 오른쪽에서 왼쪽으로 비스듬하게 뻗어 나가는 이유도 이해가 될 것이다. 베네치아 화가답게 화려한 색감도 눈에 띄지만 인체 묘사에서 소묘 실력도 확인할 수 있다. 틴토레토는 근육질 인물 묘사로 유명하다. 이는 그가 소묘의 롤모델로 존경했던 미켈란젤로의 영향 때문이다. 소매를 걷어 올린 그리스도의 근육질 오른팔을 보라. 그림 왼쪽에는 다른 고전회화에서 찾아보긴 힘든 재미있는 포즈가 나온다. 흰옷을 입은 사도가 푸른색 옷을 입고 있는 사도의 바지를 벗겨 주고 있다. 꽉 끼는 레깅스마냥 탄력 넘치는 바지를 양손으로 잡아당기고 있다. 틴토레토의 그림은 인물의 에너지로 유명하다. 이 그림에서 에너지를 부여하는 주인공은 단연 이 두 명의 사도이다. 건물 밖에는 베네치아의 상징인 물과 곤돌라가 보인다.

세족식은 최후의 만찬 직후에 벌어졌던 일이다. 즉 그림 속 식탁은 최후의 만찬이 이루어졌던 식탁이다. 식사를 마친 예수는 제자의 발을 직접 씻겨 준다. 하느님의 아들이 가장 낮은 자세로 섬김을 실천하는 감동적인 장면이다. 세족식은 최후의 만찬에 비해 흔한 주제가 아니다. 아무래도 '너희들 중에 배신자가 있다'는 폭탄 선언이 터져나온 최후의 만찬에 비해 덜 드라마틱해서일 것이다. 세족식은 숙연한 주제라고 할 수 있을텐데 'Il Furioso' 일 푸리오소, 영어로 The Furious 라는 별명을 가지고 있던 틴토레토는 세족식도 격렬하게 묘사했다. 앞서 틴토레토는 작업 속도가 빨랐다고 말한 바 있다. 그러고보면 틴토레토는 반 디젤 주연의 영화 제목에 딱 맞는 사람이다. ⟨The Fast and the Furious⟩ 분노의 질주 참고로 틴토레토도 ⟨최후의 만찬⟩을 그렸다. 시간적으로 연결되는 두 그림을 나란히 감상해보는 것도 흥미로울 것이다.

　티치아노와 틴토레토는 모두 초상화로 유명했다. 인물 표현이 자연스러우면서도 내면을 탁월하게 묘사할 줄 알았던 베네치아 화가는 군주와 귀족의 사랑을 받았다. 앞서 얘기했듯이 치밀한 묘사가 장기인 플랑드르에도 이탈리아의 영향이 퍼져나가기 시작한다. 흐름으로 볼 때 이탈리아와 플랑드르의 장점을 모두 흡수한 대가가 탄생할 시점이 된 것이다. 시대의 부름에 응답한 화가는 안토니스 모르이다.

◀틴토레토, ⟨최후의 만찬⟩ Last supper,
1592-1594, 캔버스에 유채, 365x568cm, 베네치아, 산 조르조 마조레 성당

| 안토니스 모르 <메리 튜더, 영국의 여왕이며 펠리페 2세의 두 번째 왕비>

안토니스 모르, 〈메리 튜더, 영국의 여왕이며 펠리페 2세의 두번째 왕비〉
Mary Tudor, Queen of England, Second Wife of Philip II,
1554년, 패널에 유채, 109x84cm, 프라도 미술관

'블러디 메리'라는 칵테일이 있다. 보드카 베이스에 토마토 주스를 넣어 만든다. 무색의 보드카에 토마토 주스를 넣다 보니 칵테일 색깔이 빨갛고 이 모습이 피를 연상시켜 그렇게 부른다. 근데 이 설명은 한 가지 부족하다. 블러디는 이해가 가는데 '메리'라는 이름은 왜 붙었을까.

프라도에는 〈메리 튜더, 영국의 여왕이며 펠리페 2세의 두 번째 왕비〉라는 초상화가 있다. 이 초상화 속 여왕의 별명이 '블러디 메리'이다. 독실한 가톨릭 신자였던 메리 1세가 신교도를 많이 죽여 그런 무시무시한 별명이 붙은 것이다. 이로써 새빨간 토마토 칵테일이 '블러디 메리'라고 불리는 이유가 다 밝혀졌다.

　이 정도까지만 알아도 그림 속 여왕의 모습이 흥미롭게 다가오겠지만 메리 1세가 왜 그토록 신교도를 탄압했는지 좀 더 얘기해 보자. 메리 1세의 아버지는 6명의 여인과 결혼했던 영국왕, 헨리 8세이다. 6명의 왕비를 1명의 정실부인과 5명의 후궁으로 생각해서는 안 된다. 정실부인과 후궁의 개념은 동양식 시스템이고 유럽 왕실에서 부인은 '공식적으로' 1명이다. 유럽 왕들이 특별히 더 일편단심이었던 것은 아니다. 다시 말하지만 '공식적으로' 1명이었다는 것이고 그 외에는 상상에 맡기겠다. 즉 헨리 8세는 왕비를 다섯 번 갈아치웠다. 메리 1세는 헨리 8세와 첫 번째 부인 사이에서 태어났다. 첫 번째 부인은 스페인 왕가 출신의 캐서린이다. 스페인어 이름으로는 카탈리나이다 캐서린은 교양있고 자부심 강하며 독실한 가톨릭 신앙을 가지고 있었다. 한 가지 안타까운 것은 왕의 후계자가 되어줄 아들을 낳지 못했다는 것이다. 헨리 8세는 재혼을 결심한다.

　부모의 이혼은 자녀들에게 큰 충격을 주기 마련이지만 어린 메리가 받았을 충격은 특히나 심각했을 것이다. 메리 1세는 어머니에 대한 효성이 깊었다고 한다. 그토록 사랑하는 어머니가 한순간에 폐위 당하다니.

소(小)한스 홀바인, 〈헨리 8세 초상화〉
Portrait of Henry VIII of England,
1537년, 패널에 유채, 28x20cm,
티센 보르네미사 미술관

후안 데 플란데스, 〈아라곤의 캐서린〉
Portrait of an Infanta, Catherine of Aragon 으로 추정,
1496년, 패널에 유채, 31.5x21.7cm,
티센 보르네미사 미술관

게다가 폐위의 이유는 다름 아닌 자신이 아들이 아니고 딸이기 때문이지 않은가. 한 가지 더 문제가 있다. 헨리 8세가 새로 결혼한 상대는 앤 블린으로 캐서린의 시녀였다. 어머니 앞에서 공손하던 그 여자가 돌아서서는 자신의 아버지와 그런 불경한 눈빛을 나누고 있었다니. 캐서린은 딸과 강제로 헤어져 변방으로 쫓겨나고 헨리 8세가 재혼한 지 3년 만에 사망한다.

감수성 예민한 10대 시절, 메리에게 불어닥친 이 모든 상황을 상상해보라. 슬픔, 분노, 공포. 트라우마란 단어는 메리를 위해 태어난 단어인 듯하다. 이토록 깊은 어둠을 끌어안고 성장한 그녀가 마침내 영국의 여왕이 되었을 때, 많은 이들이 불길한 예감을 가졌을 것이다. 하지만 메리는 비슷한 아픔을 가졌던 연산군처럼 국정을 파탄시키지는 않았다. 다만 종교 문제에 있어서는 엄격했다. 아버지 헨리 8세가 딸에게 남겨준 충격은 이혼만이 아니었다. 교황청으로부터 캐서린과의 이혼을 승인받지 못했던 헨리 8세는 아예 새로운 교파를 만들어 버린다. 지금은 성공회라고 부르는 영국 국교회가 그것이다. 어머니의 영향으로 독실한 가톨릭 신자였던 메리 1세로서는 국교회를 두고 볼 수 없었을 것이다. 특히나 그 국교회란 것은 자신이 사랑하는 어머니를 폐위시키기 위해 탄생한 종파이다. 여왕은 가톨릭을 국교로 복위시키고 국교회와 신교를 모두 탄압한다. 이 과정에서 '블러디 메리'란 별칭을 얻게 된 것이다.

　메리 튜더의 초상화를 그린 사람은 안토니스 모르이다. 16세기 초 플랑드르에서 태어난 화가다. 플랑드르의 16세기는 과도기라 할 수 있다. 15세기에는 세밀한 묘사로 대표되는 플랑드르만의 르네상스를 이뤄냈다가 17세기가 되면 이탈리아적인 요소를 많이 받아들여 바로크의 전성기를 이끌어간다. 그 두 시기의 중간인 16세기에는 플랑드르적인 전통과 이탈리아의 혁신이 뒤섞인 작품들이 많다. 그러다보니 이도 저도 아닌 어정쩡한 작품도 나오게 되었다. 하지만 모르는 두 지점 사이에서 길을 잃어버린 평범한 화가가 아니었다. 그는 두 지역의 장점을 모두 흡수한 대가였다. 모르의 작품은 플랑드르의 강점인 세부묘사와 이탈리아 화가의 특기인 내면묘사를 함께 갖추고 있다. 진짜 같으면서도 깊이 있게 인물을 그릴 줄 알았던 모르에게 유럽 각국의 초상화 의뢰가 끊이지 않았다고 한다.

메리 튜더의 초상화는 북쪽과 남쪽의 르네상스를 조화롭게 엮어낼 줄 알았던 모르의 특기가 두드러지는 작품이다. 여왕이 입고 있는 옷이나 장신구, 의자의 묘사는 사진처럼 사실적이다. 한편 여왕의 얼굴은 그녀의 별명처럼 차가워 보이긴 하나 자연스럽게 묘사되어 있다. 무엇보다 독실한 신앙인다운 엄숙함과 한 나라의 여왕다운 위엄이 묻어난다. 오른손에는 장미를 살짝 들고 있다. 튜더 왕조는 왕위 계승 내전이었던 '장미전쟁'의 결과로 탄생하였다. 그녀가 쥐고 있는 장미는 튜더 왕조를 상징한다.

현대에 와서는 메리 1세를 블러디란 별칭을 붙일만큼 잔인하기만 했던 군주는 아니라고 평가하기도 한다. 메리 1세의 후계자인 엘리자베스 1세는 메리 1세의 이복동생으로 앞서 얘기한 앤 불린의 딸이다. 엘리자베스 1세의 가톨릭 탄압도 만만치 않았는데 후세 사람들이 메리 1세에게만 유독 가혹한 평가를 내리는 것은 불공정해 보이기도 한다. 위에서 얘기했던대로 그녀는 어머니에 대한 효성이 깊었고 아래 사람에게는 관대했다고 한다. 빨간 칵테일을 마실 때면 메리 여왕이 떠오르겠지만 빨간 장미를 볼 때도 역시 그녀를 떠올리게 될 것 같다. 냉혹한 정치 현실 속에서 여왕의 마음 한구석에 있었을 장미 한 송이를 상상하며.

모르는 플랑드르와 이탈리아 화가의 장점을 훌륭히 조화시켜 자신만의 화풍을 만들었다. 모름지기 대가는 '독창성'을 가져야 한다. 독창성이라는 측면에서 타의 추종을 불허하는 화가가 있다. 그리스에서 건너온 '엘 그레코'이다.

| 엘 그레코 <수태고지>

엘 그레코, 〈수태고지〉 The Annunciation,
1597-1600년, 캔버스에 유채, 315x174cm, 프라도 미술관

엘 그레코는 민트 초코 같은 화가이다. 누구나 좋아하는 화가는 아니지만 열렬한 마니아를 거느리고 있다. 그의 그림을 처음 보는 사람은 흘러내리는 듯한 영적 기운에 적잖이 충격받을 것이다. '흘러내리는 영적 기운'. 이게 무슨 얘기인가 생각할 수 있지만, 그의 그림을 몇 점 보면 이 표현에 고개를 끄덕이게 될 것이다. 개인적으로 민트 초코는 좋아하지 않지만 엘 그레코 그림은 아주 좋아한다. 이 책을 읽는 분들도 엘 그레코의 세계에 빠져들 수 있으면 좋겠다.

작품도 화가도 모두 흥미롭지만 일단 작품부터 얘기해보자. 수태고지는 대천사 가브리엘이 성모 마리아에게 그리스도를 잉태할 것이라 '고지'하는 장면을 말한다. 수태고지는 종교화에서 가장 자주 볼 수 있는 주제 중 하나다. 통계를 확인한 적은 없지만 십자가의 그리스도와 함께

1-2위를 다투는 흔한 주제이다. 엘 그레코는 그 흔하디 흔한 주제를 놀랍도록 창의적으로 그려내었다.

이 그림은 세로로 길쭉하다. 프라도가 전시 중인 그레코 작품의 상당수가 이러한 구도이다. 그레코는 가로보다 세로가 긴 편이 종교적 스펙터클을 묘사하는 데 더 적합하다는 것을 잘 알았다. 현대 영화 산업은 웅장한 장면을 효과적으로 전달하기 위해 계속해서 가로 길이를 늘려 왔다. 하지만 종교화를 생각해보자. 천상과 지상을 동시에 화폭에 담기 위해서는 세로가 긴 편이 유리하다. 즉 긴 화폭을 위아래로 양분하여 윗부분에는 신이나 천사를, 아래에는 인간을 그린다면 가로가 긴 화면보다 더욱 강렬한 종교 드라마를 연출할 수 있다.

이 그림에서 가장 먼저 눈에 띄는 것은 중앙의 흰 비둘기이다. 종교화에서 흰 비둘기는 '성령'을 상징한다. 어두운 구름 사

엘 그레코, 〈그리스도의 세례식〉 The Baptism of Christ, 1597-1600년, 캔버스에 유채, 350x144cm, 프라도 미술관

이로 황금빛을 뿜으며 날아오는 성령의 모습이 너무나 박력 있어 비둘기가 아닌 독수리가 연상되기도 한다. 좌우로 펼쳐진 날개와 아래 위로 뻗은 황금빛 후광이 교차되는 구조는 십자가를 연상시킨다.

다음으로 배경을 보자. 성모 마리아 뒤로 신비로운 기운이 느껴지는 환상적 공간이 펼쳐져 있다. 성모의 머리 위에서는 한 무리의 천사가 음악을 연주하고 있다. 그런데 그림 하단을 보면 실내를 암시하는 듯한 마룻바닥이 살짝 보인다. 잠깐. 이건 좀 이상하지 않은가. 만약 이곳이 실내라면 어떻게 천사들이 높은 곳에서 태연히 음악을 연주할 수 있는가. 이러한 현실적인 모순이 이 그림을 더욱 신비롭게 만들어준다. 상상해 보자. 고요히 방 안에서 기도하던 성모의 귓가에 신비로운 음악이 들려오더니 순식간에 사방의 벽이나 천장이 사라져버리며 무한의 공간이 펼쳐진다. 어리둥절하면서도 왠지 따스한 기운을 느끼던 성모 앞에 가브리엘이 모습을 드러낸다.

대천사 중에서도 가브리엘의 주 임무는 '계시', 다른 말로 하면 '고지'이다. 가브리엘은 마리아가 인류를 구원할 아기를 잉태할 것이라 고지한다. 천사에게는 성별이 따로 없다. 그럼에도 천사를 여성으로 묘사하는 경우가 많다. (이상한 것은 아기 천사는 주로 남자아이로 그린다는 것이다.) 엘 그레코가 창조해 낸 천사는 남자도 여자도 아닌 중성적인 모습이다. 가브리엘은 온화한 표정으로 신의 메시지를 전하고 있다.

엘 그레코 그림은 구도만 길쭉한 것이 아니다. 인체도 길쭉하다. 사실 기다란 신체 묘사는 엘 그레코만의 특징은 아니다. 동시대의 매너리즘 화가에서 자주 볼 수 있는 모습이다. 이제 색감을 보자. 그레코 그림 속 인물은 철분이 부족한 것처럼 안색이 창백하다. 길쭉한 신체와 창백한 안색은 종교적이고 신비로운 느낌을 주는 데 크게 일조한다. 엘 그레코는 종교적 이미지를 창조하는 데 있어 누구보다 뛰어난 스타일리스트였다.

엘 그레코의 본명은 도미니코스 테오토코풀로스이다. 본명보다는 별명이 더 유명하다. 별명인 엘 그레코를 한글로 옮기면 '그리스인'이다. 수식하는 형용사도 부사도 없다. 그냥 그리스인. 별명 그대로 엘 그레코는 그리스 크레타 섬 출신이다. 젊은 시절에는 베네치아와 로마에서 공방을 운영하였으며 30대 후반에는 스페인으로 건너간다. 색채에 민감한 베네치아 화파, 인체 왜곡을 즐겨 사용한 이탈리아 매너리즘, 마지막으로 당시 유럽 어느 국가보다도 가톨릭에 열성적이었던 스페인의 종교적 열기. 그가 활동하였던 다양한 지역의 분위기를 한 스푼씩 믹서기에 넣고 돌리면 이렇게나 오묘한 민트 초코맛, 엘 그레코의 세계가 탄생한다.

엘 그레코가 한참 활동하던 시기는 스페인 미술이 황금기에 접어들기 직전이다. 그리스에서 건너온 이방인의 작품은 별다른 두각을 나타내지 못하던 스페인 미술계에 자극이 되었을 것이다. 그레코의 말년 즈음에는 스페인 미술에 또 다른 자극을 주게 될 외국인이 스페인을 방문한다. 바로크의 황제, 루벤스이다.

| 루벤스 <파리스의 심판>

루벤스, 〈파리스의 심판〉 The Judgement of Paris,
1638년경, 캔버스에 유채, 199x381cm, 프라도 미술관

바로크 회화의 황제. 루벤스의 별명이다. 루벤스는 살아 있을 때 부와 명예를 모두 누렸다. 고흐나 모딜리아니 같이 생전에 지독히 불행했던 예술가들과 달리 루벤스의 일생은 승리로 가득 차 있다. 사람은 역경을 극복한 이야기에 끌리기 마련이라 별다른 고난도 결핍도 보이지 않는 루벤스 이야기는 다소 흥미가 떨어질지도 모른다. 하지만 천재적 재능을 가진 미술가의 승승장구 스토리도 나름의 시원시원한 맛이 있다.

어지간한 유럽 미술관이라면 루벤스 그림 하나쯤은 소장하고 있다. 흔해지면 가치가 떨어지기 마련이나 루벤스 작품은 어느 미술관에서나 귀한 대접을 받는다. 루벤스가 놀라운 이유 중 하나는 그렇게나 많은 그림을 그리면서도 일정 수준 이상을 유지하였다는 것이다. 루벤스의 다작에 대해서는 꼭 따라붙는 말이 있다. 공방에서 조수들이 그린 부분이 많다고 하는 것. 하지만 그건 다른 화가도 마찬가지다. 루벤스는 분명 작업 속도가 빨랐던 것으로 보인다. 앞서 틴토레토의 작업 속도에 놀란 피옴보가 놀라움을 표하였다고 얘기했다. 스페인에도 루벤스의 작업 속도에 대한 기록이 있다. 당시 스페인의 저명한 미술 이론가였던 후안 파체코는 루벤스를 만난 후 이렇게 기록을 남긴다. "그렇게 짧은 시간 동안 그렇게나 많은 작품을 그리다니. 믿기 어려운 일이다." 루벤스는 외교 사절의 임무를 띠고 1628년 8월부터 1629년 4월까지 마드리드에 머무른 적이 있다. 이 9개월 동안 그가 제작한 작품 수는 무려 40점. 루벤스를 처음 만난 순간부터 시종일관 그를 사랑하였던 스페인 왕실은 감칠맛 나게 한 두 점 주문하지 않았다.

루벤스가 활동하던 시기에 유럽에서 가장 막강한 왕실은 스페인, 프랑스, 영국이었다. 루벤스는 이 3개의 왕실을 모두 섭렵한다. 영국으로 건너가서는 반케팅 하우스 천장화를 완성하고 프랑스 왕실을 위해서는 마리 메디치 대왕으로 칭송받는 앙리 4세의 왕비 의 생애를 그린 연작을 완성 시킨다. 루벤스의 비범함은 미술에 관한한 '어나더 레벨'이라 할 수 있는 이탈리아도 인정하였다. 루벤스는 젊은 시절 이탈리아에서 8년을 보낸 적이 있다. 당시 루벤스는 산타 마리아 발리첼라 교회를 위한 그림 주문을 따낸 것이다! 이게 느낌표까지 찍어야 할 만큼 대단한 일이냐고 할 지 모르지만 이건 분명 놀라운 일이다. 괴물 같은 미술 천재가 넘쳐나던 이탈리아에서 플랑드르 출신 풋내기가 교회 주문을 받아내다니.

당대 최고의 인기를 구가하던 화가이자 풍부한 인문학 지식과 유창한 외국어 실력을 자랑하던 뇌섹남, 매력적인 외모와 화술로 유럽 각국을 누비던 외교관이기도 했던 루벤스. 화가에 대한 이야기는 이쯤에서 마무리하고 이제 그림 얘기로 넘어가자.

〈파리스의 심판〉은 루벤스가 죽기 2년 전에 완성 시킨 작품이다. 〈파리스의 심판〉은 트로이 전쟁의 발단이 되는 사건이다. 빼어난 미모의 님프, 테티스와 헤라클레스의 절친 펠레우스가 결혼하는 경사스러운 날. 모든 신이 연회에 초청받았으나 불화의 여신 에리스만큼은 초청받지 못한다. 화가 난 에리스는 자신의 특기를 발휘한다. 신들의 연회장에 사과를 하나 휙 던져넣은 것이다. 그 사과에는 역대급 불화를 가져올 무시무시한 글이 적혀 있었다. '가장 아름다운 여신에게 이 사과를 바치노라.' 그 자리에 모인 수많은 여신과 님프 중 감히 자신이 가장 아름답다고 얘기할 수 있는 여신 셋이 앞으로 나선다. 제우스의 아내인 헤라, 제우스의 딸들인 아테나와 아프로디테. 첫 번째 불화가 시작된 것이다. 신들의 왕인 제우스는 누구에게 사과를 줄 것인지 결정하지 못하고 결국 목동 파리스에게 권한위임(혹은 책임전가)한다.

파리스의 환심을 사기 위해 여신 셋은 각자 공약을 제시한다. "나를 뽑아준다면 말이지…" 먼저 헤라가 약속한다. 아시아의 왕이 되게 해주겠다. 다음으로 지혜의 여신이자 전쟁의 여신인 아테나가 얘기한다. 모든 전쟁에서 승리하게 해주겠다. 마지막으로 아름다움의 여신 아프로디테가 약속한다. 세상에서 가장 아름다운 여자를 주겠다. 이 상황에 대해 친구랑 얘기해 보면 아프로디테에게 사과를 주겠다는 사람은 별로 없다. 하지만 내면에서는 은연중에 아프로디테를 선택할지도 모를 일이다. (여성이라면 '세상에서 가장 잘 생긴 남자'로 바꿔서 자문해 보시기 바란다.) 어쨌든 파리스는 아프로디테에게 사과를 넘겨준다. 파리스가 아프로디테의 선물에 넘어갔다고 생각할 수도 있으나 아프로디테는 미의 여신인 만큼 공정한 결정이었다고도 할 수 있다.

루벤스의 작품은 파리스의 선택 직전을 보여주고 있다. 그림의 왼쪽에는 두 명의 남자가 있다. 목동 파리스가 고민된다는 듯이 턱을 괴고 있고 신의 전령이자 목동의 수호신인 헤르메스는 사과를 들고 서 있다. 오른쪽에는 루벤스스러운(?) 여신 셋이 서 있다. 루벤스스럽다는 단어가 있는지 모르겠으나 루벤스 그림 속 여인들은 확연한 특징이 있다. 바로 풍만하다는 것이다.

티치아노, 〈아담과 이브〉 Adam and Eve,
1550년경, 캔버스에 유채, 240x186cm, 프라도 미술관

루벤스는 마드리드 체류 중 그가 존경하는 티치아노의 작품을 몇 점 따라 그린다. 프라도에서는 티치아노 원작의 〈아담과 이브〉와 루벤스의 모사작을 나란히 전시하고 있다.

두 작품을 번갈아 보면 루벤스 여인의 특징을 보다 쉽게 이해할 수 있을 것이다. 일견 티치아노에 대한 존경 때문인지 자신의 특기를 억누른 듯 하지만... 자세히 보면 루벤스는 루벤스다. 은근하게 드러낸 풍만함을 감지할 수 있을 것이다.

루벤스, 〈아담과 이브〉 Adam and Eve
티치아노 〈아담과 이브〉 모사
1628-1629년, 캔버스에 유채,
238x184.5cm, 프라도 미술관

여신 셋이 엇비슷하게 생겨서 누가 누군지 모른다고 생각할 수 있으나 그림 속 지물들에서 분명히 구분해 낼 수 있다. 먼저 왼쪽의 여신이 아테나이다. 여신의 발치에 놓인 투구와 방패가 전쟁의 여신임을 암시한다. 오른쪽은 헤라이다. 나무 위에 올라앉은 공작새는 헤라의 상징이다. 마지막으로 가운데 여신이 아프로디테이다. 여신의 다리를 붙잡고 있는 큐피드는 아프로디테의 아들이다. 이미 아기천사는 승자를 예감하고 아프로디테의 머리에 화관을 씌워주려 대기하고 있다.

대담한 색채와 풍만한 몸매의 여신들, 드라마틱한 인물 포즈, 그리고 멀리 보이는 목가적인 풍경까지. 루벤스의 장기들이 골고루 녹아든 말년의 걸작이다.

이 그림의 뒷얘기는 어떻게 되었을까. 아프로디테는 세상에서 가장 아름다운 여성을 선사함으로써 약속을 지킨다. 문제는 그 여성이 유부녀라는 것. 스파르타의 왕 메넬라오스의 아내였던 헬레나를 파리스에게 보낸 것이다. 본래 트로이의 왕자였던 파리스는 헬레나를 데리고 자기 나라로 도망가버린다. 이로써 불화의 여신 테티스가 불러일으킨 두 번째 불화가 터진다. 왕비를 빼앗긴 스파르타를 위시한 그리스 연합군과 트로이 사이에 전쟁이 벌어진 것이다. 여담 한 가지. 루벤스는 말년에 아름다운 두 번째 아내를 맞이하는 데 그녀의 이름도 헬레나다. 헬레나 푸르망

틴토레토, 〈헬레나의 납치〉 The Abduction of Helen,
1578-1579년, 캔버스에 유채, 186x307cm, 프라도 미술관

루벤스는 스페인 왕실에 머무는 동안 전도유망한 화가 한 명을 만난다. 자부심 넘치는 눈빛과 그 눈빛에 걸맞는 실력을 갖추고 있던 그 젊은이에게 루벤스는 한 가지 권유를 한다. 이탈리아로 건너가 거장들의 작품을 연구하고 오는 것이 어떻겠는가. 당대 최고의 거장 루벤스의 넛지에 젊은이는 이탈리아행을 결심한다. 그가 바로 스페인 미술의 최고 거장 벨라스케스이다.

| 벨라스케스 <시녀들>

벨라스케스, 〈시녀들〉 Las Meninas,
1656년, 캔버스에 유채, 318x276cm, 프라도 미술관

　그림이 걸려있는 위치가 그 그림의 가치를 나타내는 작품이 있다. 벨라스케스의 시녀들이 바로 그런 작품이다. 잠시 앞에서 보았던 미술관 맵을 다시 보자. 프라도에서 상설전시가 이루어지는 헤로니모관은 가로로 길게 뻗은 좌우 대칭형 건물이다. 1층 정중앙을 보면 8각형의 보석처

럼 보이는 12번홀을 발견할 수 있을 것이다. 한눈에 봐도 중요해 보이는 그 12번 홀이 바로 〈시녀들〉이 걸려있는 전시실이다. 미술관 기획자들은 프라도라는 귀부인의 목 한가운데에서 빛나게 될 보석으로 벨라스케스의 〈시녀들〉을 고른 것이다. 사실 〈시녀들〉은 프라도 레벨이 아니라 서양회화를 통틀어서도 최고 걸작이라 할 만하다. 1985년 『Illustrated London News』라는 영국 잡지가 실시한 설문조사에서 〈시녀들〉이 역사상 최고의 회화로 꼽혔다는 일화는 유명하다.

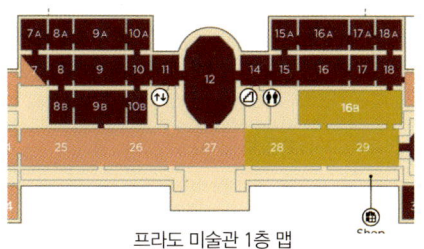

벨라스케스의 시녀들을
전시하고 있는 12번홀

프라도 미술관 1층 맵

시녀들은 '감상'이 아니라 '교감'하는 그림이다. 감상이 나 자신^{주체}이 일방적으로 작품^{객체}을 해석하거나 즐기는 작업이라면, 교감은 서로 영향을 주고받는 경험이다. 살아 있지도 않은 그림 속 인물들과 서로 영향을 주고받다니. 그럼 그림 속 인물들도 나를 보고 뭔가 반응을 해야 한다는 얘기인데 그것이 가능한가. 시녀들 앞에 서면 그게 가능하다는 것을 알게 된다. 이 그림 앞에 서면 내가 그들을 보듯 그들도 나를 보는 것 같은 느낌을 받게 된다.

이 그림은 제목이 특이하다. 그림 중앙에 왕녀가 자리하고 있지만 제목은 〈시녀들〉이다. 18세기 기록에는 이 그림의 제목이 〈펠리페 4세 가족〉이라고 되어있다. 사실 이 제목도 이상하게 여겨질 수 있다. 왕녀 이외의 다른 가족은 어디 있다는 건가. 그림 뒷편 거울을 보면 희미하게 두 사람의 모습이 보일 것이다. 펠리페 4세와 왕비이다. 이 그림이 〈시녀들〉이라고 불리기 시작한 것은 19세기 중반부터이다.

    벨라스케스가 〈시녀들〉을 완성한 해는 1656년이다. 스페인 국력이 눈에 띄게 약해지던 시기이다. 30년 전쟁에서의 패배와 식민지였던 플랑드르의 독립, 영국이나 네덜란드 같은 새로운 해상강국의 부상. 국력 쇠퇴와 대조적이게도 예술적 성과로서는 전성기였다. 이 시기를 보통 스페인 예술의 '황금시대' Siglo de Oro 라고 부른다. 벨라스케스는 황금시대를 장식하는 가장 눈부신 순금이었다. 시녀들의 배경이 된 장소는 알카사르궁이다. 이 궁전은 1734년 화재로 없어졌고 그 자리에는 현재의 왕궁 Palacio Real 이 서 있다. 당시의 화재로 이 걸작도 불타 없어질 뻔했지만 다행히 살아남았다.

    잠깐 상상을 해 보자. 우리는 알카사르 궁전에 막 도착한 *신성로마제국의 사신이다. 왕실 시종장의 호위 아래 왕과 왕비와 담소를 나누며 왕궁을 둘러보던 우리는 벨라스케스의 작업실 앞에 도착한다. "이곳이 스페인 최고의 화가가 작업하는 공간이요." 펠리페 4세가 자부심에 가득 차 작

---
* 16-17세기의 신성로마제국과 스페인 왕실은 모두 합스부르크 가문으로 상호 왕래가 많았다.

업실 문을 연다. 바로 이 순간. 딱 이 순간을 상상하며 그림을 다시 보자. 이제 막 작업실에 들어선 나를 쳐다보는 시선이 느껴지는가. 나에게로 쏟아지는 왕녀와 화가의 눈길. 나는 그들을 보고 있고 그들 역시 그 공간에 막 들어선 나를 쳐다보고 있다.

조금 더 상상을 이어가 보자. 시종장은 먼저 두 명의 시녀 사이에 있는 왕녀를 소개한다. 5살이 채 안 된 앳된 얼굴의 왕녀 이름은 마르가리타 테레사이다. 황급히 무릎을 꿇고 포동포동한 왕녀의 손등에 공손히 입을 맞춘다. 왕녀 왼편에는 이사벨 벨라스코, 오른편에는 마리아 아구스티나가 시중을 들고 있다. 그들 모두 지체 높은 귀족 집안 자제들이다. 가벼운 눈인사와 함께 목례를 나눈다. 다음으로 펠리페 4세가 직접 커다란 캔버스 앞의 화가를 소개한다. "우리 스페인 제국 최고의 화가 벨라스케스 경이요. 그가 있는한 짐은 이탈리아가 부럽지 않소." 왕이 화가 한 명에게 이토록 존경을 표하다니. 드문 일이다. 왕의 자부심에 어긋남이 없도록 벨라스케스와 공손히 인사를 나눈다.

광대 뒤편의 남녀는 뭔가 조용히 얘기를 나누고 있다. 시종장이 잠시 얘기를 멈춰 달라고 요구하고는 그들을 소개한다. 여성의 이름은 마르셀라, 왕실의 시녀를 관리하는 사람이라고 한다. 여성에 이어 남성의 이름도 소개해주었으나 개가 짖어대는 바람에 제대로 알아들을 수 없었다. 이 그림에 나오는 인물 중 유일하게 기록이 없는 사람이다 마지막으로 광대 쪽으로 눈길을 돌린다. 여자 광대의 이름은 마리 바르볼라. 왕녀 마르가리타가 태어난 해에 입궐한 후 줄 곳 왕녀를 따라다닌다고 한다. 왕녀에게는 꽤나 재미있는 농담을 많이 한다고 하는데 이방인에게는 과묵한 것 같다. 반면 개를 괴롭히고 있던 니콜라시토는 거침없이 농담을 던진다. "빈에서 왔다고? 제대로 된 와인 마셔본 지도 오래되었겠네. 스페인에 온 김에 와인이나 왕창 얻어먹고 가." 고개를 들어 방을 둘러보니 뒤편에 걸린 거울이 눈에 들어온다. 국왕 폐하 펠리페 4세와 마리아나 왕비의 모습이 희미하게 비치고 있다. 시종장 호세 니에토는 방 뒤편 문을 열고 우리 일행을 기다리고 있다. 방 안의 인물들에게 예의를 표한 후 다음 장소로 옮겨간다.

이 그림이 왜 이토록 놀라운 '교감'의 체험을 선사하는지 명확히 설명하기는 쉽지 않다. 하지만 곰곰이 들여다보면 몇 가지 이유를 발견할 수 있다. 먼저 인물들의 시선을 보자. 화가와 광대 마리볼라는 똑바로 우리를 쳐다보는 반면, 왕녀와 시녀 아구스티나는 흘끗 눈길을 주고 있다. 만약 네 명 모두 정면을 보고 있다면 그림 속 인물들은 화가 앞의 초상화 모델처럼 딱딱해 보였을 수도 있다. 흘끗 돌아보는 듯한 시선 덕에 우리는 그들과 자연스럽게 눈빛을 나누게 된다. 그런데 앞서 얘기한 사람들 외에는 다른 곳을 보고 있다. 묘하게도 다른 곳으로 흩어진 시선 또한 이 그림을 더욱 사실적으로 만들어준다. 새로운 사람의 출현에 아랑곳하지 않고 자신의 일에 몰두하는 사람들. 너무나 자연스럽다. 누가 오던지 말던지 이사벨은 왕녀의 기분을 살펴야하고 니콜라시토는 개를 괴롭히고 싶다.

다음으로 그림의 주제를 보자. 역설적이게도 너무나 평범해서 특이하다. 고전회화는 보통 명확한 주제를 전달한다. 종교적 혹은 도덕적인 메시지를 주기도 하고 역사나 신화의 극적인 장면을 보여주기도 한다. 만약 초상화라면 위엄을 드러내거나 후세에 자신의 모습을 전달하기 위한 목적이 엿보일 것이다. 하지만 이 그림은 교훈도 없고 이야기도 없고 자기표현 욕구도 없다. 그냥 왕궁의 일상이 있을 뿐이다. 요즘으로 치면 '알카사르궁 브이로그'쯤 될 것이다. 고전회화에서 찾아보기 힘든 일상의 묘사는 이 그림의 사실성을 높여주는 데 일조한다. 단 벨라스케스가 이 그림을 아무런 의도 없이 그렸다고 오해하면 안 된다. 사실 벨라스케스가 왜 이 그림을 그렸는지 자체가 연구 대상이다. 회화의 표현 가능성을 넓히기 위해서일수도 있고 구도나 색채의 실험을 위해서 일수도 있고 혹은 그보다 더 심오한 미학적·철학적 의도가 있을 수 있다.

세 번째로 얘기해 볼 것은 사실주의 화풍이다. 벨라스케스는 이탈리아 화가들과 달리 과장과 이상화 없이 눈에 보이는 대로 그리고자 했다. 벨라스케스 그림 속 인물들은 의상과 헤어스타일만 제외하면 지금도 스페인 길거리에서 흔히 만날법한 인물들이다. 이 그림은 공간적 입체감도 뛰어나다. 뒷 배경이 어두운데다 선 원근법이 두드러지는 것도 아니지만 이 그림은 분명 깊은 공간감을 느끼게 한다. 시녀들에는 세 개의 광원이 있다. 가장 정면에는 오른쪽 창에서 들어오는 광원이 있다. 다음으로 그림 뒤편을 보면 역시 오른쪽에서 희미한 빛이 들어오는 것을 볼 수 있다. 약하게 새어나오는 이 빛 덕에 천장 일부분과 뒤쪽에 걸어둔 그림이 어슴푸레 드러난다. 세 번째로 호세 니에토가 서 있는 문에서도 빛이 나온다. 어둠 속에 스며든 희미한 빛 덕에 자연스러운 공간감을 느낄 수 있다. 만약 전면 우측의 빛만 있고 뒤편을 어둠으로 처리했다면 입체감은 확연히 약해졌을 것이다. 마지막으로 그림의 크기도 한몫한다. 이 그림은 세로 3.18미터, 가로 2.76미터이다. 7-8미터 쯤 떨어져서 보면 딱 실제 장면처럼 보이는 크기이다. 따라서 이 그림은 7-8미터 떨어져서 봐야 한다.

멀리서는 또렷하게, 가까이 가면 흐릿하게

너무나 사실적인 묘사에 감탄하여 이 그림이 정밀하게 그려졌을 것이라 생각할 수 있지만 전혀 그렇지 않다. 오히려 반대이다. 시녀들은 가까이 다가갈수록 형체가 흐릿해진다. 벨라스케스의 장기는 '아야 프리마'Alla Prima였다. 이탈리아어로 "단번에"라는 뜻을 가진 '아야 프리마'는 밑그림 없이 단숨에 채색하는 기법이다. 망설임 없이 호쾌한 붓질로 완성한 벨라스케스의 그림은 가까이에서 보면 두리뭉실 하지만 멀리서 보면 또렷해진다. 열악한 화질의 모니터 화면도 떨어져서 보면 나름 선명해 보이는 원리와 비슷하다. 그런데 이런 느낌, 다른 그림에서도 본 것 같지 않은가. 그렇다. '아야 프리마'는 인상파 화가들이 애용한 기법이다. 인상파의 거두 마네가 프라도에서 거듭 감탄을 쏟아낸 이유를 이해할 수 있을 것이다.

작자 미상, 〈왕녀 마르가리타 테레사〉

그림 속 왕녀와 화가에 대해 조금 더 얘기해보자. 왕녀 마르가리타 테레사는 훗날 신성로마황제 레오폴드 1세의 왕비가 되지만 21세의 나이로 요절한다. 아직은 소위 '합스부르크 턱'이 보이지 않는다. 왕녀가 좀 더 장성한 후의 초상화를 보면 얼굴 윤곽이 변해간다는 것을 눈치챌 수 있다. 널리 알려졌다시피 합스부르크 턱은 근친혼으로 인한 유전질환이다. 마르가리타의 남편이 되는 레오폴드 1세는 그녀의 삼촌이기도 했다.

벨라스케스는 무척 자존심이 높은 사람이었다고 한다. 28세의 나이로 왕실 화가 Pintor de Camara가 되었는데 이는 당시 화가로서 성취할 수 있는 최고 지위였다. 하지만 벨라스케스는 그 이상을 원했던 것 같다. 그는 정식으로 귀족 일원이 되고 싶어 했다. 다행히 사망하기 2년 전인 1658년, 산티아고 기사단의 일원이 된다. 기사단은 귀족만이 입단할 수 있었기에 벨라스케스는 평생의 소원을 이룬 것이다. 앞서 얘기했듯 시녀들이 완성된 해는 1656년이다. 따라서 그림 속 화가의 가슴에서 붉게 빛나는 산티아고 기사단의 십자가는 훗날 덧붙여진 것이다. 그림만 놓고 보자면 이 십자가는 대단한 의미가 없을지도 모른다. 하지만 화가의 인생을 놓고 보면 가슴팍에 그려 넣은 이 십자가는 말 그대로 '화룡점정'이다.

앞서도 얘기했듯 벨라스케스는 두 번에 걸쳐 이탈리아에 다녀온다. 그곳에서 르네상스 걸작들을 두루 감상 했을텐데 벨라스케스는 이탈리아 천재들에게 기죽지 않았고 그렇다고 그들을 질투하거나 폄하하지도 않았던 것 같다. 벨라스케스의 그림을 보고 있노라면 이탈리아 작품 앞에서 어떤 생각을 했을지 짐작이 간다. '정말 대단하구나. 하지만 나라면 다르게 그릴 것 같은데' 벨라스케스가 활동하던 17세기는 바로크가 한창이었다. 이탈리아 화가들이 드라마틱한 연출로 '하늘 위의 환영'을 만들어내고 있을 때 벨라스케스는 사실적인 묘사로 '땅 위의 현실'을 펼쳐 보였다. 어느 쪽이 더 위대하다고 말할 수는 없다. 확실히 말할 수 있는 것은 벨라스케스가 스페인 회화의 사실주의 전통을 세웠다는 것이고 동시에 서양 회화의 새로운 지평을 넓혔다는 것이다.

〈시녀들〉은 가급적 충분히 체력을 비축한 상태에서 보기 바란다. 체력이 바닥나 걸작이 눈에 들어오지 않거나 연속되는 걸작에 익숙해져 타성이 생겨버린 상태에서는 이 그림의 진가를 체험하기 힘들다. 미술관 개장 직후 입장하여 〈시녀들〉로부터 가장 먼저 보는 것이 좋지만 그게 힘들다면 오후 4-5시쯤 충분히 휴식을 취한 후 이 그림 앞으로 가는 것도 좋다. 오후 4시 언저리를 추천하는 것은 그 시간이 〈시녀들〉 앞이 덜 붐비는 시간이기 때문이다. 오전 입장객이 상당수 빠져 나간데다 곧 무료입장이 시작되는 시간이라 전반적으로 관람객이 많지 않다.

영국의 미술 평론가 로라 커밍은 그녀의 저서 『자화상의 비밀』에서 〈시녀들〉에 대해 이렇게 얘기한 바 있다. "과거의 인물들은 우리가 그들을 보는 동안은 우리의 이 순간과 현재를 들여다보고 있을 것이다… 우리는 서로의 눈길과 이야기 속에서 영원히 살게 될 것이다." 아무리 시간이 흘러도 벨라스케스 그림 속 왕녀와 시녀들은 여전히 살아 숨 쉴 것이다. 100년 후든 200년 후든, 이 그림 앞에 서게 될 사람과 17세기 스페인 왕궁의 인물들은 서로 눈 인사를 나누게 되리라.

벨라스케스는 세비야에서 태어나 마드리드 왕궁에서 활동했다. 한마디로 상경해서 출세한 아티스트이다. 한편, 비슷한 시기에 세비야에서 태어나 평생을 고향땅에서 살다 간 천재도 있다. 세비야 토박이로 활동하면서도 전 유럽에서 이름을 떨친 화가. 그의 이름은 무리요이다.

| 무리요 <베네라블레스의 무염시태>

무리요, 〈베네라블레스의 무염시태〉
The Immaculate Conception of Los Venerables,
1660-1665년, 캔버스에 유채, 274x190cm,
프라도 미술관

프라도 미술관에는 크게 세 개의 출입구가 있으며 스페인 미술을 대표하는 세 명의 거장이 각각의 출입구를 지키고 있다. 북쪽에는 고야, 중앙에는 벨라스케스의 동상을 만나볼 수 있다. 미술팬이라면 고야와 벨라스케스의 명성은 익히 알고 있을 것이다. 그렇다면 나머지 남문에는 어떤 화가의 동상이 있을까. 바로 무리요이다. 스페인 미술에 관심이 많지 않은 분이라면 처음 들어보는 이름일 수도 있다. 하지만 무리요는 고야, 벨라스케스와 어깨를 나란히 하는 대가이다. 무리요의 명성을 가늠해 볼 수 있는 일화가 있다. 나폴레옹 점령 시기에 프랑스군은 무리요의 작품을 다수 빼돌렸고 술트 장교도 한 점 탈취하여 본국으로 돌아간다. 그의 사후 루브르 미술관은 경매를 통해 그 작품을 사들인다. 경매에서 루브르가 지불한 금액은 당시까지 루브르가 그림 한 점에 지불했던 금액 중 최고가였다고 한다.

<프라도 미술관> 앞 무리요 동상

당시 루브르가 최고가에 사들였던 그림, 그 그림이 바로 <베네라블레스의 무염시태>이다. 프랑스에서는 이 그림을 강탈했던 술트 장교의 이

름을 따 〈술트의 무염시태〉라고 불렸으나 스페인으로 반환된 이후에는 원래의 취지에 맞게 이름이 바뀌었다. 이 그림이 걸려있던 장소가 '베네라블레스(공경받으실) 성직자' 병원이었기 때문이다.

〈무염시태〉는 성모 마리아가 원죄 없이 잉태되었다는 가톨릭 교리이다. 성경에 의하면 아담과 이브의 후손은 모두 원죄를 가지고 태어난다. 하지만 하나님의 아들인 예수 그리스도를 잉태하게 될 성모는 하느님의 특별한 은총을 받아 원죄 없이 태어났다는 것이다. 무염시태는 가톨릭에서만 인정하는 개념으로 가톨릭 신앙이 강한 스페인에는 유독 이와 관련된 걸작이 많다. 프라도는 무염시태의 각축장으로 작가별 변주를 즐길 수 있다. 무리요는 무염시태의 제왕이다. 이 주제로만 수십 점을 남겼는데 그중 가장 걸작으로 꼽히는 것이 이 작품이다.

무리요가 특히 잘 그리는 대상이 두 가지 있다. 먼저 성모 마리아. 무리요는 성모를 워낙 아름답게 그려 '스페인의 라파엘로'라는 별명을 가지고 있다. 화면 중앙의 마리아는 순수한 백색과 성모의 색인 파란색 의상을 입고 두 손을 가슴 쪽에 경건하게 모으고 있다. 두 눈은 하늘을 향해 있고 입은 살짝 벌어져 있어 *법열을 느끼는 듯하다. 발 아래에는 초승달을 밟고 서 있다. 이는 요한계시록의 **한 구절에서 인용한 묘사 때문이기도 하고 달은 그리스로마 신화의 처녀신 아르테미스의 상징물이라 자연히 마리아의 순결을 연상키기 때문이기도 하다. 무리요가 잘 그리는 또 다른 대상은 귀여운 아이들이다. 성모를 둘러싸고 있는 캐루빔(아기 천사)들

---

* 참된 이치를 깨달았을 때 느끼는 황홀한 기쁨
** 하늘에 큰 이적이 보이니 해를 입은 한 여자가 있는데 그 발 아래는 달이 있고 그 머리에는 열두 별의 면류관을 썼더라.

의 모습이 앙증맞기 그지없다. 화면의 배경은 크게 세 가지 색이 사용되었다. 우측은 캄캄한데 반해 좌측은 하얗다. 우측은 원죄, 좌측은 그 원죄를 벗어난 순결을 상징하는 것 같다. 상단의 불그스름한 색감은 앞서 얘기한 요한복음의 묘사, 즉 '해를 입은 한 여자'라는 묘사에 따른 것이다.

무리요의 따뜻한 화풍에서는 그의 인품이 느껴진다. 그는 아홉 살에 고아가 되어 누나 집에서 자라게 된다. 어려서 부모를 잃은 무리요는 화목한 가정을 만들고 싶었던 것 같다. 그에게 명성을 안겨준 아름다운 마리아와 귀여운 아이들의 모델은 다름 아닌 아내와 자녀들이었다고 한다. 무리요는 11명의 자녀를 두었으나 그중 5명만 살아남았다. 그의 나이 40대 후반에는 아내마저 세상을 떠난다. 부모부터 자녀, 배우자까지. 이 정도로 가혹하게 가족을 잃은 경험이 있다면 신을 원망할 법도 하지

무리요, 〈자화상〉 Self-portrait, 1668-1670년, 캔버스에 유채, 122×107cm, 런던, 내셔널갤러리

만 그는 신앙심이 깊었다고 한다. 교회나 자선시설을 위해서는 보수 없이 그림을 그리기도 했다. 〈베네라블레스의 무염시태〉 역시 병원에 무료로 기증한 그림이다.

2017년 겨울, 무리요의 고향인 세비야를 방문한 적이 있다. 2017년은 무리요 탄생 400주년이 되는 해였고 그는 1617년의 마지막 날, 12월31일에 태어난 것으로 추정된다. 세비야 미술관에서는 특별전이 열리고 있었다. 전 세계에 흩어져 있던 그의 걸작들이 오랜만에 고향 땅을 찾아 세비야 시민들 앞에 모습을 드러낸 것이다. 무리요의 따뜻한 인품과 그 인품만큼이나 따뜻한 작품들 그리고 400년이 흘러서도 그를 존경하는 고향 사람들. 그 어떤 미술관에서도 느껴보지 못했던 뭉클함으로 괜시리 눈시울까지 촉촉해졌다. 세비야는 너무나 풍부한 이야기를 지니고 있는 도시이지만 나에게는 무리요의 도시로 기억될 것 같다.

무리요의 죽음과 함께 스페인 미술의 황금기인 17세기가 저물어간다. 그렇게나 많은 천재를 쏟아내던 스페인 미술계는 새로운 세기에 접어들자 두각을 드러내지 못한다. 하지만 18세기도 중반에 접어들자 마침내 긴 침묵을 깨고 거장이 탄생한다. 이 한 명의 화가만으로도 그간의 부진을 깨끗이 씻어내었다고 할 만하다. 벨라스케스와 무리요를 잇는 스페인 미술계의 새로운 영웅, 프란시스코 고야이다.

| 프란시스코 고야 <카를로스 4세 가족>

프란시스코 고야, 〈카를로스 4세 가족〉 The Family of Carlos IV,
1800년, 캔버스에 유채, 280x336cm, 프라도 미술관

고야는 적절한 깊이로 소개하기 힘든 화가다. 짧게 소개하자면 '18세기 가장 위대한 스페인 화가' 정도로 퉁 칠 수 있으나 제대로 소개하자면 책 한두 권으로는 어림없다. 다른 화가도 그렇지 않냐고 하겠지만 고야는 유독 인생도 작품도 복잡한 인물이다. 몇 줄로는 정의 내릴 수 없다.

이 책은 미술 전문서도 아니고 본인은 이 분야의 전문가도 아니다. 따라서 고야와 그의 작품을 가볍게 소개할 수도 있겠지만 그러기에는 아쉬움이 남는다. 고야에 대해 좀 더 알고서 작품을 보면 분명 달리 보일 것이다.

고야의 인생과 그림을 비교하다 보면 둘 사이의 분위기가 상당히 어긋나 있다는 것을 느낄 수 있다. 인생 여정은 세상 흐름에 찰떡같이 부합하는 기회주의적 처세로 점철되어 있지만, 작품은 시대에 영합하지 않는 예술가적 소신으로 가득하다. 마치 노련한 정치가의 얼굴과 언더 그라운드 록커의 얼굴을 동시에 가지고 있는 듯하다. 그의 처세술부터 보자. 고야는 카를로스 4세 덕에 수석 궁정화가에 오르는데 왕자 페르난도가 아버지를 몰아내고 왕위에 오르자 이 반역자 밑에서도 궁정화가직을 유지한다. 프랑스가 페르난도 7세를 몰아내고 스페인 왕실을 장악하였을 때는 프랑스에 호의적인 입장을 보이더니 페르난도 7세가 복위하자 천연덕스럽게 페르난도 7세에게 다시 충성을 맹세한다. 철새도 이런 철새가 없다.

하지만 그의 그림에서는 반항기와 개척가 정신이 다분히 느껴진다. 유명한 블랙 페인팅 시리즈나 〈카프리쵸〉와 같은 판화 연작에서는 화가의 어둡고 복잡한 내면을 섬뜩한 묘사로 드러낸다. 〈5월 2일〉, 〈5월 3일〉 같은 대작이나 〈전쟁의 참화〉 연작은 퓰리처상 사진처럼 인간의 잔인한 본성을 적나라하게 고발한다. 아카데미즘을 벗어난 이런 대담한 시도는 '모방'을 넘어 '창조'를 중요시 여기는 19세기 화가들에게 강력한 영감을 준다. 고야의 내면은 처세술과는 정반대로 반항과 자유가 가득했던 것 같다.

고야, 〈1808년 5월 3일, 마드리드〉 The 3rd of May 1808 in Madrid, 1814년, 캔버스에 유채, 268x347cm, 프라도 미술관

　　고야의 개인적 인생이 어떠했든 그는 위대한 예술가다. 작품을 작품으로만 바라봐야 할 수도 있다. 하지만 고야의 '꺼삐딴 리'스러운 인생을 소개한 이유가 있다. 한국 현대사를 무대로 친일, 친노, 친미를 오갔던 꺼삐딴 리처럼 고야도 왕위찬탈자든 외세이든 가리지 않고 자신의 재능을 바쳤다. 고야 그림에 대한 간략한 해설만 읽으면 그의 위대한 작품은 작품만큼이나 위대했던 인생 여정으로부터 탄생했을 것이라 상상하기 쉽다. 즉 '위대한 인생을 살았던 화가의 위대한 작품'이라는 식의 단편적 시각으로 작품을 바라볼 가능성이 높다. 하지만 그의 인생을 제대로 알고 작품을 보면 다르게 다가올 것이다. 세속적 욕망과 반항적 기질이 어

우러졌을 때 어떤 그림이 탄생하는지 헤아려 본다면 복잡하고 깊이 있는 생각에 빠져들 수밖에 없다. 바로 이럴 때 그림 앞에서 한참을 서 있게 된다.

프라도 미술관은 고야의 화풍별 걸작을 고루 소장하고 있다. 그중에서 〈카를로스 4세의 가족〉이라는 궁정 초상화를 골랐다. 위에서도 얘기했듯이 고야는 카를로스 4세의 수석 궁정화가였다. 수많은 유럽 왕실을 그린 집단 초상화 중에서도 이 그림은 특히 유명하다. 다른 고전화가들이 왕실의 위엄을 이상화시키는 것에 몰두했다면 고야는 스페인 왕실의 무능함을 사실적으로 드러냈다는 것이다. '복권에 당첨된 빵집 가족 같다'는 한 평론가의 씨니컬한 평가도 있다. 확실히 이 그림은 다른 왕실 초상화와 다르게 적나라하고 사실적이다. 하지만 이 그림을 지배하고 있는 분위기는 복합적이다. 지금은 이 그림 속에서 왕실의 위엄을 읽을 수 있다고 평하기도 한다. 즉 이 작품 속에는 고야의 처세술과 예술가로서의 소신이 어우러져 있다.

먼저 '왕실의 권위'라는 관점에서 그림을 보자. 화면 가장 우측 마리아 공주의 기품있는 표정과 중앙에 있는 마리아 루이사 왕비의 당당한 모습은 '빵집 가족'과 거리가 멀다. 왕과 왕비 사이에 붉은 옷을 입고 서 있는 막내 왕자의 모습도 어린 나이에 걸맞지 않게 다부지다. 화면 뒤쪽에 걸린 커다란 그림은 어두워서 잘 보이지 않지만 헤라클레스가 옴팔레 여왕을 만나는 장면이라고 한다. 헤라클레스는 스페인의 시조로 여겨진다. 즉 스페인 왕실의 위대함을 신화로 나타내고 있다. 화면의 살짝 우측에는 카를로스 4세가 서 있다. 왕의 상의를 뒤덮은 휘황찬란한 장식은 나름 위엄있어 보인다. 카를로스 4세는 이 그림을 무척 마음에 들어했고 고야에게 거금을 하사했다. 사람들은 소위 '먹이려고 그린 작품을 좋아라 한다'며 왕을 비웃었다. 하지만 왕의 입장에서 보면 화려한 옷을 걸치고 가족들 사이에서 당당하게 서 있는 자신의 모습에 만족했을 만하다. 내 눈에는 연예인 못지않아 보이는 셀카 사진이 다른 사람에게는 피식 웃음을 줄 수 있다는 것은 우리도 잘 알고 있지 않나. 다른 사람은 어떻게 평가하든 고야는 왕이 좋아할 만한 그림을 그리는 데 성공했다.

이번에는 조금 다른 관점으로 보자. 이 그림은 왕가에 아부하기만 하는 그림이 결코 아니다. 그림 속에는 한마음, 한뜻으로 스페인을 수호하고자 하는 단일하고 고귀한 의지가 없다. 각각의 욕망에 충실한 개개인이 있을 뿐이다. 왕은 프랑스의 위협이 목전인데도 취미인 시계조립이나 생각하는 것 같다. 재상 고도이와 외도 중이던 왕비는 민중의 고통과 상관없이 나라를 좌지우지하는 권력의 맛에 중독된 듯 거만스럽다. 왕의 오른쪽 너머에 있는 사람은 왕의 동생이다. 잔뜩 못마땅해 보이는 그의 얼굴은 늦게 태어난 탓에 왕이 되지 못한 불만이 가득해 보인다. 화면 좌측 10대 소년은 아버지를 몰아내고 왕이 되는 페르난도이다. 그는 야망은 크지만, 능력은 그에 비해 터무니없이 작았던 인물이다. 욕심과 무능을 동시에 품고 있는 그의 눈빛을 보노라면 고야의 솜씨에 감탄하게 된다. 형 뒤로 빼꼼히 고개를 내밀고 있는 사람은 페르난도의 동생 카를로스이다. 형 못지않게 욕심 많았던 동생은 형이 사망하자 조카와 왕위 다툼을 벌인다. 그림 속 인물들의 눈빛에서 읽을 수 있는 것은 무능, 욕심, 질투, 오만이다. 왕이 아닌 제 3자의 눈으로 보자면 이 그림은 풍자적이다.

이 그림은 고야의 처세술과 예술가로서의 자존심이 절묘하게 어우러진다는 관점에서 흥미롭지만 순수하게 미술작품으로서의 완성도도 최고 수준이라는 것을 잊어서는 안 된다. 사실적이면서도 아름다운 인물 묘사, 훗날 인상파에게 영향을 주는 과감한 붓터치는 고야의 빛나는 장기이다.

마지막으로 이 그림에 얽힌 몇 가지 이야기를 덧붙이고자 한다. 고야는 이 작품에서 선배 화가 벨라스케스가 그린 불후의 명작 〈시녀들〉에 경의를 표하고 있다. 벨라스케스가 캔버스 앞의 자신의 모습을 그려 넣었듯이 고야 역시 좌측 어둠 속에 자신의 모습을 넣었다. 왕비 마리아 루이사의 포즈와 표정은 〈시녀들〉 속의 마르가리타 공주와 비슷하다. 페르난도 왕자 뒤편의 여성은 얼굴을 돌리고 있다. 이 여성은 실제 인물이 아니고 페르난도 왕자의 미래 배우자를 상상하여 그려 넣은 것이다. 그림 속 왕실 가족의 인물수는 아기를 포함하여 13명이다. 13이라는 숫자가 스페인 왕실의 불길함을 상징한다고도 한다.

고야는 스페인 고전회화의 마지막 대가이다. 그렇다고 스페인 화단에서 고전화가의 명맥이 끊겼다는 얘기는 아니다. 19세기 들어서도 인지도가 부족할 뿐 뛰어난 고전화가들이 꾸준히 활동한다. 프란시스코 프라디야는 고전회화가 아직 죽지 않았다는 것을 보여준 화가이다.

| 프란시스코 프라디야 <여왕, 후아나 라 로카>

프란시스코 프라디야, 〈여왕, 후아나 라 로카〉 Queen Joanna the Mad, 1877년, 캔버스에 유채, 340x500cm, 프라도 미술관

    사랑은 기쁨으로 시작하지만, 시간이 지나며 슬픔으로 변해가기도 한다. 여기 사랑이 주는 기쁨과 슬픔을 넘어 결국 미쳐버린 사람이 있다. '후아나 라 로카'가 그 주인공이다. '후아나'는 이름이고 '라 로카'는 "광인"이란 뜻이다. 광녀 후아나라고 종종 번역되기도 한다. 후아나는 16세기 초 스페인의 왕비이자 여왕이었으나 정신병 때문에 정상적인 통치 활동을 하지는 못했다.

프라도에는 광기의 여왕을 그려낸 걸작이 있다. 19세기 후반, 프란시스코 프라디야가 그린 〈여왕, 후아나 라 로카〉라는 작품이다. 세로 3.4미터 가로 5미터의 대작이다. 누군가 프라도에서 숨겨진 걸작을 딱 한 점만 골라달라고 한다면 이 작품을 선택할 것이다. 그림 가운데 서 있는 후아나의 눈빛을 보고 있노라면 그 광기에 압도되어 숨이 막히는 듯하다. 후아나는 어쩌다가 미치게 되었을까.

후아나의 부모는 스페인 역사상 가장 유명한 동시에 중요한 왕이다. 어머니는 카스티야 왕국의 이사벨 1세이고 아버지는 아라곤의 페르난도 2세이다. 15세기 후반까지도 스페인은 여러 왕국으로 쪼개져 있었다. 통일 스페인 왕국은 카스티야의 이사벨과 아라곤의 페르난도가 결혼함으로써 출범한다. 이사벨 1세는 콜럼버스의 신대륙 탐험을 후원한 여왕이기도 하다. 이슬람으

로부터의 국토회복, 카스티야와 아라곤의 결합, 신대륙 발견. 유럽 역사에서 스페인의 부상이 시작되던 시기이다. 이런 배경만으로도 후아나는 당대 최고의 금수저를 물고 태어난 것이라 할 만한데, 세상이 후아나에게 준비해 둔 선물(혹은 저주)이 하나 더 있었다.

그녀는 신성로마제국 황제의 아들, 펠리페와 결혼하게 된다. 유럽의 왕이나 귀족의 이름 앞에는 외모나 성품을 나타내는 별칭이 붙는 경우가 많다. 루이 14세는 '태양왕', 리처드 1세는 '사자왕'. 그렇다면 후아나의 남편 펠리페의 별칭은? 바로 '미남'이었다. 미남공 펠리페. 잘생긴 신랑에게 첫눈에 반해버린 후아나는 열렬히 사랑에 빠져든다. 재력과 권력에다 사랑하는 배우자까지. 후아나는 세상에서 가장 행복한 사람이 되어야 할 것 같지만, 인생이란 것이 그렇게 단순하지만은 않다. 펠리페는 바람기가 있었다고 한다. 후아나의 지나친 애정 공세를 부담스러워했다는 말도 있다. 기쁨으로 충만했던 후아나의 사랑은 고통과 질투로 얼룩지게 된다.

결혼 후 10여 년이 지난 어느 날, 테니스와 유사한 공놀이를 마치고 돌아온 펠리페는 며칠간 고열에 시달리다 사망해 버린다. 차가운 물을 급작스럽게 마셔 장티푸스에 걸렸다는 말도 있지만, 사람들은 그의 장인, 즉 후아나의 아버지이자 아라곤의 왕이었던 페르난도 2세가 정치적인 이유로 독살한 것이라며 수군거렸다. 그토록 사랑했던 남편을 잃어

◀후안 데 플란데스, 〈미남왕 펠리페 1세〉 Philipp the handsome, 1500년경, 캔버스에 유채, 30x19.3cm, 빈 미술사 박물관

버린 후아나는 정신 이상 증세를 보이기 시작한다. 미치도록 사랑했던 그녀는 결국 사랑으로 미쳐버린 것이다.

부르고스에서 사망한 펠리페의 장지는 그라나다로 정해진다. 그라나다는 부르고스에서 남쪽으로 약 600킬로미터 떨어진 도시이다. 프라디야의 그림은 바로 펠리페의 장례 행렬을 묘사한 작품이다. 후아나는 밤에만 이동하였다고 한다. 이 그림의 시간적 배경은 오후이다. 즉 그림 속 인물들은 이동 중에 잠시 휴식을 취하는 것이 아니라 밤이 오기를 하염없이 기다리고 있는 것이다. 관을 둘러싸고 있는 인물들의 표정은 지루함과 피로가 가득하다. 일부 인물들은 후아나에게 동정과 염려 섞인 눈빛을 보내고 있기도 하다. 주변 인물의 반응에는 아랑곳하지 않는 듯, 후아나의 광기 어린 눈빛은 남편의 관에 꽂혀있다.

하늘은 불길한 먹구름으로 뒤덮여 있고 벌판에는 앙상한 나무 몇 그루가 서 있다. 저 멀리에는 음습한 교회의 실루엣이 보인다. 들판은 진창길인 듯 수레바퀴 자국이 선명하다. 모닥불에서 솟아오르는 잿빛 연기는 역시 잿빛으로 물든 먹구름과 합쳐지며 우울한 기운을 배가시킨다. 어떤 그림들은 배경음악이 떠오르기도 한다. 하지만 이 그림에 어울리는 음악은 없다. 오직 불길한 음향이 있을 뿐이다. 그르렁거리는 낮은 천둥소리, 마른 나뭇가지를 태우는 건조한 모닥불 소리, 멀리서 들려오는 오싹한 종소리, 흰옷 입은 사제의 중얼거리는 듯한 기도문, 피곤에 지친 사람들의 한숨과 소근거림.

프란시스코 프라디야, 〈딸과 함께 토르데시야스 성에 유폐된 광녀 후아나〉
Queen Juana La Loca confined at Tordesillas with her daughter, the Infanta Catalina,
1906년, 캔버스에 유채, 85x146cm, 프라도 미술관

　사랑과 광기. 얼핏 격렬함과 소란스러움이 연상되는 주제이나 프라디야의 그림은 요란스럽지 않다. 불길한 야외풍경과 숨막히는 듯한 공기, 홀린 것 같은 후아나의 눈빛과 지쳐버린 표정의 사람들. 프라디야가 창조한 광기는 고요하면서 으스스하다. 인물과 풍경을 모두 능숙하게 묘사할 줄 알았던 화가는 스페인 왕가에 전해져오는 슬프고도 오싹한 사랑 이야기를 커다란 화폭에 재현했다. 대작이면서도 걸작이란 바로 이런 그림을 가리키는 것이다. 프란시스코 프라디야는 이 그림으로 국선 메달을 수상하였다. 국제적 명성을 얻은 그는 훗날 프라도 미술관의 관장이 되기도 한다.

　사족 한 가지. 앞서 얘기한 영국의 메리 1세는 광녀 후아나의 조카이다. 즉 메리 1세의 어머니였던 캐서린과 후아나는 자매이다. 그 당시 왕가에 평탄한 부부 사이는 드물었지만, 캐서린과 후아나 자매의 결혼 생활은 유독 혹독하였다. 두 자매가 주고받은 편지에는 어떤 내용들이 적혀 있었을까.

고메 in 마드리드

오첸타 그라도스 【 80 grados 】

주소: Calle de Manuela Malasaña, 10
https://ochentagrados.com/ver-restaurante/malasana

〈오첸타 그라도스〉 내부

    마드리드에서 한 끼만 식사할 기회가 있다면 나는 망설이지 않고 〈오첸타 그라도스〉를 추천할 것이다. 〈오첸타 그라도스〉는 마드리드 타파의 수준을 한 단계 끌어올렸을 뿐 아니라, 타파의 새로운 영역을 개척했다. 개인적으로 식당을 고를 때 '창의성'을 강조하는 식당을 선호하지 않는다. 모름지기 식당은 맛있고 봐야 하는데, 이런 류의 식당은 '맛'보다는 '개성'에, '미각'보다는 '시각'에 치우친 경우를 많이 보았기 때문이다. 하지만 〈오첸타 그라도스〉는 맛과 창의성이라는 두 마리 토끼를 모두 잡았다. 다른 곳에서 보지 못한 음식인데 맛도 기가 막힌다.

    〈오첸타 그라도스〉는 또 다른 부분에서도 두 마리 토끼를 잡았으니 바로 가성비이다. 가성비는 보통 '무난한 품질'에 '무난한 가격'이라는 조합을 가리키는 경우가 많다. 하지만 〈오첸타 그라도스〉에게 가성비란 '훌륭한 품질'에 '저렴한 가격'을 뜻한다. 〈오첸타 그라도스〉의 〈메뉴 델 디아〉 Menu del dia 각 식당에서 저렴하게 제공하는 세트 메뉴. 보통 음료수, 애피타이저, 메인 요리, 디저트로 구성 는 12유로에서 14유로 사이이다. 스페인의 평범한 식당과 비슷한 가격이다. 하지만 메인 요리는 물론이고 마지막 디저트까지 흠잡을 데 없는 식사를 하고 나면 분명히 저렴하다는 생각이 들 것이다.

〈오첸타 그라도스〉는 마드리드에 5개 지점을 가지고 있다. 그중에서 말라사냐 Malasaña 지점을 추천한다. 말라사냐는 멋진 식당과 바가 밀집해 있어 늘 젊은이로 북적이는 활기찬 지역이다. 관광객도 그리 많지 않아 현지 분위기를 느끼기에도 좋다. 이 식당은 예약을 하고 방문하는 것을 추천한다. 다만 전화로는 불가능하고 인터넷으로만 예약이 가능하다. 만약 예약 없이 방문하면 30분에서 1시간 정도 기다려야 한다.

이 식당에서 식사하는 방법은 두 가지다. 한 가지는 세트 메뉴인 〈메뉴 델 디아〉를 이용하는 방법이고, 다른 한 가지는 단품으로 따로따로 주문하는 것이다. 초밥집에 갔을 때 모듬 초밥을 주문하느냐, 아니면 좋아하는 것을 개별적으로 주문하느냐의 선택과 비슷하다. 특별히 꼭 먹고 싶은 것이 있는 것이 아니라면 〈메뉴 델 디아〉를 추천한다. 저렴하고 구성도 좋다.

고메 in 마드리드

〈메뉴 델 디아〉는 음료수, 차가운 타파 한 접시, 따뜻한 타파 두 접시, 디저트로 구성된다. 먼저 음료수는 이 집의 대표 칵테일인 〈디스띤또 데 베라노 꼰 에스푸모 데 리몬〉Distinto de Verano con Espumo de limon 을 강력 추천한다. 물이나 탄산음료가 아닌 주류를 주문하면 추가 비용을 지불해야 하지만 이 칵테일은 비용을 추가로 지불할 가치가 충분하다. 긴 이름의 이 음료수는 스페인 사람들이 여름에 즐겨 마시는 〈띤또 데 베라노〉Tinto de verano 라는 칵테일을 변형한 것이다.

〈띤또 데 베라노〉를 한국어로 옮기면 '여름의 적포도주'이다. 적포도주에 레몬즙을 섞은 것으로 여름에 상큼하고 시원하게 즐기는 칵테일이다. 〈오첸타 그라도스〉 버전의 〈띤또 데 베라노〉는 일반 〈띤또 데 베라노〉에 레몬 거품을 얹은 것이다. 글라스에 담겨 있는 모습이 예뻐 마드릴레뇨마드리드 사람을 가리키는 말 들도 사진 찍기에 여념이 없다. 비주얼만큼 향도 맛도 예쁘다. 종종 남자들을 고민에 빠뜨리기도 하는 여친님의 질문, "뭔가 상큼한 것 없어?"라는 물음에 대한 완벽한 대답이 여기에 있다.

이제 몇 가지 대표적인 타파를 살펴보자. 〈오첸타 그라도스〉는 '분자요리'를 선보인다. 분자요리는 식재료나 조

빨간 맛, 내가 제일 좋아하는 여름 그 맛

리방법을 과학적으로 분석해 새로운 맛을 개발하는 방식을 가리킨다. 먼저 차가운 타파부터 보자. 고기를 좋아하는 분에게는 스테이크 타르타르 Stake Tartar를, 해산물을 좋아하는 분에게는 새우 아보카도 샐러드 Shrimp and cold avocado salad를 추천한다. 스테이크 타르타르는 육회같이 잘게 다진 쇠고기 생고기에 계란과 소소를 추가한 후 바게트 빵에 얹은 것이다. 새우 아보카도 샐러드는 마요네즈를 베이스로 한다. 짭쪼롬하기 때문에 빵이나 비스킷과 함께 먹으면 좋다.

뜨거운 타파 중에서는 먼저 부드럽게 으깬 감자에 계란, 햄 등을 넣고 송로버섯 향을 더한 트러플 에그, 포테이토, 햄 Truffled egg, Potato, Ham 을 추천한다. 스페인은 요리에 버섯을 많이 사용하는 편이다. 특별히 버섯을 싫어하지 않는 분이라면 누구라도 좋아할 것이다. 부드러운 감자와 계란에다 향긋한 송로버섯이 더해져 맛과 식감이 모두 고급스럽다. 다만 계란은 날계란을 넣기 때문에 계란 비린 맛에 민감한 분은 주의가 필요하다.

좌측 새우 아보카도 샐러드, 우측 스테이크 타르타르

버섯 요리를 하나 더 추천한다. 버섯과 파마산 치즈로 만든 〈뇨끼〉 Creamy gnocchi's, wild mushroom sauce and parmasan cheese 이다. 수제비 같은 식감의 뇨끼에 향기로운 버섯 소스와 파마산 치즈가 어우러져 입안 가득 고소함이 퍼져 나간다. 연어를 좋아하는 분에게는 〈연어 데리야키〉Salmon teriyaki with sesame and ginger crust 를 추천한다. 겉은 바삭하고 속은 부드럽게 구운 연어에 달콤짭짜름한 데리야키 소스가 더해져 '단+짠+고소'의 세 박자가 맞아떨어진다.

 마지막 코스인 디저트로 넘어가자. 메인 요리도 맛있지만 디저트도 훌륭하여 마지막까지 실망시키지 않는다. 디저트 중에 가장 추천할 만한 것은 〈밀크 앤 쿠키〉Milk and cookies 이다. 메뉴 이름만 보면 우유와 쿠키를 가져다 주는 것인가 싶어 궁금해진다. 아니나 다를까 사람들이 많이 물어봐서 그런지 메뉴 옆에는 'don't ask, just order'라고 쓰여 있다. 조금 불친절해 보일 수 있는 이 설명을 보면 더욱 궁금해질 터. 본인의 필력으로는 우유 기운을 머금은 쿠키(?) 정도로 밖에 설명 못하는 것이 아쉽다. '고소함'에서라면 둘째 가라면 서러울 우유와 쿠키가 얽히고 섥켜 입안에서 한바탕 고소함의 향연이 펼쳐진다.

 〈화이트 레몬〉White

상단 버섯 뇨끼, 하단 트러플 에그, 포테이토, 햄

Lemon도 강추한다. 하얀 레몬 거품 속에 화이트 초콜릿과 요구르트 아이스크림이 어우러져 달콤 새콤이 용호상박처럼 치고 받는다. 여친님의 "뭐 좀 상큼한 것 없어?"라는 물음에 대한 두 번째 대답은 바로 이 디저트다.

워낙 좋아하는 식당이다 보니 글이 길어졌다. '조금 과장이 심했나?'라는 생각도 들지만 다시 돌이켜봐도 이 식당은 충분히 훌륭하다. 〈오첸타 그라도스〉는 영문 메뉴도 잘 갖춰져 있으니 여기서 설명한 메뉴 외에도 본인의 취향에 따라 다양하게 시도해 보기 바란다. 마지막으로 한 가지 더. 이 식당은 가급적 여행 초기에 방문하기 바란다. 한 번 방문하면 분명히 다시 오고 싶어질텐데 괜히 아껴둔다고 여행 후반부에 방문하면 '왜 떠날 때가 다 되어서 여길 왔나?' 라고 후회하게 될 것이다.

좌측 화이트 레몬, 우측 밀크 앤 쿠키

Part 2

전율 혹은 휴식,
나만의 미술관을 찾아서

티센 보르네미사 미술관

왕립예술원

라사로 갈디아노 미술관

소로야 미술관

서양미술의 종합 카탈로그
티센 보르네미사 미술관
Museo Nacional Thyssen Bornemisza

Paseo del Prado, 8
www.museothyssen.org/en

티센 미술관 외부 전경

티센 보르네미사 미술관은 프라도, 레이나 소피아와 함께 '마드리드 골든 트라이앵글'을 이루는 미술관이다. 프라도 미술관에서 걸어서 5분, 넵튠 분수 Fuente de Neptuno 바로 앞에 자리잡고 있다. 프라도의 소장품은 왕실의 취향이 반영되어 있는지라 미술사 전체를 아우르지는 않는다.

이에 반해 티센 미술관은 서양 미술의 카탈로그 같은 장소다. 시간적으로는 14세기 고딕부터 20세기 모더니즘까지, 국가로는 유럽 각국은 물론 미국 작품까지 갖추고 있다. 시간을 종으로, 장소로는 횡으로, 그야말로 종횡무진이라는 표현이 어울리는 미술관이다. 그렇다고 이 미술관이 '종합 미술관'을 지향하느라 그저 그런 작품들을 얼기설기 긁어모았다고 생각하면 오산이다. 작품의 질도 아주 훌륭하다. 이 글을 읽고 있는 당신이 어떤 작가를 좋아하든 아니면 어떤 시대, 어떤 화풍을 좋아하든 이 미술관에서는 분명히 좋아하는 그림을 발견할 수 있다.

티센 미술관은 출범 과정 자체가 흥미롭다. 이 방대한 컬렉션은 놀랍게도 한 가문이 소장하고 있던 작품들이다. 티센은 독일-헝가리계 귀족이자 성공한 사업가 가문이었다. 티센 미술관의 소장품을 설명하기 위해서는 3대에 걸친 4명의 인물을 소개해야 한다. 먼저 아우구스토 티센. 그는 독일의 사업가로 로댕의 조각품 7점을 사들인다. 이것이 티센 컬렉션의 시작이었다. 다음은 그의 아들인 하인리히 티센이다. 하인리히 남작은 고전 작품을 주로 사들인다. 하인리히의 바통을 이어받은 사람은 그의 아들 한스 하인리히 티센 남작이다. 그는 고전 명작을 사들이는 한편 고흐, 피카소, 잭슨 폴록 같은 모더니즘 거장의 작품도 수집한다. 마지막으로 소개할 인물은 카르멘 세르베라 남작 부인이다. 그녀는 한스 하인리히 남작의 아내였으며 미스 스페인 출신이기도 하다. 남작 부인은 인상주의와 표현주의, 스페인 낭만주의 그림을 다수 사들인다.

정리해보면 아우구스토가 미술 수집의 불을 지폈고 그의 아들 하인리히는 고전 작품을 사들였으며 손자 한스 하인리히는 모더니즘을 다수 구입하였다. 마지막으로 카르멘 남작 부인이 고전과 모더니즘 사이의 인상파 그림을 수집함으로써 '서양 미술의 카탈로그'가 완성되었다.

미술관 설립자인 한스 하인리히 남작과 카르멘 남작 부인

한스 하인리히 남작은 여러 곳에 흩어져 있던 가문의 컬렉션을 한곳에 모으고 싶어 했다. 고민 끝에 스위스 루가노 인근을 택한다. 하지만 루가노 갤러리는 협소한데다 접근성도 떨어지는 탓에 방대한 작품을 최대한 많은 대중에게 공개하고 싶어했던 남작의 바람과 맞지 않았다. 남작은 다른 장소를 찾아 나서기로 한다. 가히 가공할만한 양과 질을 자랑

하는 컬렉션이 새로운 둥지를 찾고 있다는 소식은 세계 미술계를 술렁이게 만들었다. 각국에서는 티센 컬렉션 유치 작전에 들어갔다. 한 나라의 문화 수준을 한번에 끌어 올릴 수 있는 기회를 놓칠 수 없는 터.

독일의 본과 영국 런던에서 러브콜을 보냈고 파리에서는 세느 강변의 근사한 전시장, 프티 팔레를 제공하겠다고 약속했다. 당시 소문에는 일본도 적극적으로 나섰다고 하며 미국 디즈니월드에서도 관심을 보였다고 한다. 흥미로운 점은 로스앤젤레스의 게티 재단도 인수 의사를 나타냈다는 것이다. 티센과 게티 가문은 미술 경매 시장에서 라이벌 관계였다. 만약 게티 재단에 작품을 넘기면 티센의 이름은 사라지고 게티 소장품의 일부분이 될 뿐이다. 가문의 컬렉션을 게티 재단에 넘기는 것은 자존심 때문이라도 상상할 수 없었을 것이다. 무엇보다 티센 남작은 미술관에 가문의 이름을 남기고 싶어 했다.

복마전이 이어지는 가운데 스페인이 유력한 후보로 떠오른다. 물론 그렇게 된 계기는 스페인 출신 아내인 카르멘 남작 부인의 입김이 작용했을 것이다. 마드리드 시는 넵튠 분수 인근의 18세기 궁전, 비야 에르모사Villa Hermosa를 전시공간으로 제시했고 티센 남작은 이를 받아 들인다. 티센 남작이 스페인에 컬렉션을 제공하기로 했다는 소식은 전 세계 문화계의 주요 뉴스가 되었다. 당시 영국 수상이었던 마가렛 대처는 티센 미술관이 마드리에 개장될 것이라는 소식을 듣고 자신이 재임 기간 중 추진했던 문화 정책 중 가장 뼈아픈 실패라고 한탄했다.

당초 프라도에 티센 남작의 컬렉션을 추가하는 방안도 제안되었으나 이는 앞서 설명했듯이 티센 가문의 이름을 남기고 싶다는 남작의 바람과 맞지 않아 불발되었다. 만약 프라도와 티센의 컬렉션이 합쳐졌다면, 회화에 관한 한 프라도 미술관은 세계에서도 원납의 자리에 올라서지 않았을까. 하지만 결론적으로 그렇게 되지 않은 것이 여러모로 낫다고 생각한다. 남작의 바람대로 이 정도의 사회 공헌을 하는 가문에게는 미술관 이름 앞에 그 가문의 이름을 남기는 것이 합당하다. 게다가 그렇잖아도 방대한 두 미술관의 컬렉션을 합쳐버리면 한 번의 방문으로 모두 감상하는 것은 도저히 무리일 것이다. 예술도 식사처럼 한 번에 즐겁게 받아들일 수 있는 적정한 양이 있다.

티센 미술관으로 마드리드의 골든 트라이앵글이 완성되었다. 티센 미술관은 마드리드 미술 수준을 양적으로만 끌어올린 것이 아니다. 앞

티센 미술관 내부

에서도 얘기했듯이 티센 미술관은 시대와 국가를 아울러 최고 수준의 작품을 소장하고 있다. 또 하나 중요한 점은 티센 덕분에 마드리드는 시대별, 국가별, 사조별로 완벽한 서양미술 컬렉션을 갖춘 도시가 되었다는 것이다. 일례로 인상파를 들어보자. 대중들이 가장 사랑하는 장르 중 하나가 인상파이지만 스페인은 인상파 작품을 많이 보유하고 있지 않다. 하지만 아쉬워할 필요 없다. 티센을 방문하면 인상파에 대한 갈증을 시원하게 해갈할 수 있다. 티센은 마네, 모네, 드가, 르누아르로 대표되는 인상파 4대 거장은 물론 상대적으로 덜 알려졌으나 인상파를 마지막까지 수호한 피사로와 시슬레, 여성 화가 모리조, 후기 인상파를 장식하는 고갱, 고흐, 세잔의 작품까지 방대하게 소장하고 있다. 티센에서만 인상파 주요 거장의 작품을 대부분 만나 볼 수 있다.

인상파 이후의 모더니즘 컬렉션도 훌륭하다. 키르히너, 에밀 놀데, 에릭 헨켈 같은 독일 표현주의의 거장, 절규로 유명한 노르웨이의 뭉크, 차가운 추상의 몬드리안, 뜨거운 추상의 칸딘스키, 도시의 고독을 그린 에드워드 호퍼, 추상표현주의 잭슨 폴록, 팝아트의 리히텐슈타인, 극사실주의의 리처드 에스테스 등 미술관이 소장하고 있는 모더니즘 거장들의 다양한 면모는 놀라울 따름이다. 거기다 고전 미술 역시 프라도의 부족한 부분을 훌륭히 채워주고 있다. 로코코, 바르비종 같은 18-19세기 프랑스 회화부터 네덜란드의 풍경화나 풍속화, 영국의 초상화까지. 서양 미술의 역사를 직소 퍼즐이라고 상상해보자. 프라도가 채우지 못한

부분은 티센의 조각들로 딱 맞게 완성시킬 수 있다.

　티센 미술관은 연간 100만 명 내외의 관람객이 방문하고 있다. 2002년 타계한 티센 남작의 소원대로 이 방대한 콜렉션은 가문의 이름을 유지하고 있고 수많은 대중이 걸작을 감상하고 있다. 서양 회화의 대부분을 아우르는 이 미술관에서 평소 좋아하던 화가의 그림 앞에서 반가워할 수도 있고, 아직 몰랐지만 당신의 감정을 흔들어 놓을 작품을 만나 한동안 그 작품 앞을 떠나지 못할 수도 있다. 티센은 3개 층에 나누어 작품을 전시하고 있다. 2층 입구, 고딕에서 시작된 컬렉션은 0층의 극사실주의와 팝아트로 마무리된다. 즉 시대순으로 보자면 2층부터 시작해서 1층, 0층으로 내려오는 것이 좋다. 이제 티센의 몇몇 작품을 만나보자.

| 크리스토프 암베르거 <마테우스 슈바르츠의 초상>

크리스토프 암베르거, 〈마테우스 슈바르츠의 초상〉 Portrait of Matthus Schwarz,
1542년, 캔버스에 유채, 73.5x61cm, 티센 보르네미사 미술관

유럽 미술관에는 초상화가 많고 그들 중 대부분은 왕족이나 귀족이다. 그들의 인생에 대해 남겨진 기록을 보면 대부분 정치, 전쟁, 혼인 이야기가 주를 이루지만, 종종 유난히 흥미로운 배경을 가진 사람도 있다. 크리스토프 암베르거가 그린 마테우스 슈바르츠가 바로 그런 인물이다. 그는 세계 최초로 「패션 화보」를 만든 사람이다. 마테우스는 1520년부터 1560년 사이에 자신이 입었던 옷을 삽화와 함께 기록으로 남겼고, 이 책은 통상 『Book of Clothes』로 불린다. 그는 젊었을 때부터 패션에 관심이 많아 수입 중 상당 부분을 의상을 사들이는 데 썼다고 한다. 당시는 계급에 따라 의상규제가 있던 시대이다. 타고난 패셔니스트 마테우스에게 이런 규제는 분명 답답한 것이었겠지만, 그는 규제를 피해가며 최대한 멋을 부렸다고 전해진다.

마테우스는 15세기 말, 독일 아우구스부르크에서 태어났다. 19세가 되던 1516년부터는 당시 전 유럽에서 가장 유명한 은행가 중 하나인 푸거 가문에서 일하기 시작한다. 근무를 시작한 지 얼마 되지않아 그는 패션 화보 제작에 착수한다. 나르시스 리나라는 화가를 고용하여 자신의 예전 모습을 복원해 그리도록 한 것이다. 태어났을 때, 아기였을 때, 학생이었을 때, 푸거 가문의 견습사원일 때. 삶의 주요한 시기들을 '패션'을 테마로 그리도록 한

유럽 최초의 패션 화보, 「Book of Cloth」

것이다. 자기애가 강했던 것으로 보이는 마테우스가 고용한 화가 이름이 '나르시스'라니 우연의 일치이겠지만 무척 흥미로운 부분이다.

나르시스에 이어 마테우스의 패션을 기록한 사람이 바로 이 그림을 그린 크리스토프 암베르거였다. 신성로마 황제의 연회, 푸거 가의 결혼식, 오스트리아 공작이었던 페르디난드의 방문 등 마테우스는 굵직한 이벤트가 있을 때면 빠짐없이 의상을 기록하였다. 마태우스가 지금 시대에 태어났다면 최고의 인스타 인싸로 활약하고 있을 것이다.

티센 미술관이 소장하고 있는 마테우스의 초상화는 1542년도에 그려진 것으로 그의 나이 45세 때이다. 그림의 창문 쪽을 보면 1542라는 숫자가 나타나 있다. 부리부리한 눈에 좋은 풍채를 가진 마테우스는 검정색 모자, 검정색 상의를 입고 왼손에는 여러 개의 반지를 끼고 있다. 패셔니스트라면 허투로 옷을 입지 않는 법. 이날, 이렇게 옷을 입은 이유가 분명 있을 것이다. 오른쪽 창가에는 와인 한 잔이 놓여 있다. 뭔가 자축할 일이 있었던 것은 아닐지. 자신감 넘치는 눈과 입가의 희미한 미소도 그런 추측에 힘을 실어준다.

크리스토프 암베르거는 독일의 르네상스 화가로 마테우스처럼 아우구스부르크에서 활동했다. 그는 로마 이후 유럽 역사상 가장 강력했던 군주인 카를 5세 스페인에서는 카를로스 1세 의 초상화를 그리기도 했다. 암베르

▶ 장 오노레 프라고나르, 〈시소〉 The See-Saw,
1750-1752년, 캔버스에 유채, 120x94.5cm, 티센 보르네미사 미술관

거가 초상화가로서 얼마나 커다란 명성을 얻고 있었는지를 짐작해 볼 수 있다. 카를 5세는 마테우스에게 귀족 작위를 줬던 황제이다.

| 장 오노레 프라고나르 <시소>

집 현관에 그림을 하나 걸어둔다면 어떤 그림이 좋을까. 많은 사람이 인상파를 선택할 것 같다. 메시지보다 자연이나 도시의 풍경에 집중한 인상파 회화는 위안을 받기에 좋은 장르다. 인상파 외에 고전회화 중에서는 어떤 장르가 인기 있을까? 얼핏 '로코코'가 떠오른다. 화사하고 우아하며 경쾌한 로코코 그림은 지친 몸을 이끌고 집으로 돌아왔을 때, 우리의 마음을 따뜻하게 어루만져 줄 것 같다. 프라도 미술관은 로코코 회화가 많지 않지만, 로코코 팬들은 실망할 필요가 없다. 건너편 티센 미술관은 소위 로코코의 3대 거장이라는 와토, 부셰, 프라고나르의 그림을 모두 소장하고 있다. 그중에서 프라고나르의 〈시소〉란 작품을 소개한다.

흔히 프라고나르는 로코코의 마지막 거장이라고 한다. 시소를 완성시켰을 때의 나이가 불과 20세였다고 하니 어릴 때부터 재능이 대단했던 것 같다. 로코코 회화의 선배인 부셰는 어린 프라고나르의 재능을 높이 평가했으나 직접 가르치지 않고 샤르뎅의 화실로 보냈다. 샤르뎅은 고양이가 있는 정물화나 서민의 일상생활을 주제로 작품을 그렸다. 샤르뎅의 작품은 티센에 있으니 한번 관심을 가지고 찾아보기 바란다. 샤르뎅의 화실에서 견습생으로 지내던 프라고나르는 로마와 나폴리, 베네치아 등 이탈리아를 여행하였고 그곳에서 위베르 로베르와 교제하게 된다. 위베르 로베르는 옛 로마 유적을 많이 그려서 '폐허의 화가'로 불린다. 위베르 로베르의 작품도 역시 티센에서 찾아볼 수 있다.

잠깐 딴 길로 새서 얘기를 해보자. 프라고나르를 소개하다보니 그와 연관이 있었던 화가를 꼬리에 꼬리를 물 듯 소개하게 되는 데, 이미 얘기 했듯 그들의 작품도 대부분 티센에 있다. 티센 미술관을 관람하는 재미, 티센 컬렉션의 놀라움이 여기에 있다. 워낙 다양한 작품을 가지고 있기 때문에 한 화가를 중심으로 그와 연관 있는 화가들의 작품을 한 군데서 감상할 수 있다. 어떤 화가의 작품이 마음에 든다면 그 화가의 주변 인물도 함께 알아가는 것이 좋다. 미술에 대한 상식이 풍부해지는 것은 물론, 자신이 좋아하는 화가의 특징을 더 두드러지게 파악할 수 있고 혹은 그 화가에게 영향을 끼친 화가도 알아갈 수 있다. 깊이 파다 보면 넓게 파게 되는 법이다.

프라고나르의 얘기를 마무리 하자면, 그는 야심차게 그린 일련의 로코코 풍의 그림이 기대만큼의 호응을 얻지 못하자 신고전주의로 기울기도 했다. 1789년 프랑스 혁명이 발발하자 그의 후원자들은 대부분 사형되었고 프라고나르는 고향인 프랑스 그라스로 돌아온다. 19세기 초반 파리로 다시 돌아오지만 얼마 못 가 1806년에 사망한다. 사망 후 프라고나르는 거의 잊혀졌지만 19세기 후반 독일 미술사가의 소개에 의해 다시 세상에 알려진다.

이제 〈시소〉라는 그림을 보자. 〈시소〉의 오른쪽에는 화사한 모습의 여인이 들어 올려져 있고, 왼쪽에는 남자 한 명과 아이 두 명이 시소를 누르고 있다. 남녀는 사선의 구도를 이루고 있어 바로크 회화처럼 적정한 긴장감을 부여한다. 여성은 시소 위에서 떨어지지 않으려고 나뭇가지를 잡고 있는데 그 손을 놓으면 금방이라도 넘어질 것 같다. 시소 앞에는 물통과 과일이 놓여 있으니 이 놀이가 끝나면 즐거운 피크닉이 이어지지 않을까. 이 그림은 프라고나르의 가장 유명한 그림을 하나 떠오르게 한다. 바로 런던의 월리스 컬렉션이 소장하고 있는 〈그네〉라는 그림이다.

두 그림 모두 그네와 시소라는 놀이기구를 중심으로 한 쌍의 남녀를 등장시킨다. 화면 오른쪽의 여성이 높은 곳에서 아래를 내려다보고 왼쪽의 남성이 그 여성을 올려다보는 시선의 구조도 동일하다. 남녀가 함께 롤러코스터를 타면 빨라지는 심장박동을 상대방에 대한 호감으로 받아들여 사랑에 빠지기 쉽다고들 한다. 18세기 프랑스에서는 시소나 그네 같은 놀이기구가 롤러코스터 역할을 대신하지 않았을까. 시소도 그렇고 그네도 그렇고 여성은 높은 곳에서 떨어지지 않게 나뭇가지 혹은 그네 줄을 꽉 쥐고 있다. 아래에 있는 남자와 쉽게 사랑에 빠지지 않으리라는 다짐일지도 모른다. '심장아, 진정해. 나는 그저 이 시소(그네) 때문에 두근거리는 것이라고!' 마침내 여성이 그 손을 놓고 아래의 남자 품 속으로 뛰어드는 상상을 해 본다. 다행히 남자는 좋은 사람이었고 두 사람은 행복한 연인이 되었을 것이다. 로코코 그림을 보면서는 그런 해피엔딩을 상상해 보고 싶어진다.

◀장 오노레 프라고나르, 〈그네〉 The Swing,
1767년, 캔버스에 유채, 81x64.2cm, 런던 월리스 컬렉션

베리트 모리조 <프시케 거울>

베리트 모리조, 〈프시케 거울〉 The Psyche mirror,
1876년, 캔버스에 유채, 65x54cm, 티센 보르네미사 미술관

티센 미술관의 인상파 작품은 2층과 1층 한국의 3층과 2층 에 흩어져 있다. 참고로 티센 미술관은 남작의 컬렉션과 그의 아내인 카르멘 남작 부인의 컬렉션 구역이 나뉘어 있다. 남작의 컬렉션은 전시실 번호가 아라비아 숫자로 표시되고 남작 부인의 컬렉션은 알파벳으로 표시된다. 티센의 인상파 컬렉션은 대부분 남작 부인이 사들인 작품이 더 많다. 앞서도 설명하였듯이 티센은 모네, 마네, 르누아르, 드가, 고흐, 세잔 등 인상파 거장의 그림을 고루 보유하고 있다. 하지만 눈과 귀에 익은 거장의 작품 외에도 관심을 가져볼 만한 그림들이 있다. 그중 하나가 베리트 모리조의 〈프시케 거울〉이란 작품이다.

베리트 모리조는 미국의 메리 커샛과 함께 인상파를 대표하는 여성 화가이다. 2013년 경매에서 베리트 모리조의 작품이 약 1,100만 불에 판매된 적이 있는데 이는 당시 여성 아티스트의 경매가로는 최고기록이었다고 한다. 굳이 이런 점을 들먹이지 않더라도 그녀는 무명의 화가가 아니다. 다만 인상파에서 가장 유명한 거장들에 비해서는 조금 생소할 수 있다는 얘기다.

베리트 모리조는 1841년 프랑스 부르즈에서 태어났다. 그녀의 어머니는 앞서 소개한 로코코의 거장 프라고나르의 후손이다. 언니인 에드마와 함께 그림에 대한 열정이 많았던 그녀는 바르비종파의 거장인 코로에게서 배우기도 했다. 1868년, 모리조는 루브르 미술관에서 운명적인 만남을 가지게 된다. 평소 동경해 마지않던 마네를 소개받게 된 것이다. 마네는 그리 상냥한 성격이 아니었지만 그녀를 아주 좋아했다고 한다. 이후 두 사람은 예술에 대해 기탄없이 얘기를 주고받는 사이가 되었고 베리트 모리조는 마네와의 인연으로 그의 동생과 결혼까지 하게 된다. 인상파의 또 다른 거장인 르누아르 역시 모리조를 높이 평가하였다.

모리조는 당시 인상파 화가들처럼 야외에서 그리기도 하였으나 부르주아 여성들의 실내 모습을 즐겨 그렸다. 모리조 자신이 일상에서 늘 접하게 되는 장면, 늘 만나게 되는 인물을 화폭에 옮긴 것이다. 그녀의 작품은 유달리 붓터치가 가볍고 경쾌하여 유화인데도 얼핏 수채화 같은 느낌을 주기도 한다. 인상파 작품은 인물이나 배경의 경계선이 뚜렷하지 않다. 베리조의 작품은 그러한 경향이 더욱 강하다. 흔히 인상파는 빛이 퍼져나가는 모습을 잡아내었다고 한다. 모리조의 작품은 특유의 맑은 색감 덕에 빛보다도 물이 번져가는 듯하다.

티센이 소장하고 있는 작품에는 〈프시케 거울〉이라는 제목이 붙어있다. 한 소녀가 전신거울 앞에서 자신을 비춰보고 있다. 프랑스에서는 전신거울을 프시케 거울이라고 부르기도 한다. 모리조 그림답게 그림의 주제는 실내 공간의 여성이고 붓터치는 경쾌하다. 프시케는 그리스로마 신화에서 에로스의 사랑을 받는 소녀이다. 따라서 어떤 평론가는 이 그림을 프시케 신화와 연관시켜 그림 속의 소녀가 거울을 비춰보는 것은 성적 욕망을 반영하는 것이라고 했다. 하지만 프시케는 철학에서 혼이나 정신을 상징하기도 한다. 그런 의미에서 소녀가 비춰보고 있는 것은 육체가 아니라 영혼일 수도 있다.

그러나 이러한 해석은 화가의 의도와 맞지 않다고 생각한다. 그림 속에서 메시지를 읽고 그림 속의 사물이나 인물에서 알레고리나 상징을

◀마네, 〈제비꽃 장식을 한 베르트 모리조〉 Berthe Morisot au bouquet de violettes, 1872년, 캔버스에 유채, 55.5x40.5cm, 오르세 미술관

찾는 도상학 혹은 도상 해석학적 접근은 인상파 그림에 적합하지 않다. 인상파는 눈에 보이는 대상을 순간적으로 잡아낼 뿐, 그림에 특정한 메시지를 넣지 않는다. 따라서 이 그림은 거울 앞에 선 소녀의 모습을 포착하였을 따름이다. 우리가 인상파를 좋아하게 되는 이유도 비슷하다. 그 그림 속에서 뭔가를 알아내려고 애쓰지 않아도 된다. 볼수록 반하기보다 첫눈에 반하게 되는 그림이 바로 인상파이다.

| 차일드 해샘 <뉴욕, 워싱턴 스퀘어 5번가>

마드리드에서 근무하는 동안 수없이 티센 미술관을 방문하였는데, 그때마다 컬렉션 전체를 볼 수 없으니 그날의 기분에 따라 특정 유파 혹은 특정 시대에 집중하여 감상하곤 했다. 하지만 방문할 때마다 빼놓지 않고 찾게 되는 그림이 하나 있었다. 바로 차일드 해샘의 〈뉴욕, 워싱턴 스퀘어 5번가〉이다. 싱그러운 가로수를 따라 한 여인이 외출을 하는 모습을 잡아낸 이 그림은 언제 보아도 미소를 짓게 된다. 우울할 때 이 그림을 보면 잠시라도 마음이 환해지고 기분이 좋을 때 보면 날아갈 듯 가슴이 부풀어 오른다.

　차일드 해샘은 미국을 대표하는 인상파 화가 중 한 명이다. 보스턴에서 태어났으며 1880년대 중반에는 파리로 건너가 활동하기도 했다. 해샘은 1889년 미국으로 돌아와 뉴욕에 자리를 잡는다. 그의 아틀리에가 있던 장소는 워싱턴 스퀘어 인근의 5번가였다. 해샘은 아틀리에가 있던 워싱턴 스퀘어와 5번가의 모습을 화폭에 많이 담았다. 티센 미술관에 있는 그림도 바로 화가의 아틀리에가 있던 5번가의 모습을 담아낸 것이다. 해샘은 소위 'The Ten'이라고 부르는 미국의 인상파 화가들이 결성하였던 모임을 주도한 사람 중 한 명이기도 하다. 프랑스의 인상파 거장들이 초기에 평단이나 주류 예술계로부터 배척당한 것처럼 미국에서도 인상파 화가들은 주류 예술계로부터 곱지 않은 시선을 받았다. 이에 반발하여 10명의 화가가 결성한 모임이 'The Ten'이다. 현재 대중들에게 가장 사랑받는 인상파 그림이 150년 전에는 유럽에서나 미국에서나 환영받지 못했던 것이다.

◀차일드 해샘, 〈뉴욕, 워싱턴 스퀘어 5번가〉 Fifth Avenue at Washington Square, New York, 1891년, 캔버스에 유채, 56x40.6cm, 티센 보르네미사 미술관

차일드 해샘의 〈뉴욕, 워싱턴 스퀘어 5번가〉는 비교적 단출한 구성의 그림이다. 이 그림이 우리에게 즐거움을 주는 것은 일상의 소소한 행복을 담고 있기 때문일 것이다. 푸르른 가로수 길을 여유 있게 산책하는 것만큼 행복한 일이 또 있을까. 우리가 힘들고 지칠 때 상상하게 되는 것은 사치스런 경험보다는 바로 이런 여유로운 한때 일 것이다.

그림을 보면서 마음 내키는대로 추측을 해 본다. 일단, 이 그림은 주말에 그려진 것일테다. 이 그림이 뿜어내는 평화로운 공기는 바쁜 주중에는 도저히 느낄 수 없는 성질의 것이다. 계절은 어떨까. 화면 속의 여인과 또 다른 행인의 옷차림새가 아주 가볍지만은 않은 것으로 봐서 여름은 아닌 듯하다. 여인의 손에 들린 양산으로 추측해 볼 때, 여름은 아니더라도 햇볕이 꽤나 따가운 계절이 아닐까 한다. 개인적으로 가을을 좋아하기에 이왕이면 초가을이면 좋겠다. 여인의 뒤에는 어린아이가 굴렁쇠를 가지고 놀고 있다. 왠지 이 여인과 잘 아는 이웃집 아이일 것 같다. 조금 전에 둘은 반갑게 인사를 나누지 않았을까. 그럼 여인은 지금 어디를 향해 가는 것일까. 남자친구를 만나러 간다고 상상해 볼 수도 있겠지만 그건 진부한 느낌이다. 그것보다는 오랜만에 뉴욕으로 놀러온 고향 친구를 만나러 가는 길이라고 생각하는 편이 조금 더 따뜻하게 다가온다.

화가의 아틀리에가 있었고 이 그림의 배경이 되는 뉴욕 5번가는 세계에서 가장 번화한 쇼핑 거리이다. 지금도 충분히 멋있는 거리이지만 이 그림을 보고 있노라면 '뉴욕은 19세기가 좋았어!'라고 말하고 싶어진다. 19세기의 뉴욕에 살아보지도 않았으면서 말이다. 소위 19세기 후반에서 1차 대전 전의 아름다운 시절을 '벨 에포크'라고 부른다. 물론 이는 서양에 해당되는 이야기이지 그즈음의 한국은 벨 에포크와 대척점에 있는듯한 고단한 시기였다. 어쨌든 해샘의 그림은 근대 역사에서 손꼽히게 아름다웠던 시절, 아름다운 공간을 보여주고 있다. 아주 일상적인 모습을 그렸을 뿐인데도 더할 나위 없이 평화로움을 느낄 수 있는 것은 이 그림이 벨 에포크의 공기를 한껏 머금고 있기 때문일 것이다.

해샘의 그림을 보고 있노라면 산책을 하고 싶어진다. 다행히 티센 미술관이 있는 프라도 산책로는 19세기 후반의 뉴욕 5번가 이상으로 아름답다. 그리고 프라도 산책로가 아니더라도 좋다. 주말 오후에 내가 사는

현재의 뉴욕 워싱턴 스퀘어

동네 한 바퀴만 천천히 걸어봐도 충분히 평화로움을 느낄 수 있다. 역설적이게도 특별하지 않아서 더욱 행복한 것이 산책이니까.

| 존 앳킨스 그림쇼 <고요한 글래스고>, <달밤>

90년대에 '우리의 밤은 당신의 낮보다 아름답다'라는 노래가 있었다. 여기 밤 풍경을 누구보다도 사랑한 화가가 있다. 존 앳킨스 그림쇼라는 빅토리아 시대의 영국 화가이다. 도버 해협 건너 프랑스의 인상파 화가들이 눈부신 햇살 아래 빛나는 풍경을 그리고 있을 때, 그림쇼는 어둠에

잠긴 영국의 모습을 그렸다. 그림쇼의 그림을 보고 있노라면 그런 생각이 얼핏 든다. '영국의 밤은 프랑스의 낮보다 아름답다.'

그림쇼는 1836년 영국 리즈에서 태어나 1893년 사망하였다. 그가 활동한 시기는 빅토리아 시대를 관통한다. 산업 혁명 이후 본격적으로 도시의 근대화가 진행되었던 시기라 한밤에도 불을 밝히는 상점들이 꽤 많았을 것이고, 그런 만큼 도시의 야경도 많은 변화가 있었을 것이다. 그림쇼의 그림 소재는 도시의 야경과 교외의 야경을 모두 아우르고 있다. 티센에서는 인공적인 불빛이 어우러진 도시의 야경과 달빛 아래 교외의 야경을 모두 감상할 수 있다.

먼저 〈고요한 글래스고〉를 보자. 글래스고는 스코틀랜드 최대 도시이자 항구도시이다. 그림의 영어 제목은 〈Canny Glasgow〉다. Canny란 단어는 안개 자욱한 스코틀랜드를 묘사하기에 적합하다. 스코틀랜드인들은 조심스럽거나 고요한 분위기를 Canny하다고 표현한다. 즉 이 그림은 어슴푸레한 글래스고의 분위기를 그린 것이다. 그림 속 도시는 안개 속에 잠겨 있고 바닥은 물기를 머금고 있다. 그림을 보고 있노라면 비 온 후의 거리를 걷는 듯, 코끝에 물내음이 전해진다. 졸린 눈으로 바라보는 것 마냥 뿌옇게 잠겨 있는 풍경 속에서 오른쪽 상점가의 불빛이 마음속을

◀존 앳킨스 그림쇼, 〈고요한 글래스고〉 Canny Glasgow, 1887년, 캔버스에 유채, 61x91.5cm, 티센 보르네미사 미술관

존 앳킨스 그림쇼, 〈달밤〉 A Moonlit Evening,
1880년, 캔버스에 유채, 25.5x46.6cm,
티센 보르네미사 미술관

따듯하게 비추는 듯하다. 비 그친 직후의 도시 야경을 좋아하는 데 물기를 머금은 상점가의 불빛이 유난히 맑은 기운을 전해주기 때문이다.

다음으로 〈달밤〉이란 그림을 보자. 교외의 대저택을 배경으로 오른쪽 나무 위에 보름달이 걸려 있고 환한 달빛 아래에는 한 소녀가 뒤를 돌아보고 서 있다. 앙상한 나뭇가지와 인적이 끊어진 거리로 인해 이 그림은 조금 으스스하게 느껴지기도 한다. 하지만 이 그림을 보고 있노라면 두려움보다는 밤공기가 전해주는 신비함이 느껴진다. 드뷔시의 달빛보다는 베토벤의 월광이 어울리는 풍경이다. 소녀는 달빛의 마력에 사로잡혀 한동안 자리를 뜨지 못하는 것처럼 보인다.

그림쇼가 그린 밤 풍경에서 쓸쓸함을 느낀다는 사람도 있다. 개인적으로는 휴식이나 신비, 향수를 느낀다. 사람들은 대부분 낮에는 노동을

하고 밤에는 휴식을 취하기 때문에 밤이라고 하면 자연스레 휴식을 떠올리게 된다. 게다가 동화나 영화 속의 신비로운 일은 모두 밤에 일어나고 우리의 상상력도 낮보다는 밤에 만개하기 때문에 달빛을 보면 신비함을 느끼는 것이 아닐까. 한편으로 그의 그림은 아스라한 향수를 느끼게 하는 흑백사진처럼 보이기도 한다. 퇴근 후, 밤이 찾아오면 따뜻한 차 한 잔과 함께 그림쇼의 야경 속으로 여행을 떠나보고 싶어진다.

에리히 헤켈 <벽돌공장>

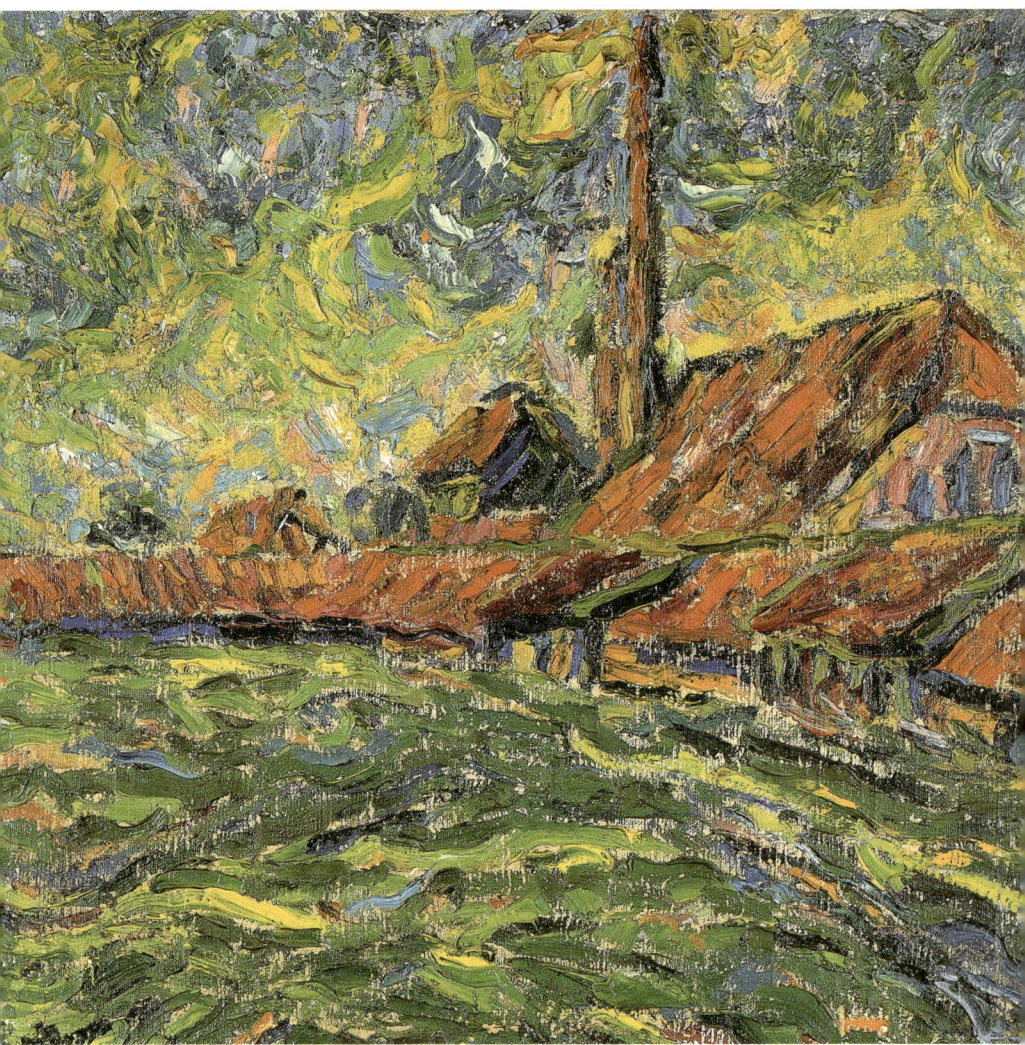

에리히 헤켈, 〈벽돌공장〉 Brickworks,
1907년, 캔버스에 유채, 68x86cm, 티센 보르네미사 미술관

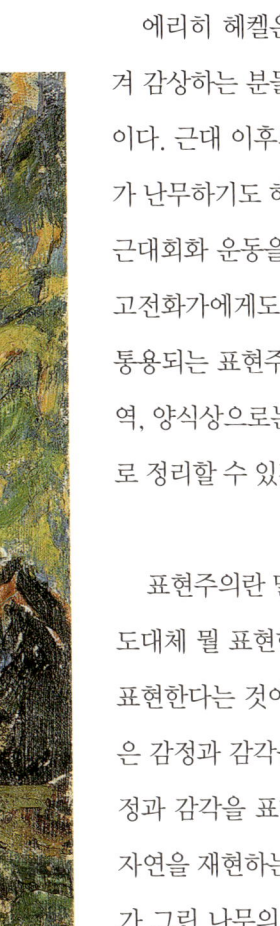

　　에리히 헤켈은 독일 표현주의 화가이다. 표현주의는 근대미술을 즐겨 감상하는 분들이 아니라면 조금 생소하게 느껴질 수 있는 회화 운동이다. 근대 이후의 회화 운동을 설명하려면 다소 복잡하고 난해한 용어가 난무하기도 하는데 표현주의도 설명하기가 만만치 않다. 표현주의는 근대회화 운동을 총칭하기도 하고 심지어 범위를 넓혀 엘 그레코 같은 고전화가에게도 이 용어를 사용하기도 한다. 하지만 현재 일반적으로 통용되는 표현주의는 시기적으로 '20세기 초반', 지역적으로는 '독일' 지역, 양식상으로는 '내면을 표현하기 위한 대담한 선과 색채의 사용' 정도로 정리할 수 있겠다.

　　표현주의란 말을 들으면 뭔가 한 가지 설명이 빠진듯한 생각이 든다. 도대체 뭘 표현한다는 얘기인가? 그것은 작가 내면의 '감정'과 '감각'을 표현한다는 것이다. 그럼 다른 의문이 떠오른다. 그럼 과거의 예술가들은 감정과 감각을 표현하지 않았다는 얘기인가? 고전화가들도 물론 감정과 감각을 표현하였다. 다만 감정과 감각을 드러낼 때도 어디까지나 자연을 재현하는 방식을 사용하였다. 벨라스케스가 그린 나무와 루벤스가 그린 나무의 색채 간에는 미묘한 차이가 있을테지만 기본적으로 나무는 초록색이다. 하지만 표현주의 작품에서 나무는 노란색일 수도 있고 파란색일 수도 있다. 즉 표현주의 화가에게 선과 색은 자신의 내면을 표현하기 위한 수단일 뿐이다. 고전화가가 자연을 재현 representation 했다면 표현주의 화가는 내면을 표현 Expression 한 것이다. 재현 vs 표현, 한글로 적고보니 라임이 살아나면서 대비 효과가 뚜렷해지는 느낌이다.

헤켈의 〈벽돌공장〉이란 그림을 보면 대번에 한 명의 화가가 떠오른다. 바로 반고흐이다. 물감이 너무나 두텁게 칠해져 회화가 아니라 부조를 보는 느낌이다. 흔히 반고흐 작품의 특징 중 하나로 조각을 연상시킬 정도의 두터운 '임파스토' 물감을 두껍게 칠하는 회화기법 기법을 꼽는다. 헤켈의 작품은 임파스토에 관한한 고흐보다 한 단계 더 나아간 느낌이다. 모든 그림이 책으로 인쇄된 것을 볼 때와 실제 볼 때의 느낌이 다르지만 헤켈의 이 작품은 특히나 그 차이가 크다. 그 두터운 물감의 질감은 직접 봐야 진가를 알 수 있다.

반 고흐, 〈사이프러스가 있는 밀밭〉 Wheatfield with cypress tree, 1889년, 캔버스에 유채, 73x93.4cm, 워싱턴 메트로폴리탄 미술관

색채는 어릴 때 학교에서 받아본 적 있는 '색맹' 검사지를 보는 것 마냥 여러 색이 강렬하게 뒤엉켜 있다. 이렇게 색이 뒤섞여 있는 가운데도 건물을 이루고 있는 붉은색은 확실히 눈에 띈다. 고전회화에 비하면 확연히 형체를 알아보기 힘들지만 그렇다고 뭘 그린 지 짐작도 할 수 없는 추상화 수준은 아니다. 음악으로 치면 화음과 불협화음의 중간쯤 되는 듯하다. 이 작품은 교외의 벽돌공장을 그린 것이다. 헤켈은 이 풍경에 매료되어 비슷한 주제로 여러 그림을 그렸다. 티센 미술관의 작품은 그중 첫 번째 그림이다. 극한의 임파스토 기법과 거침없는 색채가 관람객을 사로 잡는다.

　표현주의는 인상파나 야수파에 비해 덜 알려져 있지만 알고 보면 많은 사람이 좋아할 만한 장르이다. 고전회화에 비해 사전지식이 덜 필요하면서도 구상화의 형식을 갖추고 있고 대담한 색채의 사용이 단번에 눈길을 사로잡기 때문이다. 티센 미술관의 표현주의 컬렉션은 질적으로나 양적으로나 훌륭하다. 소위 표현주의의 대표적인 그룹으로 '다리파'와 '청기사파'를 꼽는다. 티센은 다리파의 대표화가인 키르히너, 헤켈, 로틀루프와 청기사파의 프란츠 마르크, 칸딘스키의 작품을 고루 소장하고 있다. 티센에서 표현주의 전시실은 인상파 전시실에 비해 다소 관심을 덜 받는 느낌인데 대담한 색채의 향연을 놓치지 않았으면 한다. 아울러 티센에 있는 야수파나 고흐의 그림과 표현주의 작품을 비교해 보는 재미도 적지 않을 것이다.

<왕립예술원> 입구

스페인 예술가의 요람
왕립예술원

Real Academia de Bellas Artes de San Fernando
레알 아카데미아 데 베야스 아르떼스 데 산 페르난도

Calle de Alcalá, 13
www.realacademiabellasartessanfernando.com

　　스페인 왕립 예술원을 스페인어 그대로 옮기면 상당히 길다. 〈레알 아카데미아 데 베야스 아르떼스 데 산 페르난도〉. 1차로 직역하면 〈왕립 산 페르난도 순수예술 아카데미〉가 되고 이를 더 줄이면 〈스페인 왕립예술원〉이 된다.

마드리드가 아닌 다른 도시에 있었다면 그 도시를 대표하는 미술관이 되고도 남을 정도의 소장품을 전시하고 있지만, 이곳을 아는 사람은 많지 않다. 프라도, 티센, 레이나 소피아라는 골든 트라이앵글의 광채가 너무 눈부신 나머지 이 소중한 미술관은 상대적으로 눈에 덜 띄는 것이다. 왕립예술원 입구에는 '피카소 그림 있어요'라는 호객(?) 문구가 붙어 있지만 정작 전시품 중 피카소 그림은 하나밖에 발견하지 못했다.

하지만 왕립예술원은 피카소 그림이 하나도 없다 하더라도 충분히 방문할 가치가 있다. 피카소 이름을 내세워서라도 관람객을 더 유치하고자 하는 미술관의 고뇌는 충분히 이해한다. 나 같이 관계없는 사람도 이 미술관을 알리고 싶어 하는데 미술관 관계자는 오죽할까. 이렇게 적고 보니 왕립예술원이 소위 악플보다 무섭다는 무플에 시달리는 미술관처럼 보일 수도 있겠지만 그렇지는 않다. 가치에 비해 과소평가 되고 있다는 것이 안타까울 뿐이다.

왕립예술원은 알칼라 Alcala 대로 13번지에 있다. 지하철 역으로는 〈방코 데 에스파냐〉 Banco de Espana 역이나 〈솔〉 Sol 역 인근이다. 〈솔〉 역보다는 〈방코 데 에스파냐〉 역에서 천천히 걸어서 방문하는 것을 추천한다. 시벨레스 광장을 등지고 서쪽으로 향하다 보면 상업 시설이 즐비한 그란비아와 구시가지의 유적이 시작되는 알칼라로 나누어지는 데 두 대로가 교차하는 모습이 멋있기 때문이다.

알칼라-
그란비아 교차로의 메트로폴리스 빌딩

　미술관 입구는 경비원들이 지키고 있어 들어가기가 조금 망설여질 수도 있다. 염려 말고 편안히 입장하기 바란다. 매표소는 2층에 있다. 미술관 복도와 층계 사이사이에 그리스로마 조각상과 회화가 다수 배치되어 있어 본격적으로 전시실을 둘러보기 전에도 예술의 향기를 느낄 수 있다. 한 가지 눈에 띄는 것은 오리지날 작품 외에도 유명 작품의 모사화가 섞여있다는 것이다.

왕립예술원은 1752년에 설립되었다. 예술원의 가장 큰 설립 취지는 예술가 양성이다. 따라서 젊은 미술가들에게 고전 특히 그리스로마 조각상과 르네상스 시대의 이탈리아 회화들 감상의 기회를 주어 미술가로서의 기초를 닦도록 하는 것이 중요했다. 고전을 원본으로 감상할 수 있다면 좋겠지만 여행하기도 힘들고 인터넷도 없던 시대이기에 모사 작품으로 원본을 대신하였다. 즉 왕립예술원에 있는 모사화들은 국립 미술학원의 '교구재'였던 것이다.

　미술관은 1, 2, 3층 한국식 2, 3, 4층 으로 이루어져 있다. 시대순으로 감상하려면 1층부터 시작하는 것이 좋다. 지금부터 흥미로운 작품들을 살펴보자.

<왕립 예술원 복도>

| 폼페오 바토니 <성녀 루치아의 순교>

폼페오 바토니는 18세기 이탈리아 화가다. 이 화가의 장기는 초상화였는데 특히 이탈리아를 여행하는 영국이나 아일랜드 귀족의 초상화로 유명했다. 18세기 영국인 사이에서 유럽 본토 특히 이탈리아로 예술기행을 떠나는 '그랜드 투어'가 성행했다는 것은 널리 알려진 사실이다. 당시 이들 관광객에게 풍경화가로 인기 있었던 사람이 카날레토였다면 초상화로는 폼페오 바토니가 유명하다. 한 손에는 베네치아 풍경화 한 점, 다른 한 손에는 자신의 얼굴을 그린 초상화 한 점을 들고 으스대며 혹은 기진맥진하여 고향에 돌아갔으리라. 생각해보면 공항에서 면세점을 찾아가는 우리 심정이나 그랜드 투어 중 화가의 아틀리에를 찾아가는 당시 영국 귀족의 심정이나 별반 다를 것이

폼페오 바토니, 〈성녀 루치아의 순교〉 Martyrdom of St Lucia, 1759년, 캔버스에 유채, 312x220cm, 스페인 왕립예술원

없다. 'Now or Never'라 생각하면 쇼핑 열기가 치솟는다는 점, 이탈리아에서는 명품을 구입하고 싶어진다는 점에서 말이다.

폼페오 바토니는 초상화로 많은 돈을 벌었지만 웅장한 종교화나 역사화도 종종 그렸다. 그의 화풍은 부드러운 로코코와 장엄한 신고전주의를 섞어놓은 듯하다. 그러다보니 당대에 비슷한 화풍을 가진 안톤 라파엘 멩스와 비교되기도 했다. 멩스는 마드리드에서 카를로스 3세의 궁정화가로 활약하였고 이 미술관에도 몇몇 작품이 있으니 비교해 보기 바란다.

〈루치아 성녀의 순교〉는 1759년에 완성된 세로 3미터, 가로 2미터의 커다란 작품이다. 당대 유행하던 로코코의 영향으로 성녀 루치아는 끔찍한 죽음을 앞두고도 방금 화장을 하고 나온 여인처럼 아름다워 보인다. 또한 주인공인 루치아를 화면 중앙에 두고 스포트라이트를 비춘 반면, 나머지 인물들은 주변부에 어둡게 처리한 것에서는 신고전주의 화풍을 느낄 수 있다. 성녀 루치아는 자신의 발 밑에 타들어가는 불길과 이미 가녀린 목을 뚫은 듯한 칼에는 아랑곳하지 않고 순교의 종려나무를 들고 날아오는 천사를 평온하게 바라보고 있다. 루치아의 오른쪽 위에는 이교도 신을 상징하는 제우스 동상이 번개를 손에 쥔 모습으로 앉아있다.

루치아는 3세기 후반에서 4세기 초반, 시칠리아에 살았던 성녀로 그리스도에게 동정을 바치기로 결심하고 약혼자와의 결혼을 거부했다고 한다. 결국, 약혼자는 루치아를 로마 총독에게 고발해 버리고 루치아는 순교하게 된다. 루치아는 로마 황제 디오클레티아누스 치세에 순교하였다. 디오클레티아누스는 로마 제국 역사에서 마지막으로 그리스도교를 박해한 황제였다. 디오클레티아누스가 황제에서 퇴위한 후 불과 8년 후면 콘스탄티누스 대제가 밀라노 칙령으로 그리스도교를 공인한다. 성녀 루치아가 조금만 더 늦게 태어났더라면 그렇게 순교하지 않았을텐데.

루치아는 한 무리 소가 끌어도 꿈쩍하지 않았고 장작불 위에서도 죽지 않았다고 한다. 끝내 참수형으로 죽게 되었기에 이 그림에는 장작불과 참수 모습이 함께 그려져 있다. 그림 속의 성녀 루치아를 자세히 보자. 오른손에 접시를 들고 있고 그 접시 위에 눈 두 개가 올라가 있는 것이 보일 것이다. 눈은 루치아의 상징물이다.

상징물 '눈'을 들고 있는 성녀 루치아. 작자 미상, 고딕화

여담으로 루치아라는 이름에 대해 좀 더 얘기해보자. 루치아는 라틴어로 "빛"을 뜻한다. 그러다보니 후일 대중들이 '빛'을 '눈'으로 연결시켰다. 루치아가 눈이 뽑혔다가 스스로 끼워 넣었다는 일화도 있으나 이는 너무 나아간 얘기일 것이다. 화살에 맞은 자신의 눈을 뽑아 먹었다는 삼국지의 *하후돈도 아니고. 어쨌든 루치아는 이러한 대중의 상상력으로 눈의 상징이 되었다. 앞으로 루치아라는 이름을 가진 여성을 만나면 "두 눈이 아름다우시군요." 라고 칭찬하면 어떨까. 부모님이 아기의 예쁜 두 눈을 바라보며 그렇게 이름을 지었을테니까.

---

* 삼국지의 등장인물로 조조 휘하에서 활약했다. 눈에 화살을 맞자 화살을 뽑아 자신의 눈알을 씹어 먹으며 적장을 쫓아간 일화가 유명하다.

| 알론소 카노 <옷을 집어 들고 있는 그리스도>

알론소 카노, 〈옷을 집어들고 있는 그리스도〉 Christ gathering the garments,
1646년, 캔버스에 유채, 163x96cm, 스페인 왕립예술원

알론소 카노는 여러 가지로 흥미로운 화가다. 17세기의 벽두인 1601년에 태어난 이 화가는 벨라스케스, 무리요 등과 함께 17세기 스페인 회화의 황금기를 이끈 안달루시아 화파 중 한 명이다. 알론소 카노의 고향은 알함브라 궁전으로 유명한 그라나다이다. 세비야에서는 벨라스케스와 함께 파체코 밑에서 그림을 배우기도 했다. 파체코는 벨라스케스의 스승이자 장인이다.

카노는 회화뿐 아니라 조각, 건축에도 능하

여 '스페인의 미켈란젤로'라고 불렸다. 재능만 이탈리아 거장을 닮았다면 좋았으련만 성격은 이탈리아의 또 다른 거장을 닮았다. 그는 성격이 불같고 한 번 화가 나면 조절이 잘 안 되는 사람이었다. 즉 알론소 카노는 성격 안 좋기로 유명한 카라바조를 닮은 것이다. 미켈란젤로의 재능에 카라바조의 성격. 아무래도 평탄한 인생을 살기는 힘들어 보이지 않는가.

아니나 다를까. 알론소 카노는 아내를 죽였다는 의심을 받는다. 어느 날 작업장에서 돌아와보니 집에 도둑이 들었고 아내는 살해당했다는 것이 알론소 카노의 주장이었지만 대부분의 사람은 그를 살인범으로 의심했다. 알론소 카노의 평소 성격으로 볼 때 충분히 그럴만 하다는 것이었다.(이러니 평소에 잘해야 한다.) 카노는 발렌시아로 도망갔으나 끝내 마드리드로 돌아와 고문을 받는다. 고문 끝에도 자신의 죄를 인정하지 않았는데 이런 버티기가 통했는지 왕은 카노를 다시 왕실 화가로 받아들인다. 테니스 경기 후 상대를 살해하고 도망갔던 카라바조와 겹쳐 보이지 않는가. 물론 알론소 카노의 경우 자신의 죄를 끝까지 부인하긴 했지만 말이다.

알론소 카노의 그림은 화가의 불같은 성격과는 다르게 과장이 없고 우아한 동시에 고요하다. 옷을 집어 들고 있는 그리스도를 보자. 검은 화면을 바탕으로 옷을 챙기고 있는 그리스도의 모습은 명상적으로 보인다. 17세기 당시 바로크 그림에서 나타나는 화려하고 극적인 표현과는 대조적이다. 그리스도를 소위 단독 샷으로 그린 것도 특이하다. 정면 상반신이나 보통 그림 제목으로 〈구세주〉라는 이름이 붙여진다 십자가형의 모습을 홀로 그리기도 하나 대부분 그리스도는 자신을 박해하는 사람이든 추종하는 사람이든 많은 이에게 둘러싸인 모습으로 그려진다. 여러 면에서 알론소 카노는 조금은 낯선 모습으로 그리스도를 그렸다.

또 한 가지 특이한 것은 주제이다. 이 그림은 채찍질을 당한 직후의 그리스도를 그리고 있다. 그리스도에게 채찍질을 가하는 장면은 격렬한 감정을 불러일으키는지라 화가들이 즐겨 묘사했던 주제이나 채찍형 직후, 옷을 집어 드는 그리스도의 모습은 좀체 찾아보기 힘들다. 알론소 카노는 외면이 아닌 내면의 고통에 주목하였다. 즉 채찍형에서 느껴지는 것이 그리스도의 육체적 고난이라면 지친 눈빛으로 옷을 집어 드는 모습에서는 심리적인 고통이 느껴진다. 지금 그리스도 곁에는 아무도 없다. 그리스도의 귓가에 들리는 것은 하나님 아버지의 음성이 아니라 병사들의 조롱인 듯하다. 신의 아들인 그리스도에게 이런 표현이 적합할지 모르나 더할 나위 없이 고독해 보인다.

그리스도의 손목과 발목에는 기둥에 묶였던 흔적이 역력하고 머리와 등에서는 선혈이 흘러내리고 있다. 선혈은 절제되어 표현되어 있어 더욱 사실적으로 보인다. 이 그림에는 회화적 과장이 없다. 이탈리아 화가처럼 고난의 그리스도를 매끈하게 그리지도 않았고 독일 화가처럼 너무 처절하게 그리지도 않았다. 이러한 사실주의 전통은 스페인 회화의 특징으로 고야에게까지 전해진다.

　알론소 카노는 정말로 아내를 죽였을까. 그의 고요한 그림들을 보고 있노라면 왠지 고문 끝에도 자신의 죄를 인정하지 않았다는 그의 말을 믿고 싶어진다.

| 안토니오 데 페레다 <기사의 꿈>

　바니타스라는 장르가 있다. 바니타스는 "공허한"이란 뜻을 가진 라틴어 형용사에서 유래한 단어로 세속적인 물건이나 가치들은 일시적이고 무가치하다는 것을 가리킨다. 왕립예술원에는 바니타스의 걸작이 있다. 스페인 화가 안토니오 데 페레다가 그린 <기사의 꿈>이란 작품이다.

　안토니오 데 페레다는 스페인 예술의 황금기인 17세기에 활동한 화가이다. 마드리드에서 북서쪽으로 2시간쯤 떨어진 바야돌리드 Valladolid

에서 태어났으며 11세 때 부모를 여의고 삼촌에 의해 마드리드에 당도한다. 그림에 재능이 있었던 그는 마드리드에서 화가들의 스승으로 유명했던 페드로 데 라스 쿠에바스 지도하에 그림을 공부한다. 이미 말한 바 있듯이 17세기 스페인 화단은 남부 안달루시아 출신들이 두각을 나타내고 있었다. 벨라스케스, 무리요, 알론소 카노 등이 모두 안달루시아 출신이다. 안토니오 데 페레다는 이들 안달루시아 출신에 맞서 수도 마드리드의 체면을 세워준 소위 '마드리드파'의 촉망받는 화가로 성장한다.

   페레다는 종교화, 역사화를 많이 그렸지만 특이하게 정물화와 바니타스에서도 뛰어난 솜씨를 보였다. 특이하다고 얘기한 것은 정물화와 바니타스는 네덜란드 화가들의 주특기였기 때문이다. 16세기 종교개혁 후 네덜란드 화가들은 화려한 종교화보다는 풍경화, 정물화를 즐겨 그렸다. 바니타스는 정물을 많이 사용하면서 사치와 허영으로 타락한 가톨릭을 비판할 수 있었기에 자연히 네덜란드 화가들이 좋아하는 주제가 되었다.
   페레다는 종교화가 초강세였던 스페인에서 바니타스를 가장 잘 그렸던 화가이다. 왕립예술원의 이 작품과 함께 비엔나 미술사 박물관에 소장되어 있는 〈바니타스의 알레고리〉는 바니타스 회화를 통틀어서도 대표적인 걸작으로 평가된다. 붓을 쥐기만 하면 장르를 가리지 않고 걸작을 만들어내는 화가라니. 페레다의 재능이 부럽기만 하다. 대중음악으로 비유하자면 락 스타가 갑자기 힙합신에 나타나서도 차트 1위를 하는 모습이라고나 할까.

◀ 안토니오 데 페레다, 〈기사의 꿈〉 The Gentleman's dream
1650년경, 캔버스에 유채, 152x217cm, 스페인 왕립예술원

〈기사의 꿈〉을 보면 화면 왼쪽에 귀족으로 보이는 기사가 잠들어 있고 오른쪽에는 테이블 위에 정물들이 쌓여 있으며 그 둘 사이에는 천사가 글귀를 들고 기사의 얼굴을 바라보고 있다. 테이블 위의 정물들은 세속적이고 일시적인 가치를 나타내는 물건들과 그 물건들이 덧없음을 나타내는 상징물로 나눠져 있다.

세속적 물건들을 하나씩 보자. 지구본과 펼쳐진 책은 인간의 지식을 상징한다. 지식이란 것도 신의 섭리 앞에서는 덧없는 것일 뿐. 게다가 지나친 지식의 추구는 7대 죄악 중에서도 최악이라는 '자만'으로 이어질 수 있다. 움베르트 에코의 『장미의 이름』을 보면 이런 구절이 나온다. '아, 바라건데 하느님께서 그분의 영혼을 수습하시되, 지적인 허영에 못 이겨 그분이 지으신 허물을 용서하시기를.'

안토니오 데 페레다, 〈바니타스의 알레고리〉 Allegory of Vanity,
1632-1636년, 캔버스에 유채, 139.5x174cm, 빈 미술사 박물관

지구본 곁에는 교황의 삼중관과 군주의 왕관이 있다. 권력을 나타낸다. 16세기 이후 스페인이 신교도에 반대하는 소위 반종교개혁의 대표 국가였다는 것을 생각하면 교황의 삼중관까지 그림에 삽입한 것은 대담한 표현으로 느껴진다. 17세기쯤 되면 교황의 힘이 많이 떨어지긴 했지만 그래도 로마 가톨릭을 신봉하는 구교국가에서 교황을 직접적으로 겨냥하는 것은 분명 용기가 필요한 일이었을 것이다. 신의 대리인을 자처하는 교황도 바니타스를 비껴갈 수 없다.

갑옷과 무기는 전쟁에서의 공훈과 명예, 가면과 꽃과 악기와 악보는 감각의 쾌락, 악기는 인생의 간결함과 덧없음을 나타낼 수도 있다 금은보화는 당연히 '부'를 나타낸다. 지식, 권력, 명예, 쾌락, 부. 이 정물들만 모아놓았다면 이 그림은 바니타스 Vanitas 가 아니라 배니티 페어 Vanity Fair 허영으로 가득 찬 상류 사회 가 되어야 할 것인데 몇 가지 사물을 더해주면서 인생무상의 메시지를 던져준다.

책 위의 해골과 꺼진 촛불은 사람의 생명이 유한하다는 것을 나타내고 시계는 인생이 짧다는 것을 의미한다. 천사가 들고 있는 현수막(?) 중간에는 태양 위에 화살이 그려져 있다. 이는 시간과 죽음을 암시한다. 시간은 한국어 표현 그대로 쏜살같이 날아가고 우리를 죽음에 이르게 한다는 것이다. 천사는 잠든 귀족에게 찾아와 지상의 모든 것이 덧없음을 알려주려는 것이니 그렇다면 귀족이 꾸고 있는 꿈은 구운몽 같은 일장춘몽일 것이다.

| 훌리오 로메로 데 토레스 〈기도하는 여인〉

그림 속의 인물이 이제 막 그 공간에 들어선 우리를 휙 쳐다보는 듯한 그림이 있다. 프라도에 있는 벨라스케스의 〈시녀들〉이 대표적이다. 왕궁 투어 중인 우리를 화가와 공주, 시녀들 모두가 일제히 돌아보는 듯한 느낌. 훌리오 로메로 데 토레스의 〈기도하는 여인〉은 그와 다르다. 그녀가 나를 쳐다볼 때까지 기다리고 있었던 것 같은 느낌이 들었다. 기도하느라 곁에 사람이 있는 줄도 모르던 그녀가 문득 고개를 들어 나를 응시하는 듯한 느낌.

훌리오 로메로는 19세기 후반에서 20세기 초반까지 활동한 화가이다. 스페인 남부의 코르도바에서 태어나 그곳에서 사망했다. 마드리드에서 활동하던 시기를 제외하면 대부분 코르도바에서 지냈다. 코르도바

는 세비야, 그라나다, 말라가와 함께 스페인 남부, 안달루시아를 대표하는 도시이다.

여담이지만 한국 여행객들이 안달루시아를 여행할 때 대부분 세비야, 그라나다만 둘러보는 경우가 많은데 코르도바는 그냥 지나치기 아까운 도시이다. 이베리아 반도에 정착한 이슬람 세력이 가장 먼저 세운 수도가 코르도바였고 10세기 경에는 유럽 최대 도시 중 하나가 되었다. 코르도바의 메스키타는 비교적 이슬람 지배 후반기에 세워진 알함브라에 비해 이슬람 초기의 모습을 엿볼 수 있는데다가 가톨릭 성당과 함께 어우러져 있어 묘한 매력을 전해준다.

다시 그림 얘기로 돌아와보자. 이 그림을 그린 훌리오 로메로는 세밀한 스케치로 유명했다. 뛰어난 스케치 실력을 십분 살려 달력이나 잡지 일러스트레이터로 일하기도 했다. 초기에는 안달루시아 민중들의 풍속화를 많이 그렸지만, 프랑스, 이탈리아, 영국 등을 여행하고 돌아온 후부터는 자신만의 스타일을 확립하기 시작한다.

말이 나왔으니 말인데 예술가가 자신만의 스타일을 확립하기는 여간 어려운 것이 아니다. 좋든 싫든 우리는 끊임 없이 다른 사람의 영향을 받고 살아간다. 그렇다고 다른 사람의 영향을 받지 않기 위해 입산수도라도 한다면 아예 시작조차 할 수 없다. 뭘 알아야 그리던가 말던가 하지. 뭘 알려면 그때부터는 영향을 받을 수밖에 없으니 이 딜레마를 어떻게 해야 할지.

◀훌리오 로메로 데 토레스, 〈기도하는 여인〉 Woman in prayer.
1910년, 캔버스에 유채, 69x90cm, 스페인 왕립예술원

그런 면에서 훌리오 로메로는 대단한 화가이다. 일단 그의 그림을 한 번 보면 다른 작품을 보더라도 대번에 로메로의 작품이란 것을 알아볼 수 있다. 엘 그레코의 그림만큼이나 개성이 강하다. 일단 훌리오 로메로는 상징주의 화가로 분류된다. 따라서 그의 그림에는 신비하고 시적인 장면이 많다. 또한 고향땅, 안달루시아의 모습을 자주 화폭에 담았다. 그렇다고 안달루시아를 묘사한 풍경화를 그린 것은 아니고 그곳 사람들의 모습을 담거나 인물의 배경으로 자주 그렸다는 얘기이다. 투우사나 플라멩코 연주자, 댄서 등이 로메로 그림의 단골 모델이다.

코르도바의 플라멩코 댄서

이런 특징만으로는 로메로의 개성이 강하다고 할 수 없다. 로메로의 개성은 그가 그리는 여인의 모습에 있다. 로메로 그림 속 여인은 갈색으로 그을린 피부와 검은 머리, 검은 눈동자를 가지고 있다. 태양이 작열하는 안달루시아의 여인을 이처럼 잘 묘사한 화가는 드물다. 자신의 신체와 자신이 속한 땅이 두 개일 수 없다는 '신토불이'라는 말이 유행한 적이 있는데 로메로의 그림은 '화토불이'가 아닐지. 화가의 그림과 자신을 키워준 땅이 둘일 수 없는 것이다.

이제 〈기도하는 여인〉이라는 그림을 보자. 화면 오른쪽에는 '로메로'스러운 여인이 양손에 책을 들고 우리를 쳐다보고 있다. 앞에서도 얘기했듯 휙 돌아본 것이 아니라 문득 고개를 들어 지긋이 쳐다보는 듯하다. 그림 제목으로 보건대 그녀가 들고 있는 책은 분명 기도서일텐데 그녀의 눈동자는 마치 비극적인 연애소설을 읽고 있었던 것마냥 슬퍼 보인다. 80년대 순정만화 여주인공 같은 눈빛. 화면 왼쪽에는 한 남성이 여성을 향해 정중히 인사를 건네고 있다. 화면을 양분하고 있는 이 두 장면이 암시하는 것은 무엇일까.

미술 평론가들은 이 그림이 '세속적 사랑'과 '성스러운 사랑'을 나타낸다고 해석한다. 화면 왼쪽의 남녀가 세속적 사랑을 나타낸다면 오른쪽의 여인은 성스러운 사랑을 상징한다는 것이다. 세속적 사랑은 눈에 보이는 대상을 사랑하지만 성스러운 사랑은 보이지 않는 것을 사랑한다. 세속적 사랑은 태양 아래에서 빛나지만, 성스러운 사랑은 어둠 속에서 빛을 밝힌다. 슬픈 것 같았던 그녀의 눈빛을 다시 보니 이제는 평화로운 여운으로 다가온다.

사족 두 가지. 첫째, 만약 코르도바로 여행을 간다면 훌리오 로메로 미술관을 방문해보자. 이 그림의 배경이 포트로 광장인데 미술관은 이 광장 바로 인근에 자리잡고 있다. 스페인 미술관을 많이 돌아다녔지만 훌리오 로메로의 그림을 다른 미술관에서 접하기가 쉽지 않았으니 코르도바를 여행한다면 그 기회를 놓치지 말자. 둘째, 세속적 사랑과 성스러운 사랑이란 주제로 가장 유명한 그림은 티치아노의 그림이다. 로마 보르게세 미술관에서 감상할 수 있다. 두 그림을 한번 비교해 보는 것도 재미있을 것이다.

티치아노, 〈세속적 사랑과 성스러운 사랑〉 Sacred and Profane Love,
1514년, 캔버스에 유채, 118x279cm, 보르게세 미술관

| 호세 마리아 로페스 메스키타 〈안드레스 세고비아의 초상〉

안드레스 세고비아는 클래식 기타의 가능성을 최고점까지 끌어올린 위대한 기타리스트다. 한국인들 중 나이가 지긋하신 분들은 세고비아를 기타 브랜드로만 알고 계신 경우가 많다. 마드리드 근교의 세고비아를 방문하는 분들은 종종 세고비아 기타는 어디서 볼 수 있냐고 묻기도 한다. 하지만 세고비아라는 도시는 기타와 별 관련이 없다. 세고비아라는 브랜드명은 도시가 아니라 기타리스트 이름에서 따온 것이다.

호세 마리아 로페스 메스키타, 〈안드레스 세고비아의 초상〉,
Portrait of Andres Segovia, 1925-1950년, 캔버스에 유채,
133x98cm, 스페인 왕립예술원

왕립예술원에는 세고비아의 초상화가 있고 그가 연주하던 기타도 있다. 프라도처럼 아주 넓은 곳도 아닌 데 세고비아의 초상화를 찾지 못해 안내원에게 문의하였더니 친절하게 안내해 주었다. 안내원 덕분에 마주하게 된 세고비아의 초상화와 그가 쓰던 기타 앞에서 한참을 서 있었다. 부족하지만 조금씩 기타를 치고 있고 평

소 기타의 위대함을 강조하고 다니는지라 기타의 레전드 앞에서 경의를 표하지 않을 수 없었다.

안드레스 세고비아에 대해 좀 더 알아보자. 그는 1893년 안달루시아의 리나레스에서 태어나 1987년 마드리드에서 숨을 거두었다. 한국 나이로 95세까지 살았으니 거의 1세기를 살다간 인물이다. 스페인의 또 다른 클래식 거장인 파블로 카잘스 첼리스트도 비슷한 시기에 활약하며 98세까지 생존하였다. 두 사람 모두 음악에 대한 사랑이 장수의 요인 중 하나가 아닐까. 안드레스 세고비아는 그라나다 음악학교에서 잠시 배우기도 했으나 거의 독학으로 높은 경지에 올라섰다고 한다.

어린 세고비아가 차츰 실력을 키워가던 무렵, 기타는 악기의 주류가 아니었다. 콘서트 악기의 주류가 아니었다는 것이 정확한 표현일 것이다. 기타는 집시나 한량들이 저잣거리에서 통속적인 음악을 연주하는 용도로 치부되었던 것이다. 저잣거리에서의 버스킹(?)이나 통속적인 음악이 결코 나쁜 것이 아니지만 당시 클래식 음악가들이 기타를 한 수 아래로 보았던 것은 사실이다.

지금도 종종 기타를 대중음악 반주용으로만 생각하는 사람들을 만난다. 그래서 기타를 연주한다고 하면 악보가 아니라 코드표만 보면 되는 것으로 생각하기도 한다. 하지만 기타는 반주만 하라고 만들어진 악기가 아니다. 피아노나 바이올린처럼 독주에도 잘 어울리는 악기이다. 기타가 음악의 3요소라는 리듬, 멜로디, 화음을 한 대의 악기로 가장 잘 표현할 수 있다는 점을 생각하면 기타는 그 어느 악기보다 독주로서의 기능이 뛰어나다.

　독주 악기로서 기타가 주는 매력을 온 세상에 알린 사람이 바로 세고비아이다. 조각가가 돌덩이 안에 감춰진 천사를 끄집어내듯 안드레스 세고비아는 기타 안에 숨겨진 예술성을 밖으로 드러낸 것이다. '기타가 바이올린, 피아노보다 못한 것이 뭐가 있나. 기타 소리가 얼마나 아름다운지 들려주마.' 사람들은 강자들에게 열광하는 듯하지만, 한편으로 약자의 반란을 좋아한다. 세고비아가 기타의 위상을 올려가는 이야기는 마치 언더독의 반란처럼 생각된다. '네가 무시하는 바로 그것으로 너를 넘어서주마.'

　세고비아는 작곡에도 능했지만 다른 악기를 위해 작곡된 곡, 특히 바로크 시대의 무곡을 기타 연주용으로 편곡한 작품들이 유명하다. 그가 편곡한 작품으로는 바흐의 샤콘느, 헨델의 사라방드, 라모의 미뉴엣 등이 있다. 그의 연주를 들은 사람은 평소 기타에 삐딱한 시선을 가졌다 하더라도 결국 인정할 수밖에 없었다. 세고비아의 공연은 스페인뿐 아니라 미국이나 남미에서도 큰 인기를 끌게 된다.

　클래식 기타줄로 나일론을 도입하였던 사람도 세고비아다. 그뿐 아니라 기타에 쓰이는 원목을 고급화하고 연주하기 좋도록 디자인을 바꾸는 등 세고비아는 현재 우리가 쓰는 클래식 기타의 모습을 완성시킨다.

안드레스 세고비아의 두상 조각과 그가 사용했던 기타

클래식 기타를 위한 작곡과 편곡, 기타 디자인 개선, 그리고 무엇보다 기타라는 악기의 위상 제고까지. 클래식 기타 연주자는 누구라도 안드레스 세고비아에게 빚을 지고 있다.

이제 세고비아의 초상화를 보자. 한 손에는 책을, 아마 악보집 이리라 다른 한 손에는 기타를 들고 차분한 표정으로 서 있다. 자유분방한 예술가보다는 엄숙한 신학자 같은 느낌을 준다. 화가가 20세기 최고의 기타리스트에 바치는 경외심으로 느껴진다. 다만 입술만큼은 빨간색이 도드라져 그가 태어난 안달루시아 지방의 정열을 상징하는 듯하다. 별다른 배경 없이 모델을 사실적으로 묘사한 이 그림은 벨라스케스의 초상화 전통을 떠올리게도 한다. 세고비아는 20세기를 살았던 인물인 만큼 사진도 많이 남아 있지만 아마 세고비아는 사진보다 이 그림을 더 좋아했을 것 같다.

이 그림을 그린 호세 마리아 로페스 메스키타는 세고비아와 비슷한 시기에 그라나다에서 태어났다. 9살에 미술을 배우기 시작했고 13살에 왕립예술원에 입학했다고 하니 어릴 적부터 소질이 뛰어났던 것으로 보인다. 1901년에는 불과 18세의 나이로 국선 전시회에서 금상을 수상하는 등 화가로서 성공적인 길을 걸었고 미국, 벨기에, 아르헨티나에서도 활발히 활동하다가 1954년 마드리드에서 사망하였다.

| 에두아르도 치차로 <붓다에 대한 유혹>

에두아르도 치차로, 〈붓다에 대한 유혹〉 The temptations of buddha, 1916-1921년, 캔버스에 유채, 366x290cm, 스페인 왕립예술원

서양 미술관에서 만나는 부처님. 눈길이 갈 수밖에 없다. 이 그림은 에두아르도 치차로의 최고 걸작으로 꼽힌다. 치차로는 19세기 후반부터 20세기 중반까지 활약한 화가로 스페인 외광파를 대표하는 소로야의 화실에서 그림을 배우기도 했다. 치차로는 스승인 소로야의 밝은 빛 보다는 다소 어두운 공기에 마음이 더 끌렸던 것 같다. 1922년부터 왕립예술원 회원이 된 그는 스케치와 채색이 고루 뛰어났던 것으로 평가받는다.

그림을 찬찬히 살펴보자. 보리수 아래 수행하는 석가모니를 두고 각양각색의 유혹이 둘러싸고 있다. 그림 왼쪽에는 목을 조르는 듯한 포즈를 취하고 있는 한 쌍의 연인이 있는데, 이 둘은 욕망을 상징한다. 연인의 아래쪽을 보면 반은 인간이고 반은 표범 가족으로 덮여 있는 여인이 보일 것이다. 이 표범인간(?)은 색욕을 나타낸다. 표범인간 밑으로는 얼굴이 반쯤 가려진 여인이 보일 것이다. 이 여인은 나태를 상징한다. 석가의 바로 발 밑에는 두 명의 여인이 누워있다. 짐작하겠지만 이들 역시 색욕을 상징한다.

여기서 끝이 아니다. 화면 오른쪽에는 두 명의 인물이 팔을 앞으로 뻗고 고개를 숙이고 있다. 이들은 아첨을 떨고있는 중이다. 아첨꾼 2명 위의 무희와 화면 반대쪽 오른편의 악사들은 음악으로 석가를 유혹하는 중이다. 코끼리 위에 올라서 있는 여인은 힌두교의 비너스라 불리는 락슈미이다.

색욕, 나태, 음악, 아첨. (장담하건데 아첨은 색욕이나 게으름만큼이나 저항하기 힘든 유혹이다!) 이런 엄청난 유혹의 와중에도 석가는 고요하기만 하다. 그런데 한 명 설명이 빠진 사람이 있다. 화면 좌측 하단에 두 손을 앞으로 내밀고 있는 한 여인은 누구일까. 사실 이 인물이야말로 가장 저항하기 힘든 유혹이다. 바로 석가가 속세에 있을 때 혼인을 올렸던 아내, 즉 야소다라 부인이다. 야소다라는 석가에게 자신의 품으로 돌아오라고 간청한다.

하지만 이 야소다라는 진짜 야소다라가 아니다. 석가를 유혹하기 위해 압사라 힌두교의 님프, 요정 가 모습을 바꾼 것이다. 부처는 압사라를 향해 꾸짖는다. "너는 환영일 뿐이다. 환영은 진실 앞에서 모습을 감춰야 한다. 내가 바로 진실이다."

이 그림을 처음 보았을 때 들라크루아의 그림 한 점이 떠올랐다. 바로 '사르다나팔루스의 죽음'이다. 루브르에 소장된 이 그림은 아시리아의 마지막 왕, 사르다나팔루스가 반란군들의 침입을 목전에 두고서 부인들을 죽이고 보물들을 불사르는 장면을 묘사하고 있다. 고대 그리스 역사가인 디오도루스에 따르면, 그는 스스로 자신의 묘비명을 남겼다고 한다. '육체적 쾌락만이 유일한 삶의 목적이다' 들라크루아가 참고했다는 바이런의 희곡에서는 백성을 아끼는 왕으로 등장하기도 한다. 두 그림 다 아시아의 강렬한 이야기에서 소재를 취했다는 것과 관능적인 여인들이 한 남자를 둘러싸고 있는 구도가 흡사하다.

사루다나팔루스의 죽음은 쾌락의 극한까지 추구했던 사람의 최후를 보여준다. 한편 석가에 대한 유혹에서 석가모니는 쾌락에 초연한 모습이다. 석가모니는 카필라 왕국의 왕자로 태어났기에 사루다나팔루스처럼 원하는 만큼 쾌락을 누릴 수도 있었다. 하지만 석가는 쾌락 대신 깨달음과

들라크루아, 〈사루다나팔루스의 죽음〉 The Death of Sardanapalus, 1827-1844년, 캔버스에 유채, 392x496cm, 루브르 박물관

중생구도의 길을 걸었다. 사루다나팔루스의 얼굴은 평온하지만 그 얼굴을 바라보는 우리는 평온할 수 없다. 하지만 석가의 얼굴에서는 내적 평화를 느낄 수 있다. 사루다나팔루스가 허무를 보여준다면 석가는 초월을 보여준다.

에두아르도 치차로, 〈자화상〉 Self Portrait,
1943년, 캔버스에 유채, 111x101cm, 스페인 왕립예술원

이 그림의 옆쪽 벽면을 보면 화가의 자화상이 있다. 자화상의 배경을 자세히 보자. 바로 이 그림이 그려져 있는 것을 볼 수 있다. 치차로가 이 작품에 가지고 있던 애정과 자부심을 짐작해 볼 수 있다.

부부의 컬렉션, 시민 모두의 예술
라사로 갈디아노 미술관
Museo de Lazaro Galdiano

Calle de Serrano, 122
www.museolazarogaldiano.es

<라사로 갈디아노 미술관> 정원

　유럽의 대형 미술관을 방문하다 보면 연달아 쏟아져 나오는 거장들의 작품들에 압도당하기 쉽다. 벽면을 가득 채우다 못해 머리 위에까지 빼곡히 걸려있는 걸작들을 보면 스탕달 신드롬이 엄습할 것 같기도 하다. 어렵사리 시간과 비용을 들여 유럽을 방문했다면 당연히 대형 미술관부터 우선적으로 관람하는 것이 좋다. 하지만 대형 미술관을 관람한

다음 날에는 조금 여유를 가지고 작은 미술관을 관람할 것을 추천한다. 오후의 느긋한 분위기 속에서 천천히 작품 사이를 거닐고 이름도 생소한 작가의 그림 앞에 몇 분이고 서서 쳐다보는 그런 경험을 꿈꿔 왔다면 지금 소개하는 라사로 갈디아노 미술관을 지나치지 말자.

티센 보르네미사 미술관이 마드리드 최대의 개인 컬렉션이라면 라사로의 컬렉션은 두 번째 규모이다. 사실 라사로의 작품 수는 만만치 않다. 한 층의 크기가 그리 넓지 않긴 하지만 총 4층 건물에 예술품이 가득 차 있다. 정성 들여 한 작품, 한 작품 감상하다보면 적지 않은 시간이 필요하다. 다만 프라도나 티센에 비해서는 아담(?)한 느낌이 있고 사람도 그리 많지 않아 여유롭게 감상할 수 있다.

박물관 건립자인 라사로 갈디아노는 이 미술관의 설립자인 호세 라사로 갈디아노의 이름에서 유래하였다. 라사로는 19세기 후반 스페인 북부 나바라 지역의 대지주 아들로 태어났다. 그는 사업가이자 언론인이었으며 예술 수집가로서 스페인의 근대화에 사명감을 가지고 있었다. 갈디아노의 컬렉션 형성에는 그의 아내가 큰 역할을 했다. 아내의 이름은 파울라 플로리도 이 톨레도 Paula Florido y Toledo 로 아르헨티나 사람이었으며 상당한 재력을 가지고 있었다. 파울라는 경제적으로 풍요로웠으나 결혼생활은 더할 나위 없이 불행했다. 아니, '불행'이라는 단어는 그녀에게 닥친 비극을 묘사하기에 턱없이 부족하다. 그녀는 라사로를 만나기 전에 세 번 결혼했는데 세 명의 남편이 모두 일찍 사망해 버린 것이다. 잇단 불행에 지친 그녀는 자녀를 데리고 유럽으로 떠난다. 새로운 삶을 위해 유럽에서 남미로 건너가는 사람이 많은 시대였지만 그녀는 거꾸로 남미에서 유럽으로 떠나며 불행의 종지부를 찍고 싶었던 것이다. 그래도 신은 그녀에게 마냥 잔인하지만은 않았다. 그녀는 로마에서 라사로를 만나 네 번째 결혼을 하였고 다행히 스페인에서 안정적이고 행복한 결혼생활을 할 수 있었다.

라사로와 파울라는 예술품 수집에 관심이 많았다. 수집을 뒷받침할 만한 재력도 충분했다. 미술관을 채우고 있는 작품을 수집하는 데 있어 파울라의 경제력과 안목이 분명 큰 도움을 주었을 것이다. 그럼에도 불구하고 미술관 이름에는 남편인 라사로 갈디아노만 들어가 있어 아쉬운 생각이 든다. 지금의 미술관 건물은 부부가 실제로 거주하던 집을 박물관으로 개조한 것이다. 1947년 라사로가 사망한 직후, 그의 모든 수집품은 국가에 기증되었고 그의 이름을 딴 라사로 재단이 세워진다.

<라사로 갈디아노 미술관> 내부

앞서 말했다시피 미술관은 4층 건물이다. 3층부터 0층으로 내려오며 감상하는 것이 좋다. 3층은 무기, 조각, 장식, 코인 등을 전시하고 있고 2층은 이탈리아, 플랑드르, 독일, 영국, 프랑스 등 스페인을 제외한 유럽 컬렉션, 1층은 스페인 작품, 마지막으로 0층은 라사로 부부에 대한 소개와 컬렉터로서의 취향을 반영하는 다양한 작품을 전시하고 있다. 프라도나 티센이 회화 위주의 피나코테크라면, 라사로 미술관은 종합 미술관이다. 회화, 조각은 물론 식기나 가구, 장신구 같은 장식예술도 다양하게 전시하고 있다. 자그마한 크기의 장식예술은 쉽게 지나치기 쉽지만, 관심을 가지고 들여다보면 대작과는 또 다른 감상의 재미를 준다. 진열창 너머의 작품 하나하나를 들여다보며 마치 19세기 백화점에서 쇼핑을 하는 듯한 상상을 해보자. 친구에게 생일선물을 해야 한다면, 혹은 집들이를 위해 새로 식기를 사야한다면 무엇을 사는 것이 좋을까. 지금부터 3층부터 0층으로 내려가는 동선으로 몇몇 작품을 소개하고자 한다.

| 레오 라포르테 블레아지 <꽃밭의 점심> (테이블 장식)

이 작품의 장르를 '테이블 장식'이라고 옮겨 보았으나 좀 더 정확히 설명하기 위해서는 서술식 문장으로 쓸 수밖에 없다. 식탁 중앙에 놓는

레오 라포르테 블레아지, <꽃밭의 점심> The floral lunch, (테이블 장식), 1901년경, 청동조각, 42cm(높이)×70cm(너비), 라사로 갈디아노 미술관

<꽃밭의 점심> 전시 모습

장식물. 영어로는 'Center Piece', 스페인어로는 'Centro de Mesa'라고 한다. 테이블 장식은 꽃이나 식물 같은 자연물이 될 수도 있고 지금 여기에서 소개하는 조각처럼 인공물이 될 수도 있다. '보기 좋은 떡이 먹기도 좋다.'라는 속담이 있다. 이는 시각과 미각이 동떨어진 것이 아니라 서로 시너지를 일으킨다는 것을 가리키는 말이다. 그런데 식욕을 돋우는 시각적 자극은 예쁜 음식만이 아닐 것이다. 음식을 둘러싼 장식도 식욕을 자극할 수 있다.

훌륭한 테이블 장식이 되기 위해서는 몇 가지 조건이 있다. 일단 크기가 너무 커서 마주 앉은 상대의 시야를 가려서는 안 되며 자연물 장식일 경우는 그 향기가 음식의 미각을 해쳐서는 안 된다. 아울러 테이블 위에 올라가는 다른 물건들, 즉 식기, 포크, 나이프, 테이블 보와의 조화도 중요하다. 마지막으로 식사를 하는 시기와 잘 어울리면 금상첨화다. 예를 들어 사계절을 표현한다든지 크리스마스나 부활절 같은 특정 이벤트를 적절히 표현하는 것이 될 수 있다. 테이블 장식은 식사를 초청한 사람 입장에서는 자신의 미적 취향을 선보일 수 있는 기회이며 초청받은 사람 입장에서는 테이블에 앉으며 대화를 시작할 수 있는 소재이기도 하다.

테이블 장식이 근사한 집으로 식사 초대를 받았다고 상상해 보자. "좋은 냄새가 나는군요."라는 식으로 음식에 대한 기대를 표명하며 초대에 대한 감사를 표현할 수 있을 것이다. 하지만 한 걸음 더 나아가 테이블 장식을 보며 호스트의 심미안을 칭송한다면 더욱 훌륭한 식사 매너가 아닐까. 식사라는 것이 단순히 허기를 채우는 본능적 활동이 아니라 인간만이 향유할 수 있는 문화생활이기도 하기에 테이블 앞에서는 훌륭한 매너가 필요하다. 영화 '킹스맨'의 유명한 대사가 있지 않나. '매너가 사람을 만든다' 테이블 장식은 준비하는 사람에게나 감상하는 사람에게나 식사는 문화이고 매너라는 것을 상기시켜 준다.

여기 소개하는 테이블 장식은 18세기 프랑스풍으로 차려입은 여인들을 청동으로 조각한 작품이다. 작품의 영어 제목은 'The floral lunch'이다. 한국어로 옮기면 '꽃밭에서의 점심'쯤 될 것이다. 여러 피스로 이루어진 여인들의 조각은 모두 일하는 모습을 표현하고 있지만 힘들다기보다 즐거워 보인다. 잠시 후 점심시간이 되면 꽃밭에 둘러앉아 피크닉을 즐기지 않을까. 이 작품을 만든 레오 라포르테 블레아지는 19세기 후반에서 20세기 초에 걸쳐 프랑스에서 활동한 아르누보 조각가이다. 블레아지가 조각한 그녀들을 다시 보자. 헤어스타일과 의상은 물론, 먼지를 털고 있는 식탁보 모두 우아한 곡선으로 넘실거린다. 세련된 여성과 자연에서 영감을 얻은 곡선미는 아르누보의 대표적 특징이다.

이 조각품들은 라사로와 파울라의 결혼식에 사용되었다고 한다. 앞서 말했듯이 테이블 장식은 식사를 초대하는 사람의 취향을 반영한다. 이 장식을 선택한 라사로와 파울라는 어떤 생각으로 이 작품을 골랐을까. 세 번의 불행한 결혼생활을 뒤로 하고 45세의 나이로 유럽에서 새 출발을 하게 된 파울라는 엄숙하기보다 경쾌한 장식을 원했을 것이다. 결혼식 피로연 식탁에 올릴 테이블 장식을 고민하다가 이 사랑스런 조각 앞에서 '바로 이거야'라고 외치는 그녀의 모습이 떠오른다.

| 프랑수아 링케(추정) <실린더 데스크>

'왕의 책상'이라 불리는 가구가 있다. 프랑스 루이 15세의 책상을 그렇게 부른다. 유럽의 수많은 왕이 있고 많은 책상을 사용했을 것인데 루이 15세의 책상에만 고유명사처럼 그런 이름이 붙게 된 것에는 나름 이유가 있을 것이다. 루이 15세의 책상을 처음 디자인 한 사람은 18세기 최고의 가구장인이었던 장 프랑수와 외벤이다. 외벤은 이 책상을 완성

프랑수아 링케(추정), 〈실린더 데스크〉 Cylinder desk, 1900년경, 마호가니목과 청동, 라사로 갈디아노 미술관

하지 못하고 사망하였고 그의 수제자였던 장 앙리 리즈네가 마무리하였다. 18세기 프랑스 가구계의 최고 장인 두 사람이 사제 간의 대를 이어 탄생시킨 걸작이 바로 왕의 책상이다. 왕의 책상은 디자인도 아름답지만 기술도 독창적이었다. 정밀한 실린더 장치를 통해 덮개를 열고 닫을 수 있어 실린더 책상이라고 불렸다.

라사로 미술관에 있는 이 책상은 전설적인 '왕의 책상'을 모방하여 만든 작품이다. 제작 시기는 19세기 후반 또는 20세기 초반으로 추정한다. 그럼 이 책상을 만든 사람은 누구일까? 프랑수아 링케로 추정하고 있다. 링케는 19세기 후반에서 20세기 초반에 걸쳐 프랑스에서 가장 인기 있었던 에베니스트였다. 에베니스트는 가구 제작자를 이르는 말로 이지은 작가님의 『귀족의 시대, 탐미의 발견』이라는 책을 보면 설명이 잘 되어있다. 작가님의 설명에 의하면 가구 제작자는 크게 '에베니스트' Ebeniste 와 '메뉴지에' Menuisie 로 나눌 수 있다. 전자는 주로 책상이나 서랍장을 만들었고 구하기 쉬운 목재를 사용하되 장미목이나 흑단 같은 고급 목재를 겉면에 씌웠다. 에베니스트란 명칭은 "흑단 프랑스어 Ebene, 영어 Ebony 을 다루는 사람"이라는 뜻을 가지고 있다. 후자는 의자, 침대, 창문틀, 마룻바닥 등을 만들었고 밤나무, 은행나무 같이 구하기 쉬운 목재로만 제작했다.

이 책상의 별칭은 마리아 렉진스카이다. 왕의 책상을 사용하였던 루이 15세의 왕비 이름이다. 이 책상이 전시되어 있는 곳은 2층 19번 방

장 프랑수아 외벤 / 장 앙리 리즈네, 〈왕의 책상〉 Bureau du Roi,
1760-1769년, 청동과 여러 재질의 나무, 147.3(높이)x192.5(너비)x105cm(깊이), 베르사유 궁전

이다. 18세기에서 19세기까지의 프랑스, 영국 예술품을 중심으로 전시하고 있다. 로코코에서 낭만주의, 아르누보를 아우르는 예쁜 장식품이 많아 전시실에 들어서는 순간 마음이 환해진다. 그 많은 장식 중에서도 이 책상이 가장 눈에 띄었다. 책상은 마호가니 원목으로 만들어져 한눈에 봐도 고급스럽고, 양쪽 상단의 청동 조각은 천진한 아이와 식물이 어우러져 사랑스럽다. 덮개와 손잡이 또한 식물을 모티브로 장식되어 있으며 상단의 시계는 실용성과 장식성을 모두 갖추고 있다. 링케의 책상과 앞에서 소개한 블레아지의 청동조각은 디자인과 재료 측면에서 유사하다. 두 작품 모두 아르누보의 영향 아래 제작된 작품이다. 여성적이며 곡선과 자연이 주요 모티브다. 청동은 아르누보 작가들이 즐겨 사용하였던 재료이기도 하다. 우리는 '책상'이라고 하면 직선을 떠올리기 쉽다.

직선은 실용적일지언정 예술적 감수성은 부족하다. 아르누보 시대의 책상이 가구를 넘어 예술이 될 수 있었던 비결은 곡선에 숨어있다.

부모님이나 직장상사는 종종 "엉덩이 떼지 말고 책상 앞에 좀 앉아있어라!"라고 얘기한다. 안타깝지만 책상은 어린 시절부터 스트레스를 주는 가구로 인식되어 있는 것이 사실이다. 학교에서 혹은 사무실에서, 책상 앞에 잠시 서서 한숨을 쉬어보지 않은 사람이 누가 있으랴. 하지만 '왕의 책상'이라면 언제든 그 앞에 앉고 싶어질 것 같다. 이 책상에서 공부를 한다면 어떤 시험이라도 합격할 수 있을 것 같고, 이 책상에서 일을 한다면 승진은 따놓은 당상일텐데. 명인은 연장 탓을 하지 않는다지만 이토록 멋진 책장 앞에서는 괜시리 사무실의 내 책상에 불만을 가지게 된다.

많은 사람이 책상에 앉기 전에 행하는 자신만의 의식 혹은 습관을 가지고 있을 것이다. 서랍 열쇠를 열면서 시작하거나 필기구부터 챙길 수도 있고, 앉기 전에 커피부터 내려올 수도 있다. 라사로 미술관에 있는 왕의 책상을 가지고 있다면 책상 앞에서 행하는 첫 의식은 덮개를 여는 것이 될 것이다. 실린더로 작동하는 아날로그 장치의 손맛, 향긋한 나무 내음이 무척 기분 좋을 것 같다. 그리고 작업을 다 마치고 덮개를 닫으며 일어설 때는 마치 무대의 막을 내리는 것 같은 기분이 들지 않을까. 덮개를 여닫는 상상, 좋아하는 책을 읽는 상상, 사각사각 펜으로 글을 쓰는 상상. 예술이 된 책상 앞에서 여러 상상이 꼬리를 물었다.

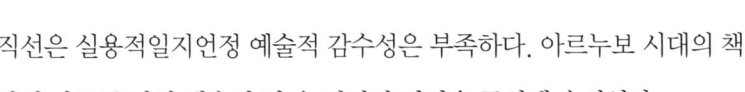

| 작자 미상(플랑드르 장인) <카이사르 접시>

미술관 0층은 라사로 컬렉션의 하이라이트다. 회화, 조각, 장식, 유물 등 장르를 가리지 않고 최고의 걸작을 모아놓은 곳이다. 여유를 가지고 미술관을 둘러보는 것이 가장 좋지만, 만약 시간이 없다면 0층만 감상할 것을 추천한다. 이

작자 미상 (플랑드르 장인), <카이사르 접시> Plate of Julius Caesar,
1587-1599년경, 은세공, 45cm(높이)x37cm(직경), 라사로 갈디아노 미술관

지면에서는 〈카이사르의 접시〉라는 은세공품을 소개하고자 한다. 스페인은 예술 중에서도 특히 회화가 발달한 곳이다. 마드리드의 다양한 미술관을 방문하여도 회화나 조각에 비해 카이사르 접시 같은 금속공예는 많지 않다. 만약 스페인에서 고전시대의 금속공예 작품을 보고 싶다면 라사로 미술관이 적격이다. 라사로 미술관은 카이사르 접시 외에도 다양한 금속공예 작품을 보유하고 있다.

카이사르 접시는 크게 세 부분으로 이루어져 있다. 가장 상단의 인물상, 인물상 밑의 접시, 접시 밑의 받침으로 나뉜다. 인물상과 접시는 16세기 플랑드르 지방에서 제작된 것으로 추정하고 하단의 받침은 19세기 프랑스에서 덧붙여진 것이다. 카이사르 접시 같은 고전 금속공예는 반드시 가까이에서 감상해야 한다. 색채도 없이 단색으로 만들어진데다 크기도 그리 크지 않은 편이라 그냥 지나쳐버리기 쉬운 것이 바로 이런 류의 작품이다. 카이사르 접시도 높이가 45cm에 지나지 않는다. 많은 수의 예술품이 몰려 있다 보면 일단 크기가 큰 작품부터 눈이 가기 쉽다. 하지만 '정교함'은 '장대함' 못지않게 감동을 안겨준다. 접시에 바짝 다가가서 정교함의 매력에 빠져보자.

접시 위의 인물은 작품 제목 그대로 〈율리우스 카이사르〉이다. 1,200년의 역사를 자랑하는 로마는 숱한 영웅을 탄생시켰지만, 그중에서도 한 명만 꼽으라면 카이사르가 될 것이다. 7년에 걸쳐 갈리아 프랑스 지방을 정복한 이야기라던지, 천재 장군으로 꼽혔던 폼페이우스를 굴복시킨 이야기는 언제 들어도 놀랍다. 접시 위의 카이사르는 왼손에는 허리에 찬

칼을 잡고 있고 오른손으로는 긴 창을 세워 잡고 있다. 한 손에는 칼, 한 손에는 창. 로마 역사 최강의 장군에게 방패 따위는 필요 없다. 한 발 앞으로 나아간 오른발 덕에 조그마한 인물상이 좀 더 동적으로 보인다. 인물상 밑의 접시는 카이사르가 최고의 자리에 오르기까지의 중요한 사건 4가지를 묘사하고 있다. 갈리아 원정의 주요전투인 아바리쿰 점령, 폼페이우스와의 전투, 루비콘 강 건너기, 로마 입성이 그것이다. 접시를 기울여 '깨알 같은' 정교한 묘사를 볼 수 없는 것이 아쉽다.

<카이사르 접시>의 세부

이 작품은 12개의 연작 중 첫 번째 작품이다. 12점의 작품은 로마 시대 역사가인 수에토니우스 의 『황제열전』에서 모티브를 얻은 것으로

독재관이었던 카이사르에 더해 아우구스투스부터 도미티아누스까지 11명의 황제를 모델로 하였다. 카이사르는 공식적으로 황제의 자리에 오르지 않았지만, 실질적으로는 황제에 가까운 권력을 가지고 있었기에 수에토니우스의 저서에는 '12명의 카이사르'라는 별칭이 붙었다. 한 가지 덧붙이자면, 카이사르가 워낙 위대한 업적을 남겼고 또 황제에 버금가는 권력을 가졌기에 카이사르 사후, 로마 황제들을 '카이사르'라 부르기도 했다.

이 작품에 대해 알아보며 놀란 것은 세심한 기록이었다. 미술관 홈페이지에는 16세기부터 현재에 이르기까지 이 작품을 소장하였던 10명이 넘는 사람의 국적, 이름은 물론 거래된 가격까지 소상히 기록되어 있었다. 또한 카이사르를 제외한 나머지 11점의 작품이 어디에 소장되어 있는지도 모두 추적하여 기록해 두었다. 어느 정도 인지도가 있고 시장에서 작품거래가 이루어지는 예술가에게는 카탈로그 레조네가 있다. 카탈로그 레조네에는 특정 작품의 과거와 현재 소유주가 모두 표기된다. 작자 미상의 이 작은 접시에도 카탈로그 레조네에서나 찾아볼 수 있는 자세한 기록을 남겨두다니. 작품의 정교함에 이어 기록의 정교함에 또 한 번 놀랐다.

카이사르 외의 다른 황제들은 어떻게 묘사되었을지 무척 궁금하다. 언젠가 12명의 카이사르를 한 자리에 모아 전시한다면 멋지지 않을까.

| 대(大) 루카스 크라나흐, <세례자 요한으로부터 경배받는 아기예수>

2층을 15번 방부터 19번 방까지 순서대로 감상하다보면 각 방을 채우고 있는 예술품의 색감과 분위기가 마치 그라데이션처럼 변해가는 것을 느낄 수 있다. 이탈리아 작품이 있는 15, 16번 방은 밝은 분위기다. 플랑드르 작품이 있는 17번 방은 다소 어두우며 독일 작품이 있는 18번 방은 더욱 어둡다. 대체로 무겁고 어두운 분위기를 풍기는 18번 방에서도 가장 어두운 분위기의 그림이 바로 대 大 루카스 크라나흐의 〈세례자 요한으로부터 경배받는 아기예수〉이다.

 루카스 크라나흐는 아버지와 아들이 모두 화가였고 이름도 같았기에 아버지를 대 大, 영어로는 the Elder 루카스 크라나흐, 아들은 소 小, 영어로는 the Younger 루카스 크라나흐로 부른다. 대 루카스 크라나흐는 16세기 초반, 독일 지역에서 가장 유명한 화가였다. 16세기 초는 루터의 종교개혁으로 온 유럽이 술렁거리는 시기였다. 그는 루터의 절친이자 일찍부터 루터파로 개종한 종교적 동지이기도 했다.

 〈세례자 요한으로부터 경배받는 아기예수〉의 배경은 칠흑 같은 검은색이다. 검은색은 루터파와 같은 신교도의 색이다. 크라나흐처럼 이제 막 신교로 개종한 이들은 하느님에 대한 경외, 스스로를 낮추는 겸손함의 의미를 담아 검은색을 즐겨 사용했다. 세례자 요한은 왼손으로 양을 쓰다듬으며 오른손으로 구세주가 될 아기예수를 가리키고 있다. 아기예수는 십자가를 들고 발 밑에 뱀과 해골을 제압하고 있다. 여기서 뱀은 원

◀대(大) 루카스 크라나흐,
〈세례자 요한으로부터 경배받는 아기예수〉(The Child Jesus victorious over death and sin with John the Baptist), 1530-1540년경, 캔버스에 유채, 56x36cm, 라사로 갈디아노 미술관

무리요, 〈조개를 가지고 있는 아기 예수와 세례자 요한〉 The Infant Christ and Saint John the Baptist with a Shell, 1670년경, 캔버스에 유채, 104x124cm, 프라도 미술관

죄, 해골은 죽음을 상징한다. 즉 예수 그리스도는 원죄와 죽음을 초월하였다는 것이다. 아기예수와 세례자 요한은 어린아이의 얼굴을 하고 있지만 보통의 아이에게서 나올 수 없는 엄숙한 분위기를 내뿜고 있다. 아이와 엄숙함. 부자연스러운 조합일 수 있지만 크라나흐는 크게 어색하지 않게 표현했다. 문제는 다른 곳에 있다. 대여섯 살로 보이는 아기예수의 다리가 너무 길다! 르네상스 시기에 이상적으로 생각하던 인체 비율을 어린아이에게까지 무리해서 적용시킨 것이다.

크라나흐의 그림은 무리요가 그린 비슷한 주제의 작품과 비교해보면 더욱 흥미롭다. 프라도 미술관에는 〈조개를 가지고 있는 아기 예수와 세례자 요한〉이란 작품이 있다. 왼쪽의 아기예수가 오른쪽의 아기 요한에게 물을 담은 조개를 건네주고 있다. 그림 속 아이들은 너무나 사랑스러워 앞으로 예수 그리스도와 세례자 요한에게 닥쳐올 비극이 떠오르지 않는다. 어린아이답게 다리도 짧다. 크라나흐는 엄숙함으로, 무리요는 따뜻함으로 신앙심을 표현했다. 이렇게 동일한 인물을 그리더라도 자신만의 개성을 드러내는 변주가 있기에 고전 미술 감상은 즐거울 수밖에 없다.

지중해의 햇살, 가족의 사랑
소로야 미술관

Museo de Sorolla

Paseo del Gral. Martínez Campos, 37
www.culturaydeporte.gob.es/msorolla

<소로야 미술관> 정원

따뜻한 마음을 가진 천재

햇살과 바다. 소로야의 그림을 보고 있으면 따뜻해진다. 부부의 사랑, 자녀에 대한 애정. 그의 인생도 역시 따뜻하다. 잘생긴 남자를 '훈남'이라 부르지만 마음을 따뜻하게 해주는 소로야야말로 훈남이 아닐런지. 마드리드에는 소로야의 작품을 모아놓은 미술관이 있다. 마드리드는 골든 트라이앵글 프라도, 티센, 레이나 소피아 미술관 을 둘러보기에도 벅찬 도시이다. 그러다보니 소로야 미술관을 필수 코스로 추천하는 사람이나 책은 많지 않을 것이다. 하지만 본인은 절대 놓치지 말라고 강력히 권고하고 싶다. '시간이 나면' 잠시 들리는 곳이 아니라 '시간을 내서' 꼭 방문해 보기 바란다.

소로야 미술관은 '참베리' Chamberí 에 있다. 참베리는 왕궁이나 프라도 미술관보다 북쪽에 위치해 있다. 고급 주택가이면서 관공서, 기업이 다수 자리하고 있는 비즈니스 지구로 관광객은 찾아보기 힘들다. 미술관을 찾아가다 보면 마드릴레뇨 마드리드 사람을 일컫는 말 들이 일하고 카페에서 수다떠는 모습을 자연스레 접할 수 있어 관광지와 다른 신선한 즐거움을 만끽할 수 있다. 여행지의 '일상'이야말로 우리에게는 '특별함'일테니 말이다. 미

술관은 소로야가 작업했던 아틀리에이자 부인과 함께 살았던 집이기도 하다. 미술관에 들어서면 소로야가 직접 디자인한 정원이 나타난다. 안달루시아풍의 정원으로 분수, 아술레호, Azulejo 포르투갈어로는 아줄레주. 포르투갈에서 발달한 도자기 타일 조각들이 푸르른 식물 속에 아기자기하게 자리하고 있다. 여름에 미술관을 방문하면 이 정원에 잠시 앉아있는 것만으로도 시원한 느낌을 받을 것이다.

소로야는 19세기 후반에서 20세기 초반에 활동한 화가이다. 출생지는 스페인 동부 지중해 도시, 발렌시아이다. 발렌시아는 마드리드, 바르셀로나 다음으로 큰 스페인 제3의 도시다. 최근 들어 한국인에게도 꽤나 친숙해진 빠에야의 본고장이며 오렌지로 유명한 도시이기도 하다. 참고로 발렌시아 고속열차 역 이름이 '호아킨 소로야'다. 소로야에 대한 발렌시아 시민들의 애정과 자부심을 읽을 수 있다.

소로야는 두 살이 되기도 전에 부모를 잃었다. 고아가 된 소로야와 여동생을 길러준 사람은 이모와 이모부였다. 이모부는 열쇠 기술자였다. 소로야에게도 열쇠 기술을 전수해주려 했으나 소로야의 소질은 그림에 있다는 것을 알게 된다. 미술학교에 진학한 소로야는 친구 집에 놀러 갔다가 평생 사랑하게 될 여인을 만나게 된다. 친구의 여동생이었던 클로틸데에게 한눈에 반해 버린 것이다. 클로틸데와 결혼한 소로야는 1남 2녀를 낳는다. 명성이 높아짐에 따라 소로야는 세계 곳곳을 여행하

◀소로야, 〈물놀이를 마치고〉 After Bathing, 1915년, 유화, 130x150.5cm, 소로야 미술관

고 수많은 주문을 소화해 내어야 했다. 그렇게 바쁜 와중에도 아내와 아이들에 대한 애정은 식을 줄 몰랐다. 출장 중에는 잊지 않고 아내의 옷과 악세사리를 샀다고 한다.

아내 클로틸데를 그리고 있는 소로야

세상에 수많은 화가가 있지만 소로야만큼 아내의 모습을 많이 그린 사람은 없을 것이다. 소로야에게 아내 클로틸데는 그야말로 영감의 원천 뮤즈였다. 소로야는 아이들의 모습도 자주 화폭에 담았다. 소로야 그림 속 아내와 아이들의 모습을 보고 있으면 가족을 바라보는 화가의 따뜻한 눈빛이 떠오른다. 소로야 사망 후, 클로틸데에게는 부부가 함께 지냈던 아름다운 집과 작품들이 남겨진다. 평생 소로야만을 사랑하고 그의 예술을 존경했던 아내는 작품을 시장에 내놓지도 개인 재단을 세우지도 않는다. 남편의 작품들이 스페인의 자랑이 되기를 원했던 것이다. 그녀는 집과 작품 모두 스페인 정부에 기증한다.

고아가 된 조카를 가족으로 받아들여 정성껏 키워 준 이모와 이모부, 10대 시절에 만나 평생토록 서로만을 사랑한 부부, 늘 곁에서 서로 응원해 준 아빠와 아들딸, 남편의 작품을 아낌없이 국가에 기부한 아내. 소로야의 일생은 온기로 가득하다. 소로야의 그림이 그토록 따뜻하게 느껴지는 것은 그의 선량한 품성과 가족 간의 사랑이 묻어나기 때문이 아닐까. 고아가 된 조카를 구박하는 친척, 성공에 도취해 반려자를 내팽개치는 예술가, 가족의 재능을 돈벌이 수단으로만 생각하는 파렴치한. 우리가 종종 접하는 그런 류의 어두운 이야기는 없다. 성공한 예술가에게는 왠지(?) 사치, 패륜, 스캔들 같은 단어들이 따라붙기 마련이라 생각하는 사람이 있다면 소로야를 보라고 말하고 싶다.

소로야의 바다, 화가의 가족

미술관으로 들어가면 첫 번째 방에는 다소 무거운 분위기의 그림이 있다. 앞서 소로야는 밝고 환한 그림을 그렸다고 얘기한 부분만 기억하고 첫 번째 전시실에 들어서면 조금 당황할지도 모르겠다. 소로야는 젊은 시절 '사회적 사실주의'를 추구했다. 사회적 사실주의는 자본주의 발달 과정에서 소외된 하층민들의 삶을 리얼한 모습으로 그려낸 것이 특징이다. 소로야는 20대 초반 몇 개월간 파리에서 지낸 적이 있으며 당시 인상파 작품을 다수 접하게 된다. 하지만 당시에는 인상파보다 사회적 사실주의에 좀 더 끌렸다고 한다. 소로야 미술관의 〈노예 거래〉가 이 시절을 대표하는 작품 중 하나이다. 기차 삼등석 칸을 묘사한 이 작품에는 잠들어 있는 네 명의 어린 창녀와 그녀들을 힘없이 바라보는 포주가 등장한다. 망토를 둘러쓴 채 벽에 기대거나 친구의 무릎에 기대 잠든 어린 소녀들의 모습이 애처롭다.

소로야, 〈노예 거래〉 White slave trade,
1894년, 캔버스에 유채, 166.5x195cm, 소로야 미술관

다음 전시실로 넘어가면 비로소 소로야의 바다가 펼쳐진다. 원숙기에 접어든 소로야의 그림은 프랑스 인상파와 비슷한 분위기를 풍긴다.

이러한 화풍을 '루미니즘'이라고 한다. 루미니즘 작가들은 인상파 화가처럼 빛에 매료되었고 야외에서 포착한 빛을 화폭에 옮기고자 했다. 루미니즘은 미국, 벨기에 등 다양한 지역에서 나타났다. 스페인에서는 발렌시아 출신 중에서 빛에 주목한 화가가 많았다. 발렌시아가 지중해 도시이다 보니 빛나는 햇살과 빛이 퍼져나가는 바다를 자주 접할 수밖에 없었고 이러한 자연환경이 루미니즘이 탄생하는 토양이 되었을 것이다. 소로야는 발렌시아 루미니즘의 창시자라 할 수 있다. 소로야는 빛의 화가이면서 해변의 화가라 할 만하다. 고향 발렌시아는 물론이고 산세바스티안, 비아리츠, 이비사 같은 남유럽 해변가를 고루 화폭에 담았다. 산세바스티안은 스페인 북부의 세련된 해변도시다. 비아리츠는 프랑스 최남단에 있으며 소로야가 활동하던 당시 즉, '벨에포크'를 대표하는 로맨틱한 도시다. 이비사는 클럽음악의 성지로 유명한 바로 그 이비사다. 소로야가 화폭에 담은 도시만 다녀도 유럽의 아름다운 해변도시들을 고루 감상할 수 있다.

소로야 미술관에는 수많은 해변 그림이 있는데 그중 가장 걸작은 〈해변가 산책〉이다. 그림 속에는 두 여인이 있다. 앞서 걷고 있는 여인은 아내 클로틸데이고, 뒤쪽의 여인은 첫째 딸 마리아이다. 두 여인 모두 하얀 원피스를 입고 있는 가운데 아내는 모자를, 딸은 양산을 들고 있다. 햇빛을 피하는 액세서리를 내려든 것으로 보아 따가운 햇볕이 지기 시작하나 보다. 흩날리는 옷자락에서는 상쾌한 지중해 바람이 느껴진다.

잔잔한 파도와 고운 모래사장, 천천히 산책중인 모녀, 그리고 이 그림을 그리고 있었을 화가의 잔잔한 미소. 소로야는 알았을까. 개인적인 애정으로 그린 이 작품이 시대와 공간을 넘어 이렇게 진한 감동을 안겨줄 것이라는 것을.

그림 앞에는 소로야가 간직하고 있던 가구나 작은 조각상들이 놓여 있다. 그중에서 루브르의 3대 보물 중 하나라는 〈시모트라케의 니케〉가

소로야, 〈해변가 산책〉 Strolling along the Seashore,
1909년, 캔버스에 유채, 205x200cm, 소로야 미술관

눈에 띈다. 그림 속에서 흰 원피스를 입고 있는 모녀와 하얀색 튜닉을 흩날리는 여신의 모습이 아름답게 어우러진다. 소로야에게 아내는 여신이었다는 것을 생각하면 그림과 조각 장식의 배치가 더욱 절묘하게 다가온다.

〈해변가 산책〉과 〈니케〉 조각상이 있는 전시실 전경

〈분홍색 가운〉이라는 작품에서는 두 여인이 각각 흰색 가운과 분홍색 가운을 입고 있다. 작품 속 바다는 후경에 자그맣게 보일 뿐이지만 하얀 커튼, 대나무 가림막 그리고 두 여인의 몸에 내려앉은 눈부신 햇살만으로도 해변가 분위기가 물씬 풍긴다. 하얀 커튼을 살랑거리게 만드는 바람이 피부에 닿는 듯 상쾌하다.

소로야, 〈분홍색 가운〉 Pink Robe, 1916년, 캔버스에 유채, 208x126.5cm, 소로야 미술관

〈스냅 샷〉이라는 재미있는 제목의 그림은 비아리츠 해변가에 앉아 있는 첫째 딸을 담은 작품이다. 그녀의 손을 자세히 보면 카메라가 들려 있는 것을 알 수 있다. 딸은 사진으로 바다를 담고 아빠는 그림으로 딸의 모습을 담고. 소로야 가족은 해변뿐 아니라 다양한 장소에서 많은 사진을 찍었다. 소로야의 아내 클로틸데의 아버지는 사진사이기도 했다. 사진이 회화의 쇠퇴를 불러올 것이라는 우려가 있었으나 소로야는 사진과 회화는 표현하는 바가 다르다는 것을 잘 알고 있었던 것 같다. 그림 제목이 〈스냅샷〉인 이유는 화가가 워낙 재빠르게 그림을 그렸기 때문이다. 사진 용어로 익숙하지만 짧은 순간을 잡아낸 그림을 '스냅샷'이라 부르기도 한다.

소로야, 〈스냅샷〉 Snapshot,
1906년, 캔버스에 유채, 62x93.5cm, 소로야 미술관

미술관에는 해변 말고도 다른 장소에서 그린 가족의 모습도 많다. 〈어머니〉라는 그림은 둘째 딸 엘레나를 출산한 아내를 그린 작품이다. 화면 가득 하얀 이불이 두 모녀를 감싸고 있는 가운데 갓 태어난 아기는 곤히 잠들어 있고 엄마는 그 아기를 사랑스럽게 바라보고 있다. 간단한 구성이지만 그 어떤 그림보다 진한 감동을 안겨준다.

소로야, 〈어머니〉 Mother,
1895년, 캔버스에 유채, 125x169cm, 소로야 미술관

〈줄넘기, 라 그랑하〉에서는 소녀로 성장한 엘레나를 볼 수 있다. 13살이 된 엘레나는 그랑하 궁전 정원에서 어린 소녀들과 함께 줄넘기를 하고 있다. 그녀는 장성하여 아버지를 이어 화가가 된다. 그랑하 궁전은 마드리드 외곽에 위치한 정원이 아름다운 궁전이다. 그랑하 궁전은 뒷부분에서 따로 소개하겠다.

소로야의 그림은 워낙 아름다워 화가나 작품에 대한 배경지식 없이도 좋아할 수밖에 없다. 하지만 그의 인생, 그리고 그림 속 인물과 그에 얽힌 얘기까지 알고나면 감동은 훨씬 커질 것이다. 개인적으로 고전회화를 좋아하다보니 고전회화 화집을 뒤적일 때가 많다. 하지만 소로야의 화집은 책장 가장 눈에 띄는 부분에 꽂아두고서 자

소로야, 〈줄넘기, 라 그랑하〉 The Skipping rope, 1907년, 캔버스에 유채, 105x166cm, 소로야 미술관

주 펼쳐본다. 세상사가 고단할 때 소로야의 그림을 보면 커다란 위로가 된다. 햇살이 빛나고 사랑하는 가족이 있는 한, 세상은 살아볼 만한 곳이지 않겠는가.

말년의 소로야 부부

고메 in 마드리드

이마놀 【 Imanol 】
주소: El Corte Inglés, P de la Castellana (Corte Ingles 백화점 내)
www.asadorimanol.es

페레치코 【 Perretexico 】
주소: Calle de Rafael Calvo, 29
https://perretxico.es/chamberi

이마놀 입구(Imanol)

스페인은 요리도 훌륭한 나라다. 해물 리조또와 유사한 빠에야나 안주 요리로 유명한 타파, 돼지 다리 햄인 하몽은 한국인도 많이 알고 있다. 하지만 핀초 Pincho 는 아직까지 낯선 것 같다. 누군가 스페인에서 뭐가 맛있냐고 물어보면 망설이지 않고 핀초를 추천한다. 스페인은 핀초가 맛있다는 사실만 알고 가도 당신의 여행 경험은 남달라질 것이다.

핀초는 타파와 유사하다. 안주 삼아 먹는 조그마한 요리이다. 주로 스페인 북부, 그중에서도 바스크 지방에서 많이 먹는다. 바스크는 중세까지 '나바라'라고 하는 독립된 왕국의 일부였다. 독자적인 문화와 자신들만의 언어를 가지고 있기도 하다. 바스크 지방은 여러모로 흥미롭지만 그중에

고메 in 마드리드

서도 음식만 놓고 얘기하자면 가히 스페인 미식의 중심이라 할 만하다. 음식에 대해 자부심 높기로 유명한 프랑스인들이 맛있는 것을 먹으러 방문하는 지역이 바스크이다. 산 세바스티안이라는 바스크 도시는 인구는 25만 명밖에 되지 않는데 미슐랭 3성급 레스토랑이 세 개나 있다.

산세바스티앙의 핀초바

이렇듯 맛에 관해서라면 타의 추종을 불허하는 바스크 요리의 핵심 중 하나가 바로 핀초이다. 핀초는 작게 썬 바게트 빵 위에 다양한 토핑을 얹은 것이 기본이다. 빵과 토핑이 분리되지 않도록 작은 나무 꼬챙이를 꽂아 고정하는 데 그 모습이 '핀초'라는 이름의 유래이다. 핀초는 스페인어로 "꼬챙이"라는 뜻이다. 최근에는 젊은 요리사들이 다양한 시도를 하는 와중에 바게트 빵 없이 혹은 꼬챙이 없이 핀초를 선보이기도 한다. 핀초는 스시와 유사한 측면이 있다. 밥 혹은 빵 위에 토핑을 더한다는 간단한 규칙 속에서 다양한 시도를 한다는 점에서나 먹는 맛과 함께 보는 맛도 있다는 점이 그렇다.

마드리드는 핀초보다 타파를 더 많이 먹지만 훌륭한 핀초 식당도 적지 않다. 먼저 〈이마놀〉을 소개한다. 〈이마놀〉은 마드리드에 5개 지점을 가지고 있다. 그중 카스테야나 지점 Paseo de la Castellana, 파세오 데 라 카세테야나을 추천한다. 스페인의 사실상 유일한 백화점 체인인 꼬르떼 잉글레스 El Corte Ingles 내의 식당가에 위치해 있다. 백화점 안에 있다 보니 크기도 작은 편이고 은근히 찾기도 쉽지 않다. 그럼에도 이 지점을 소개하는 것은 소로야 미술관에서 가까운 편이라 걸어서 20분 정도 미술관을 둘러본 후 점심 먹기에 좋기 때문이다. 또 한 가지 백화점 식품부에 있기 때문에 다른 식당을 둘러보거나 선물할 만한 기념품을 사기도 좋다. 백화점 식품부는 마음을 들뜨게 하는 마력이 있다. 모처럼 유럽의 백화점 식품부에서 맛있게 식사도 하고 두근거리는 분위기도 즐길 수 있다면 일석이조가 아닐까.

일행이 많지 않다면 가급적 바에 앉는 것을 추천한다. 굳이 메뉴판을 읽지 않아도 진열창의 음식을 가리키며 주문하기 좋기 때문이다. 핀초는 크게 두 가지로 나뉜다. 차가운 핀초 Pintxos Frios, 핀초스 프리오스 와 따뜻한 핀초, Pintxos Calientes, 핀초스 칼리엔테스 차가운 핀초의 핵심은 '챠카' Txaca이다. 챠카는 잘게 다진 맛살이나 새우를 마요네즈로 버무린 것을 말한다. 꽃맛살 샐러드를 좋아하시는 분에게 챠카는 바스크가 내리는 축복이다. 보통 챠카는 새우 혹은 연어와 함께 곁들여 먹는다. 한 입 베어 물면 바게트의 바삭함과 챠카의 부드러움, 마요네즈의 상큼함과 해산물의 신선한 풍미가 어우러지며 절로 화이트 와인이 생각난다. 화이트 와인 한 잔을 미리 주문해 두자. 만약 해산물이나 마요네즈를 크게 좋아하지 않는다면 하몽을 넣은 바게트 빵 Flautin con jamon iberico 을 추천한다.

고메 in 마드리드

새우 챠카(Txaca blanca con langostino)

하몽 바케트빵

다음으로 따뜻한 핀초로 넘어가보자. 따뜻한 핀초는 진열대에 없기 때문에 따로 주문해야 한다. 해외에서 음식 주문하기는 만만치 않은 작업이지만 절대 움츠러들 필요 없다. 마드리드 웨이터는 세상 누구보다도 친절한 사람들이다. 따뜻한 핀초는 고기요리부터 보자. '푸아그라를 얹은 등심' Solomillo de Buey con Foie, 솔로미요 데 부에이 꼰 포이에 이 대표적이다. 스페인 북부는 소고기가 맛있기로 유명하다. 바게트빵과 고소한 소고기의 풍미가 어우러지면 이번에는 절로 레드 와인이 생각난다. 다만 푸아그라는 살짝 비릿하게 느껴질 수도 있으니 식성에 따라 푸아그라 부분을 덜어내는 것도 괜찮다. 〈이마놀〉은 햄버거도 맛있다. 패티의 육즙과 고소함이 인상적이다. 작

---

*새우 챠카(Txaca blanca con langostino, 챠카 블랑카 꼰 랑고스티노), 연어 챠카(Salmon relleno de Txaca, 살몬 레예노 데 챠카)

푸아그라를 얹은 등심

은 크기의 미니 햄버거로 준비해주니 양이 많을 것이라 생각 말고 한 번 주문해 보자.

다음으로 해산물을 보자. 튀김 매니아라면 안달루시아식 '오징어 튀김 바게트' Bocatin de calamares a la andaluza, 보카틴 데 칼라마레스 아 라 안달루사 를 놓치지 말자. 갓 구운 오징어 튀김을 싫어하는 사람은 거의 없지 않을까. 으깬 감자를 곁들인 문어 Pulpo con pure de patata, 뿔뽀 꼰 푸레 데 파타타도 훌륭하다. 예로부터 스페인 북부 해안에서는 문어가 많이 잡혀 핀초에서도 문어를 많이 활용한다.

마드리드에서 두 번째로 소개할 핀초바는 〈페레치코〉 Perretxico 이다. 〈페레치코〉는 바스크어로 "버섯"이라는 뜻을 가지고 있다. 이곳은 〈이마놀〉보다도 소로야 미술관에서 더 가깝다. 소로야 미술관에서 걸어서 5분 거리이다. 소로야 미술관을 방문했다면 어쨌든 핀초바 하나는 방문하는 것을 추천한다. 〈이마놀〉이 전통적인 핀초바라면, 〈페레치코〉는 혁신을 추구하는 식당이다. 누구나 좋아할 만한 음식을 먹고 싶다면 〈이마놀〉을 추천하고, 다소 모험적인 시도를 좋아한다면 〈페레치코〉를 추천한다. 〈

고메 in 마드리드

〈페레치코〉에 들어서면 진열된 음식만 봐도 감탄사가 나올 것이다. 음식을 예술로 승화시켰다는 생각이 스쳐 간다. 진열장을 들여다보면서 호기심이 가는 음식을 주문해 보자. 미리 재료를 확인하는 것도 좋다. 유럽의 식당 종업원들은 재료나 요리법에 대해 상세하게 설명하는 것을 당연하게 생각한다.

〈페레치코〉에서 가장 추천할만한 메뉴는 '창구로' Txangurro 이다. 창구로는 고급스런 해산물하면 딱 떠오르는 음식, 소위 게딱지로 만든 요리이다. 게살과 각종 야채와 양념을 함께 으깨어 게딱지에 담아서 먹는다. 이곳의 게딱지는 비주얼부터 유혹적이고 맛도 훌륭하지만, 한국인에게는 살짝 짜게 느껴지니 맥주랑 함께 마시는 것을 추천한다. '러시아 샐러드'

〈페레치코〉 핀초 진열대

Ensalda rusa, 엔살라다 루사 도 이 집의 자랑이다. 러시아 샐러드는 스페인의 카페테리아나 식당에서 쉽게 찾아볼 수 있다. 감자와 마요네즈를 베이스로 하여 야채나 고기, 해산물 등을 넣어 만든다. 커다란 홍합에 하몽을 섞어 튀겨낸 '크로켓' Croquetas 도 군침이 돈다. 다만 스페인 크로켓은 느끼한 편이라 까르보나라 파스타를 싫어하시는 분에게는 추천하지 않는다.

〈페레치코〉는 산책 중에 우연히 발견한 식당이다. 핀초라면 두 번 생각할 필요없이 먹고 보는 편이라 참새가 방앗간 못 지나치듯 들어갔다. 일단 진열장의 음식이 너무 예뻐서 놀랐다. 평소 음식 사진은 찍지 않지만, 이곳에서는 먹기 전에 사진부터 찍었다. 다행히 음식도 훌륭하여 흐뭇해 했더랬다.

앞서도 얘기했듯 핀초는 안주로 만든 음식이라 술을 곁들이면 더욱 좋다. 이왕 스페인을 여행하는 중이라면 와인을 마시는 것이 좋겠지만 평소 음주를 즐기지 않는 분이거나 알콜과 해외여행의 피로가 합쳐지는 것이 염려스러운 분이라면 무알콜 맥주를 권해 드린다. 스페인 식당은 대부분 무알콜 맥주를 갖추고 있는데 일반 맥주와 견주어봐도 손색없는 맛을 지니고 있다. 마드리드에 있는 동안 스페인 미식의 간판인 핀초를 놓치지 말기 바란다.

게딱지 요리 창구로

Part 3
마드리드를 감싸 안는 뮤즈의 선율

국립 콘서트홀
왕실 콘서트
왕립극장
까페 센트랄

<마드리드 국립 콘서트홀>,
연주 준비 중인 단원들

거장의 연주는 멈추지 않는다
국립 콘서트홀
Auditorio Nacional de Musicaa

Calle del Princípe de Vergara, 146
www.auditorionacional.mcu.es/en/auditorium

연중 끊이지 않는 최고 수준의 클래식 콘서트

　마드리드에서 예술이라 하면 미술이 가장 두드러지지만, 마드리드는 클래식 콘서트를 즐기기에도 좋은 도시이다. 유럽에서 클래식 음악으로 가장 유명한 도시는 누가 뭐래도 오스트리아 빈이기에 빈 관광 코스에는 클래식 콘서트가 빠지지 않는다. 하지만 빈을 제외하면 클래식 음악을 강조하는 도시가 의외로 많지 않다. 그러다보니 마드리드 소개 책자에도 클래식 콘서트 얘기는 별로 없다. 아마 음악에 대한 수요가 부족하기 때문이 아닐까 한다. 유럽을 여행할 때 미술관에 비해 콘서트에 대한 관심은 조금 덜 한 것으로 보이는 데에는 몇 가지 이유가 있을 것이다. 일단 미술관에 비해 콘서트 입장료가 더 비싸다는 것이 한 가지 이유가 될 수 있을 테고 클래식이나 재즈는 팬 층이 두텁지 않은 것도 이유가 될 수 있다.

　또 한 가지 중요한 이유는 소위 공간예술과 시간예술의 특성에서 기인할 것이다. 레싱의 예술분류에 따르면 회화, 조각, 건축은 공간예술이고 음악, 문학, 무용은 시간예술이다. 공간예술은 '진품'의 가치가 크지만, 시간예술은 따지고 보면 진품이란 것이 존재하지 않는다. 물론 작곡가가 써내려간 오선지나 작가의 친필 원고 같은 것이 존재하지만 우리가 감명받는 것은 오선지나 원고지 때문이 아니라 오선지가 표현하는 음악, 원고지가 전해주는 이야기에 마음이 끌리기 때문이다. 이렇게 분류를 하고 보면 사람들은 굳이 콘서트홀이 아니더라도 쉽게 접할 수 있는 음악보다 여행 중인 기회가 아니면 진품을 볼 수 없는 미술에 좀 더 끌리는 것이 아닐까.

그러나 음악이 복제가 쉽다고 해서 스마트폰 어플로 듣는 음악이나 콘서트홀의 실황이 같다고 할 수는 없다. 어떤 면에서는 깔끔하게 녹음되고 전문 엔지니어의 손을 거친 음악 파일이 라이브보다 훌륭한 면도 있다. 그럼에도 불구하고 실황 연주가 더욱 감동적일 수 있는 이유는 무엇일까. 그 비밀은 음악을 대하는 우리의 자세에 있다. 누군가에게 사랑받고 싶다면 그만큼 그 사람을 사랑해야 한다. 음악도 마찬가지다. 음악으로부터 귀중한 감동을 받고 싶다면 우리가 먼저 음악을 귀중하게 대해야 한다. 콘서트홀에서는 스마트폰을 내려놓은 채 온전히 음악에만 귀 기울이게 된다. 바꿔 말하면 콘서트홀에서 우리 모두는 더 없이 음악을 소중히 여기게 된다는 뜻이다. 음악은 그에 상응하는 감동을 줄 것이다.

클래식 음악은 유럽 고전음악이 그 뿌리이다. 지금은 세계 어느 곳에서라도 클래식 음악이 연주되고 있지만, 중심은 여전히 유럽이다. 연주자에게나 청중에게나 클래식 음악에 관한 한 꿈의 무대는 유럽인 것이다. 마드리드는 유럽에서 가장 커다란 예술시장 중 하나이므로 수준 높은 클래식 공연이 끊이지 않는다. 마드리드에는 클래식 음악을 즐길 수 있는 다양한 공간이 있다. 그중 몇 군데를 소개하고자 한다.

가장 첫 번째로 소개할 장소는 국립 콘서트홀이다. 국립 콘서트홀은 1988년에 개관하였다. 유럽의 유구한 음악 역사를 생각할 때 이 장소의 역사는 그리 오래되지 않았다. 아무래도 프랑코 독재가 종식된 70년대 중반 이후부터 본격적으로 대중들을 위한 문화사업이 추진되었기 때문이 아닐

〈마드리드 국립 콘서트홀〉, 오케스트라와 합창단 협연 모습

까, 추측해본다. 콘서트홀은 주로 오케스트라 공연이 펼쳐지는 심포니홀 Sala Sinfonica 과 독주나 실내악 위주로 공연하는 실내악홀 Sala de Camara 로 나뉜다. 두 개 홀의 입구가 서로 반대편에 위치해 있으므로 자신이 예약한 장소가 정확히 어디인지 미리 확인이 필요하다.

콘서트홀을 처음 보면 조금 실망할 수도 있다. 규모가 그리 크지 않고 외관이 화려하지도 않다. 국립이 아니라 구청 문화센터 정도로 보일 수도 있다. 하지만 내부는 콘서트를 관람하기에 부족함이 없는 음향시설과 기품 있는 분위기를 가지고 있다. 정말 놀라운 것은 매일 펼쳐지는 프로그램의 다양성과 높은 수준이다.

2019년에는 피아노 거장의 릴레이 연주회 Ciclo de Grandes Interpretes 가 기획되었는데 연주자의 면면을 보고 깜짝 놀랐다. 마우리치오 폴리니, 그리고리 소콜로프, 안 케펠레크, 마르타 아르헤리치 등이 리스트에 올라 있었다. 마음만 먹으면 현존하는 피아노 거장의 연주를 1년 내내 들을 수 있었다. 소콜로프가 3월, 아르헤리치가 12월로 피아노의 황제와 여제가 상하반기를 각각 책임지고 있는 것이 인상적이었다. 떨리는 가슴을 진정시키며 소콜로프 연주를 감상하러 가던 날의 기억이 생생하다. 마드리드 시민은 10회가 넘는 앵콜로 러시아에서 날아온 피아노 황제에게 경의를 표했다. 소콜로프는 녹음용 연주를 하지 않기로 유명하기에 그의 실황 연주가 더욱 소중하게 여겨졌다.

피아노 황제, 소콜로프

피아노 여제, 아르헤리치

이 글을 쓰고 있는 2022년 시점에서는 거장들의 공연이 그리 많지 않다. 아무래도 코로나 영향인 듯하다. 코로나 시국이 안정되는대로 마드리드의 클래식계는 활기를 되찾을 것이다.

〈국립 콘서트홀〉 신년 콘서트 카탈로그

마드리드는 거장들의 연주를 감상하기에 좋은 도시이지만 그렇다고 국립 콘서트홀이 '그들만의 리그'는 아니다. 아직 이름이 알려지지 않은 젊은 연주자나 메이저 오케스트라에 비해 명성은 덜하지만 충분히 수준 높은 연주를 들려주는 오케스트라도 자주 무대에 오른다. 우크라이나 국립 관현악단이 연주하는 〈비발디 사계〉 공연을 보러 간 적이 있다. 봄 1악장부터 겨울 3악장까지 한순간도 빼놓을 수 없었다. 스페인 국립 유소년 관현악단의 모차르트, 하이든 심포니도 잊혀지지 않는 경험이다. 자부심으로 가득한 젊은이들이 약간은 상기된 표정으로 연주하는 모습이 아름다웠다. 신년 음악회도 무척 즐거웠다. 비록 빈 만큼의 열기는 없었으나 마지막 〈라데츠키 행진곡〉의 지휘에 맞춰 신나게 박수를 칠 때는 신년 음악회의 전통을 이어간다는 뿌듯함마저 느꼈다.

클래식 콘서트, 무엇을 어떻게 볼 것인가

아직 클래식 음악이 낯선 분들을 위해 어떤 공연을 선택할 것인지 팁을 드리고자 한다. 클래식 음악팬이라면 감상하고 싶은 공연이 딱 정해질테니 걱정할 필요가 없겠지만, 클래식 음악이 생소한 경우에는 무엇을 선택해야 하는지부터가 고민일 것이다. 일단 연주자보다는 작곡가에 초점을 맞춰 선택하는 것이 좋다. 초보팬에게는 일류 연주자가 연주하는 난해한 음악보다는 덜 알려진 연주자가 연주하는 유명 레파토리가 더 듣기 좋다. 바로크부터 고전주의, 초기 낭만주의 작곡가가 무난하다. 비발디, 바흐, 헨델, 모차르트, 베토벤, 슈베르트, 슈만, 쇼팽, 멘델스존 등이 이에 속한다.

그리고 클래식 음악은 보통 연주자가 많을수록 감상하기 수월하다. 종종 클래식 음악에 친숙하지 않은 분들 중 오케스트라 연주는 부담스럽고 독주는 접근하기 편할 것이라고 생각하는 분들이 있다. 사실은 그 반대다. 대중음악으로 생각해보자. 밴드 연주라면 2시간 콘서트도 부담스럽지 않겠지만 독주회라면 오랜 시간 감상하기 힘들 것이다. 즉 클래식 음악도 독주보다는 실내악, 실내악보다는 오케스트라가 편안하게 감상할 수 있다. 어떤 공연을 볼지 마음을 정했으면 콘서트에서 연주될 음악을 미리 들어보고 방문하면 좋다. 어느 정도 익숙해진 멜로디를 실황으로 들으면 더욱 아름답게 다가오는데다가 자신이 좋아하는 부분이 언제 나올까 기다리는 재미가 있다.

다음으로 클래식 콘서트 경험이 없는 분들을 위해 관람 매너에 대해서도 몇 가지 팁을 드리고자 한다. 일단 드레스 코드는 그리 엄격하지 않으니 지나치게 자유분방(?)하지 않으면 문제없다. 그리고 연주 중에는 화장실을 가는 것이 쉽지 않다. 정 급하면 물론 나가야겠지만 보통 한 곡이 완전히 끝날 때까지 공연장에 못 들어가게 한다. 또 어떤 분들은 언제 박수를 쳐야 하나 걱정하기도 하는데 기본적으로 남들이 치기 전에는 안 친다고 생각하면 된다.

그 외 많은 분이 걱정하는 점이 콘서트에서 졸면 어떻게 하나라는 것이다. 클래식 음악은 지레 지루하다고 생각하다보니 그런 걱정을 하게 되는 것 같다. 사실 클래식 음악은 곡 당 길이가 길어서 그렇지 음악 자체는 결코 지루하지 않다. 20세기 이후 음악이 아니라면 클래식 음악은 기본적으로 멜로디가 선명하고 아름답다. 개인적으로 팝이나 록도 많이 듣지만 몇몇 대중음악은 비트와 엔지니어링에 치중한 나머지 멜로디가 실종된 듯한 느낌을 받는다. 그에 비하면 클래식 음악은 대부분 멜로디가 뚜렷하다. 다소 연주시간이 길긴 하지만 분위기 전환이 많아 지루하지 않다. 연주자와 지휘자의 생생한 표정과 몰두하는 모습을 보는 것도 지루함을 덜어준다.

물론 지루한 부분이 있을 수 있고 졸음이 엄습할 수도 있다. 그런데 어떤 예술이든 지루한 부분이 있고 피곤하면 무엇을 해도 졸음이 온다. 피곤할 때 영화관에 가면 화면에서 어벤저스와 타노스가 전쟁을 하는 와중에도 졸음이 쏟아진다. 클래식 연주회만 유독 지루할 것이라는 편견을 버리고 아름다운 멜로디에 편안히 귀를 기울여보자.

마드리드를 여행하게 되면 클래식 콘서트를 놓치지 말자. 클래식 음악팬이라면 여행 전에 콘서트 일정을 미리 확인하고 그에 맞춰 일정을 짜는 것도 좋은 방법일 것이다. 클래식 음악이 낯선 분이라면 마드리드를 여행하는 김에 클래식 음악과 친해지는 계기를 만들면 좋지 않을까. 여행 중 콘서트 방문의 장점은 밤시간을 활용할 수 있다는 것이다. 클래식 음악을 감상하기 위해 뭔가 다른 일정을 희생할 필요가 없다. 그리고 덜 알려진 연주자의 경우는 티켓 가격도 그리 비싸지 않다. 20-40유로 수준이다. 국립 콘서트홀의 티켓은 인터넷 entradasinaem.es 에서 구매가능한데 영어로도 번역이 제공되니 큰 불편이 없을 것이다.

현대에 와서는 음악산업이 잘생긴 사람과 퍼포먼스, 뮤직비디오를 최전선에 내세우는 바람에 음악이 청각이 아니라 시각예술처럼 느껴지기도 한다. 하지만 음악의 본질은 '듣는 즐거움'이다. 시각에 의존하지 않는 유일한 예술이 음악인 것이다. 클래식 음악은 청각적 쾌감이라는 음악 본연의 즐거움을 가장 잘 간직하고 있다. 세계 최고 수준의 공연 레퍼토리를 자랑하는 마드리드에서 황홀한 멜로디의 아름다움에 빠져 보기 바란다.

왕실이 보낸 초대장
왕실 콘서트

La Temporada Musical de Patrimonio Nacional

www.patrimonionacional.es/actualidad/proximos-conciertos

왕궁에서 펼쳐지는 라이브 연주

클래식 음악을 감상하기에 가장 좋은 장소는 어디일까? 값비싼 장비로 둘러싸인 음악 감상실일 수도 있고 클래식 음악만을 위한 콘서트홀일 수도 있겠다. 그렇다면 유럽 왕들이 거주하던 수백 년 역사의 왕궁은 어떨까? 왕궁이 콘서트홀이나 하이앤드 AV 장비보다 더 좋은 음향을 들려주지는 못 할 수도 있으나 '분위기'면에서는 그 어떤 곳보다 압도적인 경험을 제공해 줄 것이다. 클래식 음악을 가장 클래식한 장소에서 듣는다는 것은 분명 특별한 경험일 터이니 말이다. 문제는 왕궁에서 음악을 감상한다는 것은 지금이나 옛날 그 시절이나 평범한 사람들에게는 거의 불가능한 일처럼 생각된다. 하지만 당신이 마드리드를 여행 중이라면 불가능한 일도 아니다. 그것도 무료로 말이다.

스페인 왕실은 매년 클래식 콘서트 프로그램을 제공하고 있다. 기업의 문화예술지원 활동을 '메세나' Messenat 라고 부른다. 그 어원은 로마제국시대까지 거슬러 올라가며 특히 르네상스 시기 메디치 가문의 메세나 활동이 유명하다. 스페인 왕실 콘서트도 이러한 메세나의 전통이 이어지는 것이라 할 수 있다. 왕실 콘서트는 연주자에게는 무대에 오를 수 있는 기회를 제공하고 시민들에게는 격조 높은 음악을 감상할 수 있는 기회를 제공한다는 측면에서 일석이조의 공헌 효과가 있다.

스페인 왕실이 콘서트를 개최하는 장소는 대부분 왕궁이다. 스페인 왕실은 마드리드 외에도 여러 곳에 왕궁을 가지고 있어 콘서트 장소도 다양하다. 대표적으로 마드리드의 '레알 궁전' Palacio Real 이 있고 16세기 스페인의 전성시대를 상징하는 '엘 에스코리알' El Escorial, 부르봉 왕가의 프랑스 풍 궁전 '라 그랑하' La Granja, 스페인 왕가의 여름 별궁 '아란후에스' Aranjuez 등이 있다. 이들 왕궁에서 콘서트가 개최되는 장소는 대부분 예배당이다. 과거에는 교회에서 음악을 연주하는 경우가 많았다. 따라서 음향적으로 콘서트에 가장 적합한 장소는 예배당이다.

콘서트 정보는 왕실 홈페이지에서 확인 가능하다. 영어 번역이 되어 있지 않으므로 번역 서비스를 이용하기 바란다. 날짜, 시간, 장소, 레퍼토리 정도만 확인하면 되기 때문에 복잡하지는 않다. 장소는 '왕궁 예배당' Capilla real 이라고 간단하게 적혀 있는데 이 정보만으로 정확한 콘서트장 입구를 찾기 어렵다. 따라서 콘서트 시작 전 넉넉하게 도착하여 왕궁의 안내원에게 콘서트장을 문의하는 것이 좋다.

앞서 얘기한대로 왕실 콘서트는 무료이다. 대신 선착순으로 입장하기 때문에 콘서트 시작 전 일찍부터 입구에서 기다리는 것을 추천한다. 입장할 수 있는 인원은 그리 많지 않다. 50명에서 100명 사이이다. 경험으로 미뤄볼 때 콘서트장 입구에서 기다리는 사람이 아주 많지는 않다. 그렇다 하더라도 방심은 금물이다. 한 번은 입구 앞에 사람이 많지 않길래 잠시 물을 사러 다녀왔는데 그 사이에 입장이 모두 끝나버린 적이 있다.

왕실 콘서트와 함께 하는 완벽한 1박 2일 코스

콘서트가 열리는 장소가 마드리드 왕궁이라면 콘서트장까지의 이동이 편리하겠지만 에스코리알 Escorial 이나 아란후에스 Aranjuez 처럼 마드리드 교외라면 조금 부담스러울 수도 있다. 콘서트 시작 시간이 저녁 8시인 경우가 많고 콘서트를 감상하고 나오면 밤 9시에서 10시 사이가 될 것이다. 교외 왕궁의 경우, 마드리드에서 버스로 1시간 정도의 거리이기 때문에 그 시간에 다시 마드리드로 돌아올 수도 있긴 하다. 하지만 하루쯤 그곳에서 숙박하는 것을 추천한다. 숙박을 추천하는 것은 시간이 늦어서라

아란후에스 왕궁 입구

아란후에스 왕궁 정원

기보다 밤공기 속에서 조그만 도시를 산책하는 것은 무척 행복한 경험이기 때문이다. 보통 대도시 인근은 당일치기로 다녀오기 때문에 밤풍경을 보기 힘든 데 작은 도시는 밤이 되면 더욱 그 진가가 드러나는 법이다. 콘서트를 보러 간 김에 교외 도시의 밤풍경까지 즐길 수 있다면 그것이야말로 일석이조이다.

에스코리알이나 아란후에스는 낮에는 관광객으로 붐비는 곳이다. 하지만 해가 지고 어둠이 내리면 마을 본연의 모습이 드러난다. 광장은 관광객 대신 마을 주민들이 차지하고 관광지 특유의 '부산함'이 사라진 자리에는 현지인들의 '활기'가 들어선다. 콘서트를 보고 나와 조용히 홀로 산책하며 음악의 여운을 느껴도 좋고 현지인들 사이에서 맥주 한 잔과 타파 한 접시로 허기진 배를 달래도 좋다.

정리하자면 마드리드 인근 궁전을 위한 추천 일정은 다음과 같다. 오전에 마드리드에서 체크아웃하여 인근 궁전으로 간다. 오후에는 궁전 및 주변 관광을 한다. 저녁을 일찍 챙겨먹고 콘서트를 감상한다. 콘서트 후에는 밤산책을 한 후 숙소로 돌아간다. 다음 날 아침 마드리드로 복귀한다.

2019년 여름, 아란후에스 궁전에서 열린 피아노 콘서트를 보러 간 적이 있다. 콘서트홀로 사용된 왕궁 예배당은 돔과 아치 지붕으로 이루어진 신고전주의 양식의 공간이었다. 순백색 바탕에 종교화와 조각이 어우러져 엄숙하면서도 산뜻한 분위기가 풍겼다. 연주가 시작되자 예배당 천장을 올려다 보았다. 눈으로는 미술을, 귀로는 음악을 즐길 수 있었다. 왕실 예배당은 시각과 청각의 시너지로 가득했다. 그날의 연주자는 실비아 토란과 이그나시오 마린 보카네그라라는 스페인 피아노계의 남녀 노장이었다. 실비아는 모리스 라벨의 피아노 협주곡을 연주하였고 이그나시오는 스페인 작곡가 마누엘 데 파야의 〈삼각모자〉 El sombrero de tres picos 를 연주했다. 〈삼각모자〉는 한국에서는 듣기 힘든 레퍼토리이다. 왕실 콘서트는 연주자와 객석 간 거리가 아주 가깝다. 피아노 건반 위를 누비는 이그나시오의 손가락을 생생히 볼 수 있었다.

콘서트를 보고 나오니 한밤중의 달빛 아래 고즈넉한 왕궁 정원이 펼쳐져 있었다. 유명한 아란후에스 협주곡은 스페인 작곡가 호아킨 로드리고가 아란후에스 왕궁 정원에서 영감을 얻어 작곡한 곡이다. 조금 전 감상한 콘서트의 여운에다 아란후에스 정원의 정취가 어우러져 귓가에는 여전히 음악이 들려오는 듯했다. 아내와 함께 정원을 산책하다보니 세상에 무료로 누릴 수 있는 호사 중에 이만한 것이 있을까라는 생각이 들었다. 스페인 왕실의 초대가 감사할 따름이다.

〈삼각모자〉를 연주 중인 피아니스트 이그나시오 마린 보카네그라

<왕립극장> 정면.
2018년 200주년을 맞이했다

가장 호화스러운 경험, 오페라를 보는 밤
왕립극장

Teatro Real 테아트로 레알

Pl. de Isabel II, s/n
www.teatroreal.es

마드리드에서 가장 화려한 공연장

취향에 따라 좋아하는 예술은 제각각이겠지만 마드리드에서 경험할 수 있는 가장 호사스러운 예술은 분명 '오페라'가 될 것이다. 마드리드에는 세계 최고 수준의 오페라 극장이 있다. 왕립극장이 그것이다. 왕립극장. 스페인어 "Teatro Real"을 그대로 옮겨놓고 보니 허전하게 느껴진다. 하지만 "왕립"이라는 것을 전면에 내세운 단순한 이름이야말로 이 극장의 위상을 스스로 드러낸다. 왕립극장은 스페인의 유일한 오페라 극장이 아니다. 바르셀로나의 리세우극장 Gran teatre del Liceu 은 왕립극장 못지않은 유명세를 자랑한다. 바르셀로나는 축구에서만 마드리드의 라이벌이 아닌 것이다. 규모는 크지 않지만 오비에도 Oviedo 에도 캄포아모르라는 극장이 있다. 인구 20만 명이 조금 넘는 작은 도시에 오페라 극장이 있다는 것에 놀랐던 기억이 있다. 레알 마드리드를 사랑하는 축구팬은 팀 이름에 왕실을 뜻하는 "Real" 레알 이 들어가는 것이 자랑일테고 마드리드의 오페라 팬들은 스페인에서 "Real"을 내세운 유일한 극장이 마드리드에 있다는 것이 자랑일 것이다.

서두에서 오페라는 호사스러운 예술이라고 표현했다. 오페라 입장료는 분명 비싼 편이다. 갈라쇼 형태의 콘서트나 작은 소극장에서 올리는 가족용 오페라 같은 경우는 입장료가 저렴하기도 하지만 왕립극장과 같은 일류 극장의 공연은 상당히 비싸다. 공연에 따라 조금씩 다르긴 해도 왕립극장의 티켓 가격은 최하 80유로에서 최고 300유로까지 지불해야 한다. 따라서 오페라 관람을 누구에게나 추천하기에는 조금 망설여진다. 평소 오페라팬이라면 애써 권유하지 않아도 관람할 것이니 따로 추천이 필요 없을테고, 평소 음악보다는 다른 경험에 더 큰 가치를 부여하는 분이라면 그분의 취향을 존중해서 강하게 권유하고 싶지 않다. 그런데 그 중간쯤의 취향을 가지신 분, 그러니까 평소 음악에 관심이 많고 종종 공연도 보러가시는 분에게는 오페라를 강력히 추천하고 싶다. 특히 뮤지컬팬이라면 마드리드를 방문한 이상 꼭 오페라 관람을 해 보시기 바란다.

한국에서 공연되는 대형 뮤지컬의 중간 등급 티켓 값은 12만원 정도이다. 그렇다면 오페라 중간 이하 등급의 티켓 가격과 큰 차이가 없다. 더구나 오페라는 손쉽게 접할 수 있는 예술이 아니다. 한국에서도 과거에 비해 오페라를 접할 기회가 많아졌으나 유럽에 비해서는 아직 기회가 부족하다. 뮤지컬 팬이라면 뉴욕을 여행할 때 브로드웨이의 뮤지컬을 빼놓지 않을 것이다. 마찬가지로 마드리드를 여행하는 음악팬이라면 세계 최고 수준의 오페라 관람 기회를 놓치지 말라고 권유하고 싶다.

왕립극장은 스페인 왕궁 인근의 이사벨 2세 광장에 있다. 여행자들 숙소가 많은 솔 Sol 광장 근처에서 왕궁으로 이동하다보면 자연스럽게 왕립극장을 발견하게 된다. 왕립극장은 1818년에 건립이 시작되어 2018년에는 200주년을 맞이했다. 그간 왕립극장은 두 번의 리모델링을 거쳤으며 1966년에서 1988년까지는 클래식 콘서트홀로 사용되기도 했다. 클래식 공연장으로서의 기능은 현재 국립콘서트홀이 담당하고 있다. 왕립극장은 이사벨 광장에서 보는 것보다 건너편 오리엔테 광장 Plaza de Oriente 에서 바라보는 것이 아름답다. 오리엔테 광장을 둘러싸고 초승달처럼 완만하게 휘어진 고풍스런 건물들 사이로 왕립극장이 위치해 있어 사진 촬영하기에도 좋다.

   왕립극장 내부의 무대 입구 위에는 세 개의 금빛 장식이 걸려있다. 그냥 지나치지 말고 한 번 더 들여다보자. 세 개의 장식이 각각 상징하는 바가 있다. 먼저 가운데 장식은 왕실을 상징한다. 이 공연장이 스페인 왕실에서 건립한 극장이라 왕가의 문양이 가운데 자리하고 있는 것이다. 오른쪽에는 리라가 걸려있다. 이는 음악을 상징한다. 유럽에서는

< 오리엔테 광장>에서 바라본 <왕립극장> 야경

리라가 음악의 상징으로 자주 사용된다. 그리스로마 신화에서 시인이자 악사였다는 오르페우스가 연주한 악기가 바로 리라이며 구약성경 등장인물 중 음악을 사랑하기로 유명한 다윗왕도 리라를 연주하는 모습으로 자주 묘사된다. 여담으로 유럽 성당을 구경하다가 리라를 들고 있는 인물을 발견한다면 십중팔구 다윗왕일 것이다.

　개인적으로는 왼쪽 악기가 흥미로웠다. 바로 기타이다. 기타는 스페인 음악을 상징한다. 기타의 유래에는 여러 설이 있지만 대부분 스페인을 원류로 보고 있다. 이베리아 반도를 지배하던 아랍인들이 쓰던 현악기를 스페인 사람들이 개량한 악기가 기타이다. 따라서 기타는 스페인 음악의 자존심이다. 바이올린 하면 이탈리아, 피아노 하면 독일이 떠오르듯, 기타 하면 스페인이다.

〈왕립극장〉 무대 입구

거울이 아름다운 카를로스 3세 방

극장 안은 공연 무대 외에도 여러 개의 방이 있다. 공연을 즐기러 온 관객들이 휴식을 취하기도 하고 또 공연이 없을 때는 각종 이벤트가 열리기도 한다. 일반 시민들이 칵테일 파티나 저녁 식사, 리사이틀 등의 목적으로 대여 가능하다는 얘기이다. 방마다 전반적인 분위기와 그 방을 장식하고 있는 예술품의 종류는 모두 다르다. 카를로스 3세 방은 푸른색 계통으로 '거울'이 메인 장식이다.

　반면 베르가라 방은 붉은색 분위기가 감돌고 벽에 걸린 그림들이 아름답다. 공연 시작 전이나 막간 휴식 시간에 극장 이곳 저곳을 돌아보면 예술적 감수성이 배가될 것이다.

아름다운 그림이 걸려있는 베르가라 방

<왕립극장> 객석. 왼편에 국왕 가족을 위한 로열박스석이 보인다.

극장 안으로 들어가면 무대를 중심으로 발코니석이 둘러싸고 있는 오페라 극장의 전형적인 모습이 나타난다. 이 넓은 공간을 오로지 인간의 성량으로만 가득 채운다는 것을 생각하면 놀라울 따름이다. 콘서트나 뮤지컬 같은 대부분의 공연 예술은 마이크를 사용하지만 오페라는 마이크가 없다. 마이크 없이 순수하게 육성으로 노래하기에 관객들은 성악가의 목소리에 집중할 수밖에 없다. 주인공 소프라노가 무대에 올라 처음으로 노래하기 시작하면 마치 어둠 속에서 빛이 퍼지는 것 같다.

케이크처럼 달콤한 벨칸토, 신화처럼 웅장한 악극

왕립극장의 첫 공연작은 벨칸토의 거장, 도니체티의 <라 파보리타> La Favorita 였다. 왕립극장이 개관된 19세기 전반부는 벨칸토 오페라의 전성시대였다. 벨칸토는 이탈리아어로 "아름다운 Bel 노래 Canto"라는 뜻이다. 미녀와 야수의 여주인공 이름이 벨 Belle 이고 캔커피 이름으로도 쓰였던 칸타타 Cantata – 바흐의 커피 칸타타에서 따온 이름 같다 가 바로크 시대 성악곡이란 것을 생각하면 벨칸토라는 장르명의 의미를 쉽게 떠올릴 수 있을 것이다. 이름 그대로 아름다운 멜로디와 성악가의 화려한 기술이 돋보이는 장르이다. 벨칸토 오페라는 대부분 비극이다. 연인들의 비극적 이야기에는 사랑의 심오한 감정이 숨어있다. 너무 깊은 사랑은 '환희'가 아니라 '찬란한 슬픔'인 것을. 그 애를 떠올리면 너무 좋아 웃음이 나오지만 계속 생각하면 눈시울이 뜨거워지는 애절함.

이탈리아는 지금도 프랑스와 함께 유럽의 대표적인 패션, 디자인 강국이다. 이탈리아 도시를 여행하다보면 그들의 빼어난 미적 감각을 인정할 수밖에 없다. 이탈리아는 음악과 미술 모두에서 서양 예술을 주도하였다. 조토가 르네상스 미술을 열어젖힌 이래 라파엘로, 미켈란젤로, 팔라디오, 비발디 같은 천재들이 회화, 조각, 건축, 음악 할 것 없이 종횡무진 활약하더니 19세기의 이탈리아 작곡가들은 오페라를 예술의 정점에 올려놓는다.

19세기 이탈리아 작곡가로는 베르디와 푸치니가 가장 유명하고 도니체티는 〈사랑의 묘약〉, 로시니는 〈세비야의 이발사〉라는 메가 히트작으로 널리 알려져 있다. 개인적으로는 빈첸초 벨리니를 추천하고 싶다. 35년이라는 짧은 인생을 살면서도 노르마, 청교도, 해적 같은 명작들을 남겼다. 19세기 당시 벨리니의 팬 중에는 쇼팽도 있었다. 쇼팽은 임종 때 벨리니의 아리아를 듣고 싶어 했다고 한다. 아닌 게 아니라 벨리니의 작품은 쇼팽의 음악처럼 파르르 떨리듯 섬세하다. 마드리드에 있는 동안 벨리니의 해적을 볼 수 있는 기회가 있었다. 운 좋게도 동시내 최고의 소프라노 중 한 명인 소냐 욘체바가 주연으로 출연했다. 소냐 욘체바의 아름다운 목소리와 환상적인 기교에 실린 벨리니의 선율은 지금까지도 잊혀지지 않는다. 한 가지 자랑을 덧붙이자면 공연 후 욘체바의 대기실 앞으로 찾아가 사인을 받는데 성공했다.

이탈리아 못지않게 오페라의 걸작을 남긴 나라로는 독일을 꼽을 수 있다. 독일 오페라를 들으면 음악의 여신이 이탈리아만 편애한 것은 아니라는 생각이 든다. 독일 오페라 중에는 〈마술피리〉, 〈피가로의 결혼〉, 〈돈 조반니〉 등을 작곡한 모차르트의 작품이 널리 알려져 있다. 엄밀히 말하면 모차르트는 오스트리아 사람이지만 당시에는 독일과 오스트리아 모두 신성로마제국의 일부였다. 어쨌든 모차르트 역시 아름다운 멜로디를 만들어내는 능력에서 이탈리아 작곡가에 전혀 뒤지지 않았다. 독일을 대표하는 또 다른 작곡가로는 바그너가 있다. 바그너 작품은 벨칸토 오페라와 달리 웅장하고 극적인 전개가 두드러져 〈악극〉 Musikdrama 이라고도 부른다. 바그너의 대표작 중 하나인 〈니벨룽겐의 반지〉는 영화 〈반지의 제왕〉과 여러모로 유사하다. 반지를 둘러싸고 스토리가 펼쳐진다. 스토리가 웅장하다. 상영시간이 길다.〈니벨룽겐의 반지〉는 4부작으로 총 16시간에 달한다! 〈반지의 제왕〉이 〈니벨룽겐의 반지〉의 영향을 받았다는 주장도 있다. 이탈리아 오페라의 비극적 사랑보다는 반지의 제왕 같은 웅대한 이야기를 좋아하시는 분이라면 바그너의 오페라를 권해 드리고 싶다.

독일, 이탈리아라는 양대 산맥을 제외하면 프랑스 오페라를 꼽을 수 있다. 프랑스 오페라 중에서 가장 유명한 작품은 비제의 〈카르멘〉이다. 스페인을 배경으로 투우사와 군인, 집시여인 사이의 치명적인 삼각관계를 매혹적으로 풀어내는 카르멘은 전 세계인이 가장 사랑하는 오페라 중 하나로 스페인에서도 단골로 공연되는 작품이다. 왕립극장은 지금까지 소개한 18, 19세기의 고전 작품들 외에 20세기 이후 현대 작곡가들의 작품도 종종 무대에 올리고 있다. 왕립극장 200주년 기념 음반 속지를 보면 '시대와 국가를 초월한 다양한 작품을 선보인 것이 큰 자부심'이라고 적혀 있다. 20세기의 오페라도 좋은 작품이 많겠지만 오페라 매니아가 아니라면 처음 접하기에 다소 부담스러운 것도 사실이다.

오페라 관람 경험이 없는 분들을 위해 관람 매너 혹은 공연 전에 준비할 사항들을 소개한다. 일단 복장은 너무 엄격하지 않은 편이다. 대부분의 경우 정장이나 드레스를 갖춰 입어야 할 필요는 없다. 하지만 적절히 점잖은 옷을 갖춰 입는 것을 추천한다. 너무 캐주얼한 옷을 입고 공연장에 도착하면 '이건 아닌 것 같다'는 생각이 단박에 스칠 것이다. 그리고

벨리니의 〈해적〉 공연 후 무대 인사

공연 중에는 일반 클래식 공연에 비해 좀 더 자유스럽게 박수를 치고 호응을 해도 좋다. 주인공 소프라노가 멋지게 아리아를 끝내면 객석에서는 우레와 같은 박수와 '브라보' 같은 감탄사로 화답한다. 노래하는 중에는 숨죽여 감상하지만 곡이 끝나고 나면 아이돌 콘서트 못지않은 반응이 나오는 것이다. 또 클래식 공연과 마찬가지로 공연 전에는 물을 많이 마시지 않는 것이 좋다. 중간에 화장실에 가고 싶어질 경우 난감하기 때문이다.

막간 휴식시간에는 자리에 가만히 앉아있지 말고 복도에 나가 몸도 풀어주고 또 공연장 분위기도 즐기는 것이 좋다. 또한 공연을 보러가기 전에는 스토리를 미리 알고 가는 것이 중요하다. 공연 중 영어로 자막이 나오긴 하지만 자막을 읽느라 무대 장면을 놓치기 쉬우므로 미리 내용을 알고 가는 것이 좋다. 당일 공연장에서는 공연 작품의 스토리와 출연진 등을 소개한 안내 책자를 배포한다. 공연의 감동을 배가시키기 위해서 시간 되는대로 안내 책자를 읽어두도록 하자. 그리고 좌석은 너무 비싼 것으로 선택할 필요는 없다. 저렴한 좌석의 시야각이 조금 불편하긴 하지만 공연 감상에 큰 지장을 줄 정도는 아니다.

왕립극장은 주로 오페라가 상영되는 곳이지만 플라멩코나 연주 콘서트도 개최된다. 그리고 왕립극장은 공연 관람 없이 내부 시설만 관람하는 것도 가능하다. 만약 오페라를 관람하기에는 경제적으로 부담스럽거나 마침 마음에 드는 작품이 없다면 시설만 관람하는 것도 추천할만하다. 내부 관람을 하는 관광객이 많지 않은 편이므로 차분하게 시설을 둘러볼 수 있다. 2층 발코니에서 바라보는 오리엔트 광장과 왕궁의 전망이 멋있고 건물 내부의 휴식공간도 그림, 거울, 샹들리에, 태피스트리가 잘 어우러져 아름답다.

우리는 눈을 감아도 볼 수 있다. 〈눈을 감아도 널 볼 수 있어〉는 낭만적인 표현이기도 하지만 과학적으로도 사실이다. 데이비드 이글먼의 『더 브레인』이라는 책을 보면 뇌는 감각기관들로부터 정보를 받기 전에도 나름의 실제를 산출한다고 한다. 즉 보지 않고도 볼 수 있다는 것인데 이글먼은 알기 쉬운 예로 수면 중에도 '꿈'을 통해 생생한 시각 경험을 할 수 있다는 것을 든다.

보지 않고 볼 수 있는 것처럼 듣지 않아도 들을 수 있다. 오페라에서 돌아온 날 밤. 불을 끄고 침대에 누우면 한밤의 적막함 속에서 아름다운 아리아가 들려올 것이다. 그 음악은 잠든 후에도 꿈속까지 찾아와 몇 시간 전의 감동을 한 번 더 되살려 줄지도 모른다. 고요한 밤이 되면 찾아올 오페라의 유령, "귀에 남은 그대의 음성" 비제의 오페라 〈진주 조개잡이〉 중에서

〈왕립극장〉, 플라멩코 공연 포스터

<카페 센트랄> 입구

유럽 10대 재즈 클럽
카페 센트랄
Cafe Central

Plaza del Ángel 10
www.cafecentralmadrid.com

마드리드에서 만나는 유럽 10대 재즈클럽

　마드리드의 밤과 어울리는 음악은 무엇일까. 가장 먼저 떠오르는 것은 역시 플라멩코일 것이다. 어둑한 타블라오 Tablao, 플라멩코 공연장 안이든, 달빛 아래의 파티오 Patio, 안달루시아에서 쉽게 볼 수 있는 안뜰 이든 플라멩코는 밤에 어울리는 음악이다. 플라멩코는 남부 안달루시아가 본고장이긴 하지만, 마드리드는 스페인의 수도인 만큼 수준 높은 플라멩코를 즐길 수 있다. 혹자들은 현란한 클럽 음악을 생각할 수도 있다. 유럽에서 밤이 길기로 유명한 마드리드의 클럽 문화는 명성이 자자하다.

　그런데 마드리드에 밤이 찾아오면 듣기 좋은 음악이 또 하나 있다. 바로 재즈이다. 마드리드와 재즈라니, 얼핏 어울리지 않는다고 생각할 수 있다. 하지만 마드리드에는 세계 최고 수준의 재즈 바가 있다. 바로 〈카페 센트랄〉 Cafe Central 이다. 2018년 미국의 저명한 재즈 잡지인 「다운비트」에서는 〈카페 센트랄〉을 세계 최고의 재즈 바 중 하나라고 소개했다. 「다운비트」가 엄선한 209개 재즈바 중 123개가 재즈의 고향인 미국에 집중되어 있고 나머지 86개만 그 외 국가에 있다는 점을 고려하면 카페 센트랄의 선전은 더욱 의미 있다. 2016년에는 영국 일간지 「가디안」에서 카페 센트랄을 유럽 재즈클럽 Best 10에 꼽기도 했다.

　이러힌 전문가들의 평가도 놀랍지만 정말 놀라운 것은 따로 있다. 카페 센트랄은 1982년 출범한 이래 매일 밤 라이브 공연을 무대에 올리고 있다. 낭만적인 보름달이 뜨는 여름밤에도 쓸쓸한 초승달이 뜨는 겨울밤에도. 왠지 우울한 월요일 밤에도 무작정 기분 좋은 금요일 밤에도. 당신이 마드리드에 있는 한, 언제라도 최고 수준의 라이브 연주를 감상할 수 있는 것이다. 카페 센트랄이 있는 한 마드리드의 재즈 선율은 멈추지 않는다.

카페 센트랄은 타베르나 taberna, 타파와 주류를 판매하는 서민 주점가 많기로 유명한 산타 아나 광장 Plaza de Santa Ana 인근에 있다. 정확히는 앙헬 광장 Plaza del angel 에 있다. 두 광장은 엎어지면 코 닿을 거리이다. 산타 아나 광장은 마드리드에서도 알콜과 수다의 열기가 뜨겁기로 유명한 곳이라 〈카페 센트랄〉을 찾아가다 보면 자연스레 마음이 들뜨게 된다. 공연을 감상하기 위해서는 미리 인터넷에서 예약을 해야 한다. www.cafecentralmadrid.com 홈페이지는 영어로도 안내되어 있어 예약하기에 불편함이 없을 것이다. 입장료는 1인당 20-25유로 사이이다.

〈카페 센트랄〉의 노천 테라스

가게 안으로 들어서면 재즈 음악과 사람들의 수다로 시끌벅적하다. 연주가 시작되면 잡담이 줄어들긴 하지만 완전히 고요해지지는 않는다. 그런데 재즈 바는 조금 소란스러운 것이 제맛이다. 재즈란 묘한 음악이다. 잡담이나 바에서 주문받는 소리, 컵이 부딪치는 소리가 섞여 들어가면 더욱 매력적으로 들린다. 클래식 공연은 조용히 감상하는 것이 매너이고 록 공연은 소리 지르는 것이 매너이다. 재즈 공연은 그 중간쯤 된다. 재즈 음악에는 적당한 소음이 잘 어울리는 것이다. 아예 재즈 바의 소음을 일부러 담아낸 "Jazz at the Pawnshop"이라는 명반도 있다.

　재즈 바의 또 다른 매력으로는 재즈 음악 특유의 즉흥성을 꼽을 수 있다. 클래식에 비해 블루스나 R&B 같은 흑인 음악은 즉흥성이 강한데 그중에서도 재즈가 가장 두드러진다. 따라서 우리가 재즈 바에서 들을 수 있는 음악은 세상에 딱 하나뿐인 버전인 것이다. 어떤 아티스트의 매니아가 그 아티스트의 모든 음반을 가지고 있다 하더라도 우리가 그날 밤,

<카페 센트랄>에서 공연을 준비하는 연주자들

그 장소에서 들은 버전은 알지 못한다. 재즈는 일생 한 번뿐인 인연을 소중히 한다는 '일기일회'라는 표현과 잘 어울린다.

재즈 바의 또 다른 매력은 연주자와 관객이 소통하기 쉽다는 것이다. 무대와 객석 간의 거리가 멀지 않아 연주자의 모습을 생생하게 감상할 수 있다. 재즈 라이브가 전해주는 터질듯한 에너지를 느끼게 되면 이어폰으로 듣던 것과는 차원이 다른 카타르시스를 느낄 것이다. 음악을 듣는 것은 즐겁다. 음악을 직접 연주하는 것은 더욱 즐겁다. 그보다도 더욱 즐거운 것은 음악을 연주하는 사람과 듣는 사람이 교감하는 것이다. 재즈바에서 느끼는 즐거움은 단순히 음악을 듣는 즐거움이 아니라 교감하는 즐거움이다. 막간 휴식시간에는 연주자와 자연스럽게 얘기를 나눌 수도 있다. 아내와 함께 공연장을 찾아 연주자와 얘기를 나눈 적 있다. 자신의 음악에 대해 진솔하게 설명을 해주며 환하게 웃는 모습이 인상적이었다.

재즈에 대해 버려야 할 몇 가지 편견

재즈는 대중음악에 비해 팬이 많지 않으며 재즈에 대해 편견을 가진 분들도 많다. 재즈를 즐기기 위해 없애야 할 편견을 몇 가지만 얘기해 보자. 첫째, 재즈는 무드 음악이라는 편견이다. 재즈는 우울하기 그지없는 얼굴로 위스키를 마시며 듣는 음악, 혹은 연인과 로맨틱한 분위기를 만들기 위해 듣는 음악이라고 생각하는 것이다. 물론 그런 음악도 있다. 보통 이스트코스트 계열이라 부르는 쿨 재즈가 그렇다. 우울한 날에 쳇

베이커의 〈My funny valentine〉이라도 듣는다면 정말 헤어나오기 힘든 심연에 빠져들 수도 있다. 하지만 재즈는 활기찬 곡이 더 많다. 재즈의 역사를 보더라도 빅밴드, 비밥 등 흥겹고 격렬한 음악을 거쳐 쿨 재즈에 다다르게 된다. 그 이후에 이어진 퓨전, 에시드 등도 밝은 분위기의 곡이 많다.

    다음으로 음악은 보컬이 중심이라는 편견이다. 대중음악에서 보컬의 존재감이 커지다 보니 상대적으로 연주인에 대한 관심은 현저히 떨어지는 편이다. 재즈에서 가끔씩 나오는 대중적인 스타도 다이아나 크롤이나 제이미 컬럼 같은 보컬 들이다. 물론 이들도 연주를 한다 하지만 클래식이 성악보다 기악의 영역이 훨씬 크듯이 재즈도 보컬보다 연주인이 훨씬 많다. 어떤 분들은 가사가 없으면 감정을 전달하기 힘들 것이라 생각하는데 그렇지 않다. 만약 언어로 전달하는 메시지 없이는 감정도 전달할 수 없다고 생각한다면 아예 아무 대사도 없는 미술이나 무용은 어떻게 감상할 수 있을지. 음악의 3요소는 멜로디, 리듬, 화음이다. 음악이 감동적인 이유도 역시 멜로디, 리듬, 화음이 있기 때문이다. '가사'는 필수 요소가 아니다. 재즈를 감상하려면 연주 음악에 마음을 열어야 한다.

색소폰 연주자 Daniel Juarez와
베이스 연주자 Ruben Carles

마지막으로 재즈는 어렵다는 편견이다. 물론 재즈는 어려운 면이 있다. 대중음악에 잘 사용하지 않는 코드를 자주 사용하고 박자도 현란하다. 아방가르드 재즈는 현대 미술 이상으로 난해하여 멜로디나 박자를 종잡을 수 없기도 하다. 하지만 모든 재즈가 마냥 어려워서 보통 사람은 접근할 수 없느냐고 하면 그건 전혀 아니다. 한국에서도 크게 히트한 〈라라랜드〉를 보면 시종일관 재즈가 흘러 나온다. 그 영화를 본 관객은 대부분 음악이 어렵다기보다 아름답다고 느꼈을 것이다. 재즈는 어려운 것이 아니라 낯선 것일 수 있다. 재즈 바에서 공연을 즐기며 재즈와 좀 더 친숙해지면 어렵다는 편견은 사라질 것이다.

"재즈가 죽어가고 있어." 라라랜드에서 세바스찬이 미아에게 얘기한다. 세바스찬의 이 대사는 대중음악에 밀려나는 재즈의 현실을 안타까워한 의미로 다가왔다. 하지만 이제는 AI가 작곡까지 한다고 나서니 라이브 음악 자체가 죽어가면 어떻게 하나라는 염려도 된다. 다행히 〈카페 센트랄〉에서 공연을 감상한 날, 조금은 안도감을 느낄 수 있었다. 〈카페 센트랄〉을 가득 메운 관중을 보며 재즈의 예술성이 외면당하지 않았다는 생각이 들었고 아울러 당분간은 AI가 재즈 라이브의 즉흥성, 연주인의 감성까지 완벽히 흉내 내긴 힘들겠다는 생각이 들었기 때문이다. 언젠가 마드리드를 다시 방문했을 때, 〈카페 센트랄〉에서 여전히 라이브가 이어지고 있다면 행복할 것 같다. Como Siempre, Para Siempre ^{꼬모 시엠쁘레, 빠라 시엠쁘레, 언제나처럼, 영원히}

고메 in 마드리드

메종 멜리 【 Maison Melie 】

주소: Calle de Genová, 11
https://maison-melie.com

〈메종 멜리〉 입구

2017년 마드리드에 도착했을 때부터 기왕 유럽에 살고 있는 김에 맛있는 빵집 정도는 알아둬야겠다고 생각했다. 한국에서도 빵을 좋아하는 편이라 주말이면 서울 유명 빵집을 순례하기도 했다. 빵을 주식으로 하는 곳에 살게 되었으니 빵집에 관심을 가지게 되는 것은 당연지사였다. 인터넷이나 현지 잡지 등을 뒤적이며 여러 빵집을 순례했고 다행히 맛있는 곳들을 발굴할 수 있었다. 하지만 마음 속에서 1위 자리는 좀체 채워지지 않았다. 마드리드에는 분명 더 맛있는 빵집이 있을 것이라고 막연히 생각했다. 오랜 기다림 끝에 개인 랭킹 1위 빵집과 조우한 것은 마드리드에서 거주한 지 2년이 다 넘어가는 시점이었다. 그 빵집이 바로 지금 소개하는 〈메종 멜리〉 Maison Melie 이다.

〈 메종 멜리〉 내부

　〈메종 멜리〉는 이름에서 알 수 있듯이 프랑스 스타일 가게이다. 여기서는 빵 위주로 소개하지만 이곳은 식사도 할 수 있는 비스트로 겸 빵집이다. 식사는 가격이 만만치 않으니 이곳은 빵을 먹는다는 목적으로 방문하는 것이 좋다. 프랑스 요리를 좋아한다면 물론 식사를 해 보는 것도 좋다. 가게의 역사는 꽤 오래 전으로 거슬러 올라간다. 프랑스인이었던 창업자는 19세기 말 프랑스에서 처음 영업을 시작했고 그 후 런던으로 자리를 옮긴다. 창업자의 증손자대에 이르러 마침내 마드리드에 입성하게 되어 지금에 이르고 있다.

　여담이지만 프랑스는 빵에 관한한 타의 추종을 불허한다. 유럽 각국은 나름대로 빵에 대한 전통을 가지고 있지만, 그 어느 국가도 프랑스를 능가하지 못한다. 아시아에서 살고 있는 우리는 종종 서양 음식을 국적으로 구분하지 않고 대부분 수준이 비슷할 것이라 생각하기 쉽지만 그렇지 않다. 17세기 초 소설인 돈키호테에 이미 프랑스 빵이 훌륭하다는 이야기가 나올 정도이니 프랑스 빵의 명성은 하루 이틀에 이뤄진 것이 아니다. 우리에게 순간이동 능력이 있어서 먹고 싶은 음식이 있다면 언제 어디서라도 먹을 수 있다고 상상해보자. 소시지가 먹고 싶다면 독일로 가야하고, 돼지고기를 먹고 싶다면 스페인으로 가야 하며, 빵이 먹고 싶다면 두말할 필요 없이 프랑스로 가야 한다. 유럽 여러 나라를 여행할 때 다른 국가에서 빵을 먹다가 프랑스에서 빵을 먹으면 갑자기 그 수준이 확 올라가는 것을 실감한다. 프랑스의 평범한 빵집이 다른 나라의 최상급 빵집보다 맛있다는 생각도 했다.

프랑스 빵에 대한 예찬을 길게 늘어놓았는데 어쨌든 프랑스 빵을 마드리드에서 가장 맛있게 먹을 수 있는 곳이 바로 〈메종 멜리〉다. 빵집 입구는 아르누보가 한창이던 19세기 풍의 나무 소재로 만들어져 있어 따뜻한 느낌을 전해준다. 진열창에 전시된 예쁜 색깔의 미니 케이크를 구경하다 보면 절로 군침이 고인다. 빵집으로 들어가 보자. 로코코 풍 벽지가 사방을 둘러싸고 있는 가운데 안쪽 꽤 깊은 곳까지 테이블이 놓여있다. 인기가 좋은 곳이라 늘 붐비는 편이지만 스페인에서 쉽게 볼 수 있는 카페테리아에 비해서는 조용한 편이다.

빵과 음료는 각각 단품으로 주문할 수도 있고 세트로 주문할 수도 있다. 만약 이 식당을 아침에 방문한다면 조식 세트가 적당하다. 커피와 크루아상 혹은 커피와 토스트를 세트로 해서 3.9-4.5유로에 판매한다. 토스트 스프레드는 세 가지 중 하나를 선택할 수 있다. '이즈니 버터', '수제 잼', 마지막으로 '토마토'. 스페인에서는 '판 꼰 토마테' Pan con Tomate 를 아침으로 먹는 경우가 많다. 해석하면 토마토를 곁들인 빵이란 뜻이다. 토스트

고메 in 마드리드

빵 위에 올리브유를 뿌리고 그 위에 으깬 토마토를 얹은 다음 마지막으로 소금을 적당히 쳐서 먹으면 되는데 한 입 베어 물면 입안 가득 상큼함이 퍼져나간다. 이왕 스페인에 왔으니 토마토와 먹는 것을 추천한다. 대부분 올리브유와 소금을 준비해 주지만 만약 주지 않는다면 따로 요청하자.

〈메종 멜리〉 디저트 빵 진열대

스페인은 아침을 조촐하게 먹는 편이다. 아침과 점심 사이에 간식을 먹기 때문이다. 만약 좀 더 든든하게 아침을 먹고 싶다면 데사이우노 콤플레토 Desayuno Completo 를 주문하면 된다. 커피나 차, 주스, 디저트 빵 2개, 토스트가 포함된 세트로 가격은 2019년 기준 8.9유로이다. 이 정도 세트면 충분히 배가 부르지만, 만약 이 가게에서 원 없이 빵을 먹어 보고 싶다면 더 푸짐한 세트도 있다. 바로 브런치 세트다. 커피나 차, 주스, 토스트, 디저트빵 3개에 계란요리 중 하나, 디저트 중 하나를 고를 수 있다. 계란 요리는 베네딕트 에그, 오믈렛 등에서 고를 수 있고 디저트는 케이크, 과일, 아이스크림 중에서 선택가능하다. 가격은 29유로로 만만치 않다. 브런치를 먹고 나면 아마 저녁때까지는 쉽게 허기가 지지 않을 것이다. 브런치는 주말 10시 30분부터 오후 3시 사이에 주문가능하다.

〈메종 멜리〉는 우연히 발견한 맛집이다. 어느 날 외근을 마치고 사무실로 복귀하던 길에 왠지 촉이 오는 가게가 있었다. 〈메종 멜리〉는 통행로 반대편 꽤 멀리 떨어져 있었다. 애써 찾지 않으면 눈에 띄지도 않았을텐데 신기하게 그 빵집이 눈에 확 들어왔다. 일단 사무실로 복귀해야 했기에 가게 이름만 구글 지도에 저장해 뒀고 주말에 와이프와 다시 찾아갔다. 기다림 끝에 와이프와 함께 빵을 입에 넣는 순간, 우리 둘 모두 바로 인정했다. '마드리드 넘버 1 빵집은 바로 이 곳이다!' 우리 부부는 마드리드에서 일상을 살아가는 중에 이 빵집을 찾았지만, 이 글을 읽는 분들 대부분은 여행 중에 방문하게 될 것이다. 여행자에게 아침식사는 무척 소중한 시간이다. 졸음을 깨우는 커피 향기와 빵 굽는 냄새를 맡으며 그날 일정을 점검하다 보면 마음은 한없이 부풀어 오른다. 우연히 발견한 이 빵집이 여러분에게 좋은 아침, 좋은 시작을 선사할 것이라 믿는다.

Part 4

미술관 밖 예술

레알 궁전
그랑하 궁전
산 안토니오 데 로스 알레마네스 성당

레알 궁전, 중앙 계단에서 올려단 본 천장

유럽 궁전의 정점
레알 궁전

Palacio real de Madrid

팔라시오 레알 데 마드리드

Call de Bailén, S/N
www.atrimonionacional.es/en/visita/royal-palace-madrid

나폴레옹이 감탄한 럭셔리의 끝판왕

"형제여, 나보다 훨씬 좋은 집을 가지게 되었구려." 레알 궁전을 방문한 나폴레옹이 남긴 유명한 한 줄 평이다. 19세기 초반, 엄청난 기세로 유럽을 휘젓는 와중에 스페인까지 점령한 나폴레옹은 스페인 왕위에 자신의 형인 조제프 스페인어로 호세를 앉힌다. 1살 터울 형과 함께 마드리드에 입성한 나폴레옹은 궁전의 호화로움에 살짝 질투를 내비쳤다. 당시 유럽 최고 권력자의 질투를 불러 일으켰던 궁전. 그것이 바로 레알 궁전이다. 레알 궁전의 스페인어 정식 명칭은 팔라시오 레알 데 마드리드 Palacio real de Madrid 이다. 한국어로 옮기면 '마드리드 왕궁'이다. 이 글에서는 레알 궁전이라고 부르겠다.

1734년, 마드리드에 있던 알카사르 궁전이 화마에 휩싸인다. 당시 왕이었던 펠리페 5세는 새로운 궁전 건설에 착수한다. 왕은 유럽 최대 규모의 궁전을 지으라고 명령한다. 왕의 명령대로 레알 궁전은 유래를 찾아볼 수 없는 어마어마한 규모로 완성된다. 버킹엄 궁 방 개수 775개, 베르사유 2,300여 개, 레알 궁전은 3,418개다. 레알 궁전은 서유럽 최대 궁전이다.

규모도 놀랍지만, 이 넓은 공간을 빼곡히 채우고 있는 예술과 장식은 더욱 놀랍다. 왕궁이라고 하면 '역사적 유적지'라는 단어가 가장 먼저 떠오를 수 있으나 사실 왕궁은 그 이상이다. 건축, 회화, 조각, 공예. 왕궁은 시각 예술이 총 망라된 거대한 미술관이다.

현재 궁전은 일부만 공개하고 있는데, 전부 공개한다고 하더라도 어차피 다 둘러보지도 못한다. 입장부터 퇴장까지 감탄의 연속이다. 유럽의 궁전하면 모두 엇비슷하게 호화스러울 것이라 생각할 수도 있으나 호화스러움도 등급이 있다. 레알 궁전에 비하면 몇몇 궁전은 소박해 보일 지경이다. 아무리 그래도 베르사유가 최고 아니냐고 반문하는 사람도 있을 것이다. 확실히 베르사유의 정원은 압권이다. 하지만 왕궁 내부는 프랑스 혁명 기간 동안의 약탈 때문에 레알 궁전에 비하면 보물이 많이 남아 있지 않다. 유럽에서 단 하나의 궁전만 볼 수 있다면 망설일 필요 없이 레알 궁전을 선택해야 한다.

왕궁 안으로 들어가면 가장 먼저 중앙계단이 나온다. 나폴레옹이 "형은 나보다 멋진 집 가져서 좋겠다."라고 얘기한 장소가 바로 여기 중앙계단이다. 중앙계단을 오르다보면 빈의 미술사 박물관 홍보 문구가 떠오른다. Stairway to Art. 레드 재플린의 〈Stariway to heaven〉에서 영감을 받은 듯한 이 문구는 미술사 박물관 계단을 오를 때의 흥분을 잘 묘사하고 있다. 레알 왕궁의 중앙계단 또한 예술로 올라가는 계단이다. 계단을 올라감에 따라 점점 시야가 넓어지고 천장화도 조금씩 자신에게 다가오는 듯한 느낌을 받을 것이다. 그리하여 딱 계단의 최상단에 올라가 사방을 둘러보면 파노라마처럼 펼쳐진 장관 앞에 감탄사가 나올 것이다.

중앙계단은 온 사방에 더해 천장까지 장식들이 가득 차 있어 시선을 어디에 둬야 할 지 감이 안 올 지경이다. 궁전은 오케스트라 연주를 감상하듯 둘러봐야 한다. 먼저 모든 악기가 어우러지는 소리를 감상하고 이후 개별 악기의

<레알 궁전> 중앙계단, Stairway to Art

소리에 집중하듯이 먼저 공간 전체의 조화를 눈에 담고 이후 각각의 그림이나 조각을 자세히 감상해 보자. 그러기 위해서는 서둘러 다음 장소로 이동하지 말고 구석구석 자세히 둘러봐야 한다. 오래 씹을수록 맛이 우러나는 것처럼 보면 볼수록 더욱 감탄하게 될 것이다. 중앙 계단에서 가장 눈이 가는 구역은 천장이다. 가운데 천장화는 이탈리아 화가, 코라도 지아갱토의 〈종교와 교회에 경의를 바치는 스페인〉이라는 작품이다. 그림 상단에 십자가와 성령의 비둘기가 있고 십자가 아래 스페인으로 의인화된 여인이 금은보화를 바치는 장면이 보일 것이다. 청동과 석재로 조각된 각종 식물과 과일이 커다란 천장화를 둘러싸고 있다. 그림과 그림을 둘러싼 장식물 모두 화사하고 경쾌하다. 당시 유행하던 로코코 양식이다.

중앙계단을 지나 기둥의 방으로 들어가 보자. 정면에 보이는 청동상은 〈분노를 정복하는 카를로스 5세〉이다. 오리지널 조각은 프라도에 있고 왕궁에 있는 것은 복제상이다. 로마 제국 이후 가장 광대한 영토를 다스렸던 카를로스 5세가 분노를 제압했다는 것인데, 전쟁에서 여러 승리를 거두었다는 의미이다. 고개를 들어 천장 네 모서리의 둥그런 메달을 보자. 황금빛 아기들이 각자 무언가 들고 있는 것이 보인다. 이 아기들이 들고 있는 것은 각각 물, 불, 공기, 흙 즉 4원소다. 만물을 다스리는 왕가의 권위를 표현한 것이다. 앞으로 이어지는 방에서도 천장 모서리를 유심히 보자. 그 방의 콘셉트에 맞는 이미지들이 새겨져 있을 것이다. 예를 들어 기둥의 방에 이어지는 카를로스 3세의 방 천장 모서리에는 로마자 3Ⅲ이 멋지게 장식되어 있다. 기둥의 방 양쪽 벽면에는 태피스트리가 걸려 있다. 태피스트리를 제작하기 위해서는 밑그림이 필요하다. 고야도 활동 초기 태피스트리 밑그림을 많이 남겼다. 기둥의 방 태피스트리의 밑그림은 르네상스 회화의 황제 라파엘로의 작품들이다.

레알 궁전의 많은 방 중에서도 가스파리니 Salon de Gasparini 방은 특히나 호기심을 자극하는 공간이다. 방 안 곳곳에 중국풍 인물들이 장식되어 있기 때문이다. 스페인 궁전에 중국 사극에서나 볼 법한 인물들이 왜 장식되어 있을까. 17세기 후반에서 18세기에 걸쳐 유럽에서는 중국풍 장식이 크게 유행한다. 이를 프랑스어로 '시누아즈리' Chinoiserie 라고 한다. 단어 그대로 중국 양식이다. 시누아즈리는 당대 유행하던 로코코와 결합하여 나타나는 경우가 많다. 가스파리니 방도 중국풍 인물과 로코코풍 식물 장식이 어우러져 있다.

레알 궁전, <기둥의 방> Sala de Columnas

초청자를 압도하는 갈라 만찬장

방에서 방으로 이동할 때마다 놀랄 수밖에 없는 왕궁이지만, 그중에서도 가장 놀라운 장소를 꼽으라면 만찬장이다. 한쪽 끝에서 다른 쪽 끝의 사람을 식별할 수 없을 정도로 기다란 식탁 위에 와인잔, 접시, 나이프, 포크, 칼, 버터 접시가 빈틈없이 세팅되어 있다. 식탁과 의자를 최대한으로 배치하면 한 번에 144명이 식사할 수 있다고 한다. 왕실에서의 식사는 의전행사다. 144명의 귀빈을 어떤 순서로 배치했을지 생각하면 머릿속이 핑글 든다. 이 엄청난 식탁 앞에서 배치도를 그려보는 것은 아무래도 직업병인 것 같다. 식탁 중간중간에는 라사로 미술관에서도 얘기한 바 있는 테이블 장식 Center Piece 이 놓여 있다. 144명을 배치하는 것 이상으로 적절한 테이블 장식을 선택하는 것 역시 상당히 어려운 작업이었을 것이다.

천장에는 화려한 샹들리에가 연달아 걸려 있다. 벽면을 보자. 화려한 커튼이 달린 발코니와 태피스트리가 번갈아 가며 이어진다. 커튼 사이에는 도자기가 놓여 있다. 18세기, 독일의 마이센과 함께 유럽 도자기 업계를 주름잡았던 프랑스 세브르 도자기이다. 관람객 위치에서 반대편 식탁 끝 부분에는 청나라 도자기가 있다. 만찬장에서 조금 떨어진 포르셀린 Sala de la porcelana 방에서는 앞서 얘기한 마이센 도자기도 감상할 수 있다. 만찬장은 세 개의 방을 터서 합친 것으로 식탁 일부를 치워서 무도장으로 활용하기도 했다.

만찬장은 천장화도 흥미롭다. 식탁 앞에는 출입을 금하는 벨트가 있다. 벨트 앞에 서서 천장화를 올려다보자. *가톨릭 왕들 앞에 무릎을 꿇고 있는 한 남자가 지구본 모양의 구체를 바치고 있다. 콜럼버스가 자신의 항해를 후원하였던 군주에게 신대륙을 바치고 있는 장면이다. 앞서 얘기했듯 네 모서리도 자세히 보자. 신대륙의 주요 식민지인 멕시코, 칠레, 페루, 필리핀이라고 적힌 메달이 보일 것이다. 이 모든 장식은 천장 아래 만찬 초대자에게 스페인 왕실의 위엄과 업적 식민지 국민에게는 고통이겠지만 을 과시하기 위해 만들어진 것이다.

<레알 궁전> 만찬장

---

* 가톨릭 왕: 스페인 왕국의 통일을 주도하였던 카스티야의 이사벨 여왕과 아라곤의 페르난도 2세를 말한다. 스페인에서 이슬람 세력을 완전히 추방하였기에 가톨릭 왕이라고 하며 부부왕이라 불리기도 한다. 이사벨 여왕은 콜럼버스의 항해를 후원한 군주이기도 하다.

명품을 넘어 전설이 된 악기

마리아 크리스티나 Antecamara de la Reina Maria Cristina 방에서는 클래식 음악계의 유력인사가 아닌 이상 평생 접하기 힘든 보물을 만나 볼 수 있다. 방 안에는 여러 대의 현악기가 전시되어 있다. 그냥 옛날에 쓰던 악기인 모양이라고 지나치기 쉽지만…, 발걸음을 멈추고 자세히 보자. 이 악기들은 '그냥' 현악기가 아니다. '전설적 명기' 〈스트라디바리우스〉다. 이탈리아 스트라디바리 가문에서 만든 악기를 스트라디바리우스라 부르는 데 그중에서도 특히나 걸출한 장인이었던 안토니오 스트라디바리가 17세기 중반에서 18세기 초반에 걸쳐 제작한 악기로 한정하기도 한다. 워낙 명성이 높은 악기이다 보니 어쩌다 경매에 나오면 엄청난 가격에 거래된다. 2014년 소더비 경매에서 스트라디바리우스 비올라 한 대가 4천 5백만 불 약 550억원에 낙찰된 적이 있다.

스트라디바리우스는 소유자에 따라 별칭이 붙는다. 예를 들어 요요마가 보유하고 있는 첼로에는 다비도프 스트라디바리우스라는 이름이 붙어 있다. 19세기 첼리스트였던 다비도프가 연주하던 첼로이기 때문이다. 레알 궁전이 보유하고 있는 악기에는 〈스트라디바리우스 팔라티노스〉라는 별칭이 붙어 있다. 팔라티노스는 왕궁이라는 뜻이다. 레알 궁전은 바이올린 2대, 비올라 1대, 첼로 2대, 총 5대의 스트라디바리우스를 보유하고 있다. 앞서 소개한 왕궁 콘서트에서는 종종 스트라디바리우스가 사용되기도 한다. 만약 당신이 마드리드를 방문한 기간 중에 스트라디바리우스 콘서트가 개최된다면 놓치지 말기 바란다.

    스트라디바리우스가 왜 그리 대단한 소리를 내는지에 대해서는 여러 과학적인 연구가 이루어지기도 했다. 나무가 좋아서 그렇다는 둥 특별한 화학 처리를 해서 그렇다는 둥 다양한 의견이 나왔지만 이를 명확히 설명할 길은 없다. 사실 스트라디바리우스는 굴욕을 당하기도 했다. 바이올리니스트들이 눈을 가린 채로 연주해 본 결과 스트라디바리우스보다 현대에 만들어진 악기 소리를 더 선호하더라는 것이다. 이는 프랑스 와인이 미국 와인에게 굴욕을 당한 사건, 즉 파리의 심판을 떠올리게 한다. 하지만 파리의 심판으로 프랑스 와인 가격이 떨어지지 않은 것처럼 스트라디바리우스의 명성도 떨어지지 않았다. 블라인드 테스트나 과학적 연구도 좋지만 그런 것과는 상관없이 지구 한 구석에 전설적 악기가 존재한다는 사실이 더욱 매혹적일 수밖에 없지 않을까.

<레알 궁전>
스트라디바리우스 팔라티노스

왕과 왕비를 만나는 방

투어의 막바지에 이르면 알현의 방에 다다른다. 각국 대사나 귀족 같은 방문객은 바로 이곳에서 왕과 왕비를 알현하였다. 이 방에 들어선 방문객은 가장 먼저 무엇을 하였을까. 옛날 유럽 왕실을 다룬 영화나 드라마를 잘 떠올려보면 힌트를 얻을 수 있다. 그렇다. 먼저 왕과 왕비의 손등에 정중히 입을 맞춰야 한다. 이러한 인사법을 스페인어로 '베사마노스' Besamanos 라고 한다. 그래서 이 방의 별칭이 '손등 인사의 방'이다. 나지막한 계단 양쪽에는 네 마리의 사자가 있고 계단 위에는 왕과 왕비가 앉는 의자가 있다. 이 방에는 콘솔 위나 청동 조각상 사이, 여러 개의 시계가 놓여 있다. 앞서 고야의 〈카를로스 4세 가족〉이라는 그림에서 얘기했듯 카를로스 4세는 시계를 무척 좋아했다. 알현의 방 외에도 여러 다른 방에서도 시계를 많이 보았을 것이다. 카를로스 4세가 시계를 좋아한다는 소문은 유럽 전역에 퍼졌고 각국의 시계 장인들은 왕에게 호화로운 시계를 제작해 바치겠다며 마드리드에 몰려 들었다.

알현의 방에서는 천장화도 눈여겨 보자. 티에폴로가 그린 〈스페인 왕가의 위대함과 권력〉이다. 티에폴로는 베네치아 출신이다. 티에폴로는 어렸을 때부터 고향 선배인 티치아노나 틴토레토의 작품을 많이 접했을 것이지만 화풍은 다르다. 베네치아 르네상스 작품에 비해 티치아노의 그림은 화사하다. 알현의 방 천장화를 올려다보자. 하늘이 유독 맑고 가볍다. 이것이 티에폴로의 하늘이다. 티에폴로 그림 속 파스텔톤의 하늘을 보면 마음이 환해진다. 다음으로 인물을 보자. 그림 중간 살짝 아래에 스페인을 상징하는 여인이 사자 머리를 쓰다듬고 있다. 맹수 옆의 그녀는 하늘만큼이나 화사하다. 티에폴로는 이탈리아 출신답게 그리스 조각 같은 몸매를 잘 그렸는데 그에 더해 얼굴을 아름답게 그렸다. 부드러운 피부에 커다란 눈망울을 가진 여인들을 보면 일본 애니 속 여성 캐릭터가 떠오르기도 한다. 티에폴로 작품은 프라도 미술관에서 다수 감상할 수 있다. 티에폴로의 화풍을 좋아한다면 놓치지 말기 바란다.

<레알 궁전> 알현의 방

알현의 방까지 보고나면 다시 중앙계단으로 나오게 된다. 왕궁에는 이 외에도 무기 박물관이나 주방도 공개하고 있다. 무기 박물관에서는 만화나 영화에서 보았던 기사들의 갑옷과 각종 무기, 방패를 감상할 수 있다. 베르세르크 같은 만화를 좋아했던 사람이라면 무기 박물관을 절대 놓치지 말자. 왕궁 주변에는 사바티니 Sabatini 캄포 델 모로 Campo del Moro같은 정원도 여럿 있다. 왕궁의 모습을 사진에 담기에는 왕궁 앞 광장보다 정원 쪽이 더 좋다.

<레알 궁전>, 티에폴로 <스페인 왕가의 위대함과 권력>

<레알 궁전>
캄포 델 모로(Campo del Moro)

　레알 궁전에 대한 후기를 찾아보면 외부에서 사진만 찍었다는 내용이 많다. 프라도 무료 관람 후기만큼이나 안타깝다. 파리를 여행하는 사람은 모두 필수 코스처럼 베르사유에 입장하는 데 레알 궁전은 왜 곁에서 사진만 찍는 것일까. 레알 궁전은 일일이 헤아리기 힘들 정도로 수많은 예술을 보유한 곳이다. 유럽 궁전의 정점을 놓치지 말고 즐기시기 바란다.

그랑하 궁전 전경

스페인의 작은 베르사유
그랑하 궁전

Palacio real de La Granja de San Ildefonso
팔라시오 레알 데 라 그랑하 데 산 일데폰소

Plaza de España, 15, Real Sitio de San Ildefonso, Segovia
www.patrimonionacional.es/visita/palacio-real-de-la-granja-de-san-ildefonso

베르사유 정원의 축소판

"Believe me. 마드리드 근처에 유럽에서 가장 아름다운 궁전이 있습니다. 라 그랑하 궁전입니다. Believe me."

말라가 여행 중 크리스탈 박물관을 방문한 적이 있다. 대대로 귀족집안이었던 듯한 분위기를 풍기던 박물관 주인이 직접 안내해 주었는데 평소 사람들이 자기 말을 안 믿어주기라도 하는 듯, 'Believe me'라는 말을 자주 하였다. 그분이 자신의 컬렉션을 소개하는 도중에 그랑하 궁전을 격찬하는 것이 아닌가. 박물관에 소장된 크리스탈 컬렉션을 보니 그분의 심미안을 믿어도 되겠다는 생각이 들었다. 마드리드로 돌아와 얼마 지나지 않아 그랑하 궁전을 방문하였다. 그분의 말은 과장이 아니었다. 그랑하는 숨 막히게 아름다운 곳이었다. 유럽에서 가장 아름답다고 단언하지는 못 할지라도 최소한 후보 중 하나로는 꼽을만 했다. 이 자리를 빌려 말라가의 그분께 감사의 말을 전하고 싶다.

"I believed you. And Thank you."

줄여서 그랑하라고도 부르는 라 그랑하 데 산 일데폰소 La Granja de San Ildefonso 궁전은 마드리드에서 북쪽으로 100km가량 떨어져 있다. 버스로는 1시간 30분 정도 걸린다. 수도교와 알카사르 궁전으로 유명한 세고비아와 가깝다. 과다라마 Guadarrama 산맥 속에 자리 잡은 이 궁전은 아름다운 정원으로 특히 유명하다. 그런데 궁전의 모습이 왠지 스페인의 다른 건축에서 보아오던 모습과 다르다는 느낌이 든다. 그랑하는 프랑스 왕궁을 모델로 하였기 때문이다. 스페인 왕궁이 프랑스 양식을 가지게 된 데는 이유가 있다. 이 기회에 간단히 스페인 왕실에 대해 알아보자.

유럽하면 대표적으로 생각나는 왕가가 두 개 있다. 바로 합스부르크와 부르봉이다. 합스부르크는 15세기 이래 신성로마제국의 제위를 독점하다시피 한 가문이고 부르봉은 16세기 앙리 4세 이후 이어진 프랑스 가문이다. 스페인은 이 두 왕가가 번갈아 통치하였다. 16세기 초부터 17세기까지 200여 년은 합스부르크가, 그 이후는 부르봉 왕가가 다스렸다. 19세기 말과 20세기 초에 왕실이 폐지되었던 적이 있지만 1975년 프랑코 사후, 부르봉 왕가가 복위되어 지금에 이르고 있다. 따라서 현 스페인 국왕인 펠리페 6세는 부르봉 가문이다. 프랑스는 왕정이 폐지되었으니 부르봉 왕가의 명맥은 이웃 나라 스페인에서 이어지고 있는 셈이다.

17세기 후반, 합스부르크의 마지막 왕인 카를로스 2세가 자녀를 낳지 못하고 사망하자 후계자 문제가 불거진다. 카를로스 2세는 유언을 통해 프랑스의 태양왕 루이 14세의 손자인 펠리페를 후계자로 지목한 바 있다. 스페인과 프랑스 왕실은 혼맥으로 맺어져 있었다. 하지만 승계 과정은 평탄하지 않았다. 그렇잖아도 태양왕의 영토 욕심에 바람 잘 날 없던 유럽 대륙은 이 결정을 받아들일 수 없었다. 프랑스와 스페인이 한 몸이 된다는 것은 유럽 초강대국의 탄생을 의미하였고 이는 유럽 다른 국

스페인 왕위계승 전쟁의 주요 전투, 알만사(Almansa) 전투 장면

가에게는 공포의 시나리오였다. 유럽 각 국이 나서기 시작한다.

역시나 혼맥으로 연결되어 있던 오스트리아 합스부르크스 가문에서 계승권을 주장하고 나서자 프랑스를 방해하는 것이 곧 나라가 흥하는 길이라 여기던 영국이 오스트리아와 한 편이 된다. 이에 맞서 스페인의 카스티야와 프랑스가 한 편이 되어 전쟁에 돌입한다. 이것이 18세기 벽두에 유럽의 지형도를 바꾼 '스페인 왕위 계승 전쟁'이다. 전쟁에는 흥미로운 이야기가 많지만, 이 지면에서 세세히 설명할 필요는 없을 것 같다. 간단히 정리하면 결국 프랑스의 펠리페 5세가 스페인 왕위에 오른다. 혹 프랑스가 전쟁에 이겼다는 오해가 있을까봐 한 마디만 덧붙이자면, 어느 한 쪽이 전쟁에 승리한 것이 아니라 서로 합의로 끝나게 된 것이다.

스페인 왕국의 첫 번째 부르봉 출신의 왕이 된 펠리페 5세는 우울증이 있었다고 한다. 우울증 때문인지, 원래 야외활동을 좋아해서 그런지 몰라도 왕은 사냥을 즐겼다. 사냥지로 자주 나가는 곳이 과다라마 산맥 인근의 발사인 Valsain 이란 지역이었다. 이 지역은 이미 중세 때부터 수려한 경관으로 왕의 사냥터가 되었던 곳이다. 발사인 지역의 경치에 반한 왕은 이곳에 왕궁을 짓기로 결심한다. 펠리페 5세는 그 유명한 베르사유에서 태어나고 자랐다. 고향 땅을 그리던 왕은 베르사유 풍으로 왕궁을 짓도록 명령한다. 프랑스 풍 궁전을 위해서는 프랑스 예술가가 필요한 법. 그랑하 궁전 곳곳에 배치되어 있는 조각상은 프레밍, 티에리를 비롯한 프랑스 조각가의 작품이다. 아울러 정원의 디자인은 베르사유 궁전의 정원을 설계했던 앙드레 노트르의 구상을 최대한 참조하였다. 이것이 그랑하 궁전이 프랑스 풍의 모습을 갖추게 된 배경이다. 그랑하는 종종 베르사유의 축소판이라 불린다.

광대한 정원 속 21개의 오아시스

이제 궁전 안으로 들어가 보자. 다시 말하지만 그랑하는 정원이 특히 아름답다. 정원은 울창한 숲속에 21개의 분수와 수십 개의 야외 조각을 품고 있다. 21개의 분수 모두를 돌아보려면 족히 만 보는 걸어야 한다. 안타깝지만 분수는 일부 기간 주로 여름의 주말 혹은 중요 축제일 에만 작동된다. 분수를 상시적으로 가동하기에는 물이 부족하다고 한다. 분수가 작동하는 날이라 해도 모든 분수를 한 번에 작동하는 경우는 1년에 3회 이내이다. 분수 가동 일은 홈페이지에서 확인 가능하다.

하지만 너무 실망할 필요 없다. 분수가 작동하지 않는다 하더라도 분수 조각을 보는 것만으로 충분히 아름다움을 느낄 수 있다. 분수가 작동하는 날은 사람들이 너무 붐비기 때문에 한적한 산책을 원하는 분은 오히려 이날을 피하는 것이 나을 수 있다. 몇몇 분수를 살펴보자.

먼저 〈명성의 분수〉 Fuente de Fama, 푸엔테 데 파마 는 수직으로 뻗어 올라간 분수이다. 분수가 작동될 때는 42미터까지 물줄기가 솟구친다. 이 분수는 명성의 알레고리다. 추상적 관념을 구체적 사물로 표현하는 것 다른 분수들과 달리 수직으로 쌓아올린데다 물줄기가 높이 치솟는 광경은 하늘 높이 뻗어 올라가는 명성을 떠올리게 한다. 하지만 명성이란 것도 한없이 올라갈 수

〈그랑하 궁전〉 측면

는 없는 법. 물줄기가 정점에서 맥없이 떨어지듯 명성도 언젠가는 떨어지기 마련이다. 조각상 가장 위에는 천사가 있다. 천사는 명성을 상징한다. 한편 천사가 올라탄 말은 네 명의 인물을 밟고 서 있다. 각각 질투, 야비, 흉악, 무지를 상징한다. 명성을 얻기 위해서는 이 네 가지를 극복해야 한다는 얘기일 수도 있고 명성을 얻으면 이 네 가지가 따라붙기 쉬우니 이를 경계하라는 교훈일 수도 있을 것이다.

〈디아나의 목욕〉Fuente de los Baños de Diana, 푸엔테 데 로스 바뇨스 데 디아나은 21개 분수 중에서 가장 마지막에 완성된 분수이자 가장 물을 많이 소비하는 분수이다. 이 정원의 총괄 책임자는 사회생활을 잘 하는 사람이었던 것 같다. 디아나는 달의 여신이자 '사냥'의 여신이기 때문이다. 왕이 좋아하는 '사냥'의 여신에게 가장 풍부한 물을 바치는 센스를 보라. 〈디아나〉는 사냥을 한 바탕 마치고 욕실에서 시원하게 땀을 식히고 있는 것처럼 보인다. 디아나 조각상 주변에는 그녀를 시중드는 님프와 동물을 공격하고 있는 사냥견이 보인다. 이 분수가 작동하는 것을 본 왕은 "3분 동안 즐겁기 위해 3백만 레알을 사용했구나."라고 말했다 한다. 3백만 레알을 현재 가치로 환산하면 약 260억 원이다. 왕은 계속해서 다음과 같이 대구를 이뤄서 한 마디 덧붙였다. "Ni el costo tanto, Ni el divirtio tan poco." 직역하면 "그렇게 많은 비용도 아니고 그렇게 작은 즐거움도 아니다." 정도로 해석되고 의역해 보자면 '이 정도 즐거움이라면 이 정도 비용은 아깝지 않다.' 정도 될 것이다. 당시 왕실의 호사스러움을 엿볼 수 있는 대사이다.

명성의 분수(Fuente de Fama)

    21개의 분수가 모두 독립적인 것은 아니고 연작 형태로 만들어진 분수도 있다. '말의 길' Fuente de la Carrera de Caballos, 푸엔테 데 라 카레라 데 카바요스 이라 불리는 세 개의 분수를 보자. 가장 아래쪽의 분수는 넵튠 Neptuno 이다. 바다의 신 넵튠은 유독 말을 사랑하였다. 분수 조각 속의 넵튠은 두 마리 *히포캄포스가 이끄는 마차를 타고 있다. 넵튠 분수는 넓은 연못에 배치되어 있다. 바다의 신이 답답하지 않도록 넓은 공간을 조성해 준 것 같다. 넵튠 분수에서 조금 올라가면 마스카롱 Mascaron 분수가 나온다. 마스카롱은 분수나 기둥에 장식하는 기괴한 얼굴상을 가리킨다. 마스카롱 분수를

---

* 상반신은 말이고 하반신은 물고기인 신화 속 동물. 인어가 아닌 마어인 셈

디아나의 목욕 분수 (Fuente de los Bañaos de Diana)

지나 좀 더 올라가면 아폴로 Apolo 분수가 나온다. 학문과 예술의 신이자 활을 잘 쏘는 아폴로는 자신이 무찌른 용 파이톤을 밟고 있다. 왼손에는 음악을 상징하는 리라를 들고 있다. 싸움만 잘하는 것이 아니라 예술에도 일가견이 있다는 것을 과시하는 듯하다. 낮에는 샌드백을 치고 밤에는 피아노를 치는 남자는 얼마나 섹시한가. 그 옆에는 지혜의 여신이자 전쟁의 여신 미네르바가 있다.

넵튠의 분수 (Fuente de Neptuno)

아폴로 분수 (Fuente de Apolo)

왕실 정원, 시민의 산책로가 되다

    이 궁전을 여러 번 방문했는데 그중 가을 방문이 가장 좋았다. 가을에 그랑하의 정원을 찾았을 때, 노부부가 나란히 걸어가는 모습이 보였다. 휴일이면 여전히 아름다운 데이트 코스를 찾아 방문하는 그분들의 금슬이 부러웠다. 계절이 주는 선물을 함께 나누고픈 사람이 늘 곁에 있다는 것은 얼마나 행복한 일인가. 유모차를 끌고 나온 젊은 부부도 많았다. 아이를 키워본 입장에서 유모차로 편안히 산책할 수 있는 공간이 얼마나 소중한지 잘 알고 있다. 엄마, 아빠의 웃음소리와 곱게 물든 단풍 빛깔에 아기는 마냥 행복하지 않을까. 결혼식 들러리로 온 듯, 흰 드레스를 차려 입고 카메라 앞에서 활짝 웃는 그녀들도 마음을 환하게 만들어 주었다. 아이들은 학교 교실을 벗어나 자연 속에서 마음껏 환호했다. 남녀노소 모두 저마다의 감성으로 산책을 즐기고 있었다.

〈그랑하 정원〉을 즐기는 사람들

가을은 햇살도 바람도 기분 좋은 계절이다. 이따금 상쾌한 바람이 불어오면 부드러운 가을 햇살 속에서 단풍잎이 춤추듯 흩날렸다. 천천히 흘러가는 그 풍경은 사진으로도 동영상으로도 저장할 수 없었다. 이럴 때는 잠시 핸드폰을 놓고 천천히 그 장면을 눈으로 가슴으로 받아들였다. 그렇게 햇살과 바람과 단풍을 벗 삼아 특별한 목적지 없이 걷다 보면 어느 구석에서든 조각으로 장식된 분수를 만나게 되었다. 울창한 나무와 함께 어우러진 조각상을 보니 미술관 안에서 볼 때와는 다른 감정이 깃들었다. 신이 만든 자연의 경이로움에 사람이 빚어낸 예술이 어우러져 아름다움이 더욱 빛을 발하고 있었다.

　산책이 마무리되는 시점에서는 왕궁의 정면에 다다르게 된다. 왕궁을 등지고 완만한 경사를 따라 올라가 끝에서 내려다보면 '유럽의 로망'이 눈 앞에 펼쳐진다. 정면의 왕궁을 중심으로 양옆에는 울창한 나무와 조각상이 도열해 있고 중앙에는 계단식 연못이 일직선으로 뻗어있다. 왕궁 바로 앞에는 기하학적 특징을 지니는 자그마한 프랑스식 정원에 꽃들이 심어져 있다. 몇 번을 보아도 질리지 않는 풍경이다.

그랑하 전경

고전 조각의 향연

왕궁 실내로 들어가면 먼저 태피스트리 컬렉션을 만날 수 있다. 태피스트리를 감상하고 건너편으로 입장하면 커다란 집단 초상화를 볼 수 있다. 이 왕궁을 짓도록 명령한 펠리페 5세의 가족을 그린 작품이다. 진품은 프라도 미술관에 있고 이곳의 그림은 복제품이다. 중앙에서 살짝 왼편에 앉아있는 사람이 이 궁전을 짓도록 명령한 펠리페 5세이다.

루이 미쉘 반 루, 〈펠리페 5세의 가족〉 The Family of Fhilip V, 1743년, 캔버스에 유채, 408x520cm, 프라도 미술관

이후 이어지는 1층의 여러 방에서는 왕의 침실, 식당, 18세기에 유행하였던 로코코와 아시아 풍을 혼합한 방 등 다양한 장소를 볼 수 있다. 0층으로 이동하면 조각의 방들이 이어진다. 그랑하 궁전은 스페인에서 고전 대리석 조각을 가장 풍부하게 소장하고 있는 장소 중 하나다. 이 조각상들 중 상당수는 스웨덴 크리스티나 여왕의 컬렉션이었다. 여담이지만 크리스티나 여왕은 상당히 흥미로운 인물이다. 당시 여왕이 다스

<그랑하 궁전>에는 조각상이 많다.

리턴 스웨덴은 신교도 국가였으나 여왕은 가톨릭에 마음이 끌렸다. 마침내 그녀는 가톨릭 개종을 위해 왕위도 내려놓는다. 스웨덴을 떠난 전직 여왕은 교황청의 열렬한 환영을 받으며 로마에서 여생을 보낸다. 그녀는 로마에서 머무르는 동안 조각을 포함한 많은 예술품을 사 모은다. 그녀 사후 조각상들은 여러 사람에게 팔려 나가게 되는데 그 중 상당수가 이곳 그랑하 궁전에 있다.

부르봉 가문이 남긴 숨겨진 보물

그랑하는 방문할 때마다 새삼 감탄하게 되는 곳이었다. 이렇게나 아름다운 장소인데도 불구하고 그리 많이 알려지지 않았다. 심지어 웬만한 관광지는 다 망라되어 있는 「론리 플래닛」에도 그랑하가 빠져있다. 왜 그런 것일까. 개인적인 의견이지만 스페인 왕실이라고 하면 여전히 합스부르크가 떠오르기 때문이 아닌가 한다. 합스부르크 이전에도 왕실이 있었고 합스부르크 이후의 부르봉도 너무나 유명한 왕가이다. 하지만 스페인의 전성시대는 역시 합스부르크 가문이 다스리던 16, 17세기였다. 따라서 스페인 왕가의 영광이라고 하면 합스부르크의 펠리페 2세가 건립한 '엘 에스코리알' El Escorial 궁전이 떠오른다. 역대 스페인 왕가의 무덤도 이곳에 있다. 16세기 후반에서 17세기에 걸쳐 유럽의 왕과 귀족들이 스페인의 정세를 물어볼 때면 이렇게 얘기했을 것이다. "요즘 에스코리알의 근황은 어떠한가?" 아무래도 그랑하는 합스부르크 궁전에 비해 스페인을 대표한다는 느낌이 덜하다. 자연히 인지도도 부족해진 것은 아닐지.

어쨌든 그랑하는 그냥 지나치기 아까운 장소다. 이 책을 쓰고자 했을 때 마드리드와 인근의 숨겨진 보물들을 적극 알리겠다고 생각했는데 그랑하는 그 의도에 딱 맞는 장소이다. 그랑하는 세고비아에서 버스로 20분 정도 거리이다. 세고비아를 방문하는 김에 함께 방문해도 좋고 시간 여유가 있다면 따로 하루 방문해도 좋다. 기본적으로 그랑하는 산책하느라 많이 걸어야 하기 때문에 하루에 세고비아와 그랑하를 다 보기에는 조금 피곤하긴 하다. 이 책 덕분에 그랑하를 방문하게 되고 또 그 매력에 흠뻑 빠지실 분들을 생각하면 절로 미소가 지어진다.

<산 안토니오 데 로스
알레마네스 성당> 내부

이토록 황홀한 바로크
산 안토니오 데 로스 알레마네스 성당

Iglesia de San Antoniio de los alemanes

Calle de la Puebla, 22

바로크 미술의 집대성

　산 안토니오 데 로스 알레마네스 성당은 마드리드의 숨겨진 보석이다. 안내 책자에 소개되는 경우도 드물고 현지인들도 모르는 경우가 많다. 건물 크기는 다른 관광지에 비해 조그만 편인데다 겉모습도 수수하다. 애써 누군가 가르쳐주지 않으면 그냥 지나칠 수밖에 없는 건물이다. 이 책이 '애써 가르쳐주는 누군가'가 되고자 하니 두근거리는 마음으로 방문해 주시기 바란다.

　이 성당은 17세기 초에 세워진 건물이다. 당시 포르투갈은 스페인이 다스리고 있었고 자연히 마드리드에는 포르투갈인이 다수 거주하였다. 펠리페 3세는 포르투갈인들을 위해 병원과 성당을 각각 건립하기로 한다. 병원은 육체를 돌보고 성당은 영혼을 돌본다는 의미이다. 성당 건립 당시의 이름은 〈산 안토니오 데 로스 포르투게스〉였다. "포르투갈인들의 안토니오 성인"이란 뜻이다. 안토니오 성인은 13세기 초반 포르투갈에서 태어난 프란시스코회 신부이다.

　펠리페 4세가 왕위에 오르자 상황이 변한다. 포르투갈이 스페인으로부터 독립한 것이다. 한편, 마드리드에는 독일인들이 증가한다. 왕비가 신성로마제국 출신이었기 때문이다. 성당의 이름은 〈독일인들의 안토니오 성인〉으로 바뀐다. 성당 이름에서 '포르투갈인'은 '독일인'으로 바뀌었지만 안토니오 성인은 살아남았다. 내부가 이미 안토니오 성인과 관련하여 장식되어 있는데 이를 다른 성인으로 바꾸기는 힘들었을 것이다.

성당 안은 바닥을 제외하고는 온통 프레스코화로 채워져 있다. 보통 성당에 있는 그림은 장식의 일부이다. 하지만 이 성당 속의 프레스코는 장식이 아니다. 그 자체로 하나의 새로운 세상이다. 임영방 교수는 『바로크』라는 책에서 바로크 예술의 특징 중 하나가 '환각'이라고 얘기한다. 환각이란 무엇인가. 실재로 존재하지 않는 것을 실재로 존재하는 것처럼 느끼는 것을 말한다. 이 성당 속에서 우리는 그림을 '감상'하는 것이 아니라 화가가 창조한 환상을 '체험'하는 것이다.

프레스코 작업에 참가한 화가는 세 명이다. 천장 부분은 후안 카레뇨 미란다와 프란시스코 리치가 맡았다. 둘 다 스페인 화가이지만 프란시스코 리치의 경우 아버지가 이탈리아 출신의 화가였다. 측면 벽화는 루카 조르다노가 맡았다. 그는 나폴리 출신으로 마드리드에서 여러 작품을 제작하였다. 세 명의 화가는 바로크적 환상을 만들어내기 위한 여러 고난이도 기술을 성당에 쏟아부었다. 바로크 회화 기법을 알고 싶다면 안토니오 성당 하나로 충분하다.

먼저 눈높이에 있는 그림들을 보자. 안토니오 성인이 행한 여덟 가지 기적이 펼쳐져 있다. 그림의 내용도 흥미롭지만 일단 그림의 외곽선을 자세히 보자. 재미있는 사실을 하나 발견할 수 있을 것이다. 그림이 벽

천사들이 태피스트리를 펼쳐 보이고 있다.　　　　팔라시오 레알의 태피스트리

면에 그려진 것이 아니라 태피스트리에 그려진 것으로 묘사되어 있다. 그림을 둘러싼 측면을 보면 태피스트리 천을 알아볼 수 있다. 그림을 둘러싼 천사들은 태피스트리를 펼쳐보이고 있다. 이러한 눈속임 기법을 '트롱프뢰유'라고 한다. 이제 고개를 살짝 올려보자. 웅장한 기둥을 중심으로 고전 건축물이 펼쳐져 있다. 이 기법의 명칭은 '콰드라투라'이다. 프레스코에서 사용되는 가상의 건축 요소를 말한다. 즉 건축을 '짓는 것'이 아니라 건축을 '그린 것'이다. 콰드라투라도 트롱프뢰유의 일종이다. 화가들은 태피스트리와 건축이라는 별개의 예술을 회화로 끌어들여 환상의 공간을 창조하고 있다.

이제 고개를 완전히 들어 천장을 보자. 안토니오 성인이 성모 마리아 앞에 두 팔을 벌린 채 무릎을 꿇고 앉아있다. 처음에는 눈높이의 태피스트리를 보았고 다음으로 조금 고개를 들어 건축을 보았다면 마지막으로 시선을 완전히 하늘로 들어올려 성모와 성인의 만남을 목도하게 된다.

웅장한 기둥들이 실재처럼 보인다.

이렇게 시선을 아래로부터 위로 올려가는 구조를 '다 소토 인 수'^{Da sotto in su} 라고 한다. 이탈리아어로 "아래로부터 위로"라는 뜻이다. 물질은 위에서 아래로 흐르기 마련이지만 영혼은 아래에서 위로 승천하는 법이다.

둥근 천장에 사람을 그려 넣기 위해서는 평평한 캔버스에 사람을 그릴 때와는 확연히 다른 기술이 필요하다. 특히나 위로 올려다보는 사람의 시선에 맞춰 자연스럽게 그리기 위해서는 고난이도의 기술이 필요하다. 그때 사용되는 기술이 '단축법'이다. 단축법은 어떤 물체를 정면에서 보는 것이 아니라 비스듬히 보았을 때 실제보다 짧게 보이는 현상을 그림으로 옮기는 기술을 말한다. 안토니오 성당의 천장화에서도 성인과 성모, 천사들의 모습에서 단축법을 확인할 수 있다.

트롱프뢰유, 콰드라투라, 다 소토 인 수, 단축법. 앞서 말했듯이 이 성당 하나로 바로크 화가들의 놀라운 기술을 대부분 접할 수 있다. CG도 3D도 없던 시절, 화가들은 붓과 물감만으로 '또 다른 세상'을 만들어 내었다. 땅 위에서는 성인이 기적을 일으키고 하늘 위에서는 성모와 성인이 만나는 장면이 눈 앞에 펼쳐지는 것이다.

　　이제 벽면에 그려진 성인들의 이야기 속으로 들어가 보자. 앞서 얘기한대로 태피스트리 그림 형식으로 안토니오 성인이 행한 기적이 묘사되어 있다. 벽면의 그림은 이탈리아 화가, 루카 조르다노의 작품이다. 루카 조르다노는 스페인 합스부르크의 마지막 왕이었던 카를로스 2세의 초청으로 스페인을 찾았고 왕실 관련 작품에 많이 관여하였다. 루카 조르다노는 여러모로 이탈리아 화가답다. 일단 색채가 밝고 인물묘사가 부드럽다. 그리고 천재적인 재능을 가진 화가가 유독 많았던 이탈리아 출신답게 작업 속도가 아주 빨랐다고 한다. 속도가 빠르다고 질이 떨어

천장 프레스코 모습

지는 것은 아니었고 작품의 완성도도 아주 높았다. 사회생활을 하다보면 업무의 '질'과 '양'은 공존하기 힘들다는 것을 깨닫게 되는데 이 천재적인 화가는 두 가지를 모두 가진 화가이다. 이탈리아 화가들에게 매료되는 것은 바로 이런 천재성 때문이다.

때로는 엄격하게, 때로는 자애롭게, 성인의 기적

몇 가지 흥미로운 기적을 살펴보자. 입구 왼쪽 그림 속에는 천으로 눈을 감싸고 있는 남자가 보인다. 안토니오 성인이 시각 장애인을 치료한 이야기로 짐작하기 쉽지만, 사실 이 이야기는 꽤나 엄중하다. 어느 날 앞이 보이지 않는다는 사람이 안토니오 성인을 찾아와 눈을 뜨게 해달라고 요청하였다. 하지만 이 사람은 사실 멀쩡하게 앞이 보였지만 성인을 조롱하기 위해 그런 행세를 한 것이다. 과연 이 사람에게는 어떤 기적이 일어났을까. 놀랍게도 두 눈이 뽑혔다고 한다! 성인을 조롱한 대가는 크다.

성인을 놀린 대가를 치르는 한 남자의 이야기

다음으로 정면 예배단의 바로 오른쪽에 있는 그림을 보자. 안토니오 성인이 아이를 안고 있고 그 앞에 남녀가 놀란 모습을 하고 있다. 성인이 죽은 아이를 살려내거나 치료한 얘기가 아닐까라는 생각을 하게 된다. 실제로 가톨릭 성인과 관련된 그런 이야기가 많고 이 성당 안에도 아이를 치료한 기적을 묘사한 그림이 있다. 하지만 이 이야기 주제는 '친자 확인'(?)이다. 한 부부가 아이를 낳았는데 남편은 그 아이가 자신의 아이가 아니며 아내가 간통하여 낳은 아이라고 주장했다. 유전자 검사도 없고 여자의 신분이 확연히 낮았던 그 시절에 이 여인이 자신의 결백을 입증하기는 극히 힘들었으리라. 그때 안토니오 성인이 나선다. 성인이 아이를 안고서 자신의 아버지가 누군지 말하라고 지시한 것이다. 그 순간 갓난아이는 남자를 가르키며 스타워즈의 명대사 "I am your father."와 비슷한 대사를 남긴다. "이 사람이 내 아버지이다."

친자 확인의 기적을 일으키는 성인.
아이가 사내를 손가락으로 가르키고 있다.

스페인 고유의 서민적 목각

이 성당에서는 그림이 단연 주인공이지만 흥미로운 조각품도 볼 수 있다. 벽면의 그림들 사이에는 아치형 재단이 있고 거기에는 조각으로

된 성모와 성인들이 모셔져 있다. 정면을 보고 오른쪽에 있는 세 개의 조각은 스페인의 미켈란젤로라고 불렸던 알론소 카노의 작품이다. 세 개의 조각 중 〈외로움의 성모〉라고 불리는 조각상은 눈물을 흘리는 성모의 표정이 너무나 사실적이라 바라보기만 해도 마음이 뭉클해진다. 외로움의 눈물을 흘리는 성모는 스페인 목각상에서 자주 볼 수 있는 주제이다. 사랑하는 아들을 떠나보내고 외로움 속에서 살아가는 마리아의 고통을 절절히 표현하고 있다. 유럽의 조각상이라고 하면 순백의 대리석 조각을 떠올리기 쉽지만, 스페인에서는 외로움의 성모 같은 채색 목각상을 자주 접할 수 있다. 귀족적인 느낌을 주는 대리석 조각과는 달리 스페인 목각상은 서민의 신앙심을 파고드는 듯한 생생한 묘사가 특징이다.

성당을 빠져나오면 카페테리아와 활기찬 시민들로 가득 찬 21세기의 마드리드가 펼쳐진다. 바로크 예술가가 창조해 낸 환영의 공간에서 현실 세계로 돌아오는 순간이다. 성당 안에서 느꼈던 기적은 이중적이었다. 성인의 기적도 흥미로웠지만 그림만으로 이런 환상을 창조해 낸 17세기 예술가의 솜씨 자체가 기적처럼 느껴졌다. 안토니오 성당은 18세기 초부터 가난한 자들에게 음식을 나눠줬다고 한다. 당시 나눠준 음식은 생수와 흰 빵, 삶은 계란이었다고 한다. 현재도 이 전통은 이어지고 있다. 성당 입장료인 2유로는 노숙자들을 위한 음식을 마련하는 데 사용된다. 그냥 지나치기 쉬운 이 조그마한 성당은 바로크의 환영으로 가득 차 있고 입장료는 선행에 사용되고 있다. 분명 성당은 애써 찾아낼 가치가 있는 보물이다.

◀알론소 카노 〈외로운 자들의 성모〉

고메 in 마드리드

세인트 제임스 【 St. James 】

주소: Calle Juan Brávo 26
https://restaurantestjames.com

저자의 아내가 기고한 글입니다.

〈세인트 제임스〉 입구

   '무엇을 먹었냐'보다 '어디서 먹었냐' 즉 어느 식당에서 먹었냐로 판단하는 것이 요즘 방식인 것 같다. "맛집"이란 말이 아주 중요한 평가가 되었음을 생각해 본다면 말이다. 이 말을 하는 이유는 20대 때 한 달간 스페인 여행을 하며 먹어봤던 빠에야는 별로 맛있었다고 기억하지 못하지만, 〈세인트 제임스〉를 방문한 이후로는 모든 스페인 여행자에게 빠에야를 강력 추천하고 있기 때문이다.

   생애 첫 번째 빠에야에 대한 추억은 흔히 관광객들이 갈 법한 그런 식당에서 몇 숟갈 먹다 남기게 된 노랗고 짜기만 했던 낯선 쌀 요리였을 뿐이었다. 그래서 환영 인사로 빠에야 식당에서 점심식사를 사겠다는 남편 사촌 스페인 거주 의 초대에 그닥 큰 기대를 하지 않은 것이 사실이다.

하지만 식당 입구를 보는 순간, '이번에는 다르겠구나'라는 것을 직감했다. 〈세인트 제임스〉는 빠에야 식당인데 왜 영어식 상호명인지는 모르겠지만 스페인으로 친구나 손님이 오면 자랑스럽게 모시고 가는 곳이 되었다. 20대 때 처음 빠에야를 먹었던 식당과 〈세인트 제임스〉의 차이를 쉽게 설명하자면, 동네 백반집과 한정식 전문점의 차이와 비슷하다고 보면 된다. 세인트 제임스는 빠에야를 전문으로 하는 식당이다. 백반집이 나쁜 것은 아니지만 한정식 전문점과 목표하는 바는 분명 다르다. 세인트 제임스는 3개의 지점이 있다. 이 중 차분한 주택가에 위치한 〈후안 브라보〉 Juan Bravo 지점을 추천한다.

식당 입구를 지나면 곧 해산물 쇼케이스가 시선을 확 잡아 당기면서 이곳의 음식이 신선하고 좋은 해산물을 쓴다는 것을 보여준다. 그리고 곧 직원이 나타나 옷을 맡기겠냐며 친절히 손님용 행거에 옷을 걸어 줄 것이다. 이 부분이 상당히 맘에 들었다. 여자들은 잘 알겠지만, 여름이라도 한 겹

〈세인트 제임스〉 입구에 놓인 신선한 해산물

더 입은 겉옷을 옆자리 의자에 잘 걸치곤 하는데 살짝 번거로운 이 과정을 기분 좋게 생략할 수 있다니 벌써 마음이 편안해지고 정성 어린 서비스를 받는다는 느낌이 들었다고나 할까.

음식을 주문하기 전에는 반드시 음료부터 주문해야 한다. 그리고 천천히 요리 메뉴를 골라도 된다. 이제는 유럽 여행 상식이지만 물은 유료이다. 물은 생수와 탄산수가 있다. 모처럼의 스페인 여행이니만큼 '띤또 데 베라노' tinto de verano 같은 와인 베이스의 달콤하고 시원한 저알콜 칵테일을 추천하지만, 알코올에 약하다면 콜라나 물도 나쁘지 않다.

주문한 식전 음료가 나오길 기다리며 느긋하게 빠에야 종류를 고르면 된다. 이 모든 과정을 즐기는 것이 좋다. 유럽에서는 이 속도가 정상이다. 답답하게 느껴질지도 모르지만, 단순히 음식을 먹으러 온 곳이 아니라 식사 과정을 즐기기 위해서 왔다고 생각해 보자. 아울러 이곳에서 서빙하는 분들은 나이가 지긋한 정장 차림의 신사분들이다. 우리나라는 고급식당일수록 젊고 산뜻한 아가씨가 서빙하는 경우가 많지만, 유럽 고급식당에서는 어느 정도 연배가 있는 신사가 서빙하는 것이 정석이다. 이분들은 직업 의식이 철저하고 친절하며 배려심 넘친다. 빨리 응대해야 친절하다는 것은 한국적인 생각이고 이분들은 여유를 가지고 우아하게 움직이는 것이 매너라고 생각한다. 따라서 스페인 식당의 웨이터분들이 느리게 응대하는 것을 무시하는 것이라 오해하면 곤란하다. 한 가지 아쉬운 점은 영어가 잘 통하지는 않는다는 것이다. 스마트폰 번역기능을 활용하는 수밖에 없다. 또 한 가지 알아 둘 점은 유럽 식당에서는 다 먹은 접시를 치워주는 것이 좋은 서비스이다. 이를 빨리 먹고 나가라는 무언의 압박으로 해석하면 안 된다. 접시를 치워 줄 때마다 미소 지으며 고맙다고 해주면 좋다.

빠에야는 재료에 따른 여러 종류가 있다. 알러지가 있는게 아니라면 해산물 빠에야를 추천한다. 고기 종류는 닭이나 토끼 고기가 있다. 개인적으로 육류보다 해산물이 더 감칠맛이 있었다. 쌀로 만드는 빠에야가 아니라 잘게 자른 스파게티로 요리하는 '피데우아' Fideua 도 추천 요리이다. 평소 파스타 류를 좋아한다면 피데우아가 더 나을 수 있다. 한 가지 중요한 팁이 있다. 주문할 때 반드시 소금을 빼달라고 해야 한다. 적게 넣어달라고만 해서는 여전히 짤 수 있다. 소금을 아예 빼버리면 싱겁지 않을까? 라는 우려는 접어 두어도 된다. 간은 이미 충분히 되어 있다. 빠에야는 철판에 요리하는 음식이다. 철판에는 눌러붙은 누룽지가 남기 마련인데 이 소카랏

빠에야를 서빙하는 모습

Socarrat 이 별미이다. 한국 고깃집에서 양념 고기 먹고 남겨서 밥 볶아먹을 때랑 아주 비슷한 맛이 난다.

빠에야는 쌀을 익히는 요리라 시간이 제법 걸릴 수밖에 없다. 따라서 기다리는 동안 먹을 만한 전채요리를 시키는 것도 좋다. 초리소 Chorizo, 스페인식 순대 는 무료 서비스로 나오지만, 식전 빵은 유료이다. 그래도 빵을 주문하는 것이 좋다. 빵 맛도 좋지만 올리브 오일과 찍어 먹으면 아주 별미

고메 in 마드리드

이다. 입맛이 예민하다면 초리소 대신 식전빵에 올리브오일만 찍어서 먹어도 좋은데 고급식당일수록 최상급의 올리브오일을 구비해 두고 있다. 올리브오일은 상큼하고 절대 기름지지 않으며 세상 둘도 없이 고소하다. 이것만 내내 먹고 싶을 정도이다. 자칫 빵과 올리브오일로만 배를 채워서 빠에야가 나오기도 전에 지치지 않도록 주의하자.

바닷가재 빠에야

피데우아

드디어 기다리던 빠에야가 나오면 기념사진을 찍어보자. 사진을 찍고 싶다고 하면 웨이터 분들이 친절히 포즈를 취해 주신다. 빠에야는 인원당 접시에 덜어서 각 사람 앞에 놓아주며 더 먹고 싶다고 하면 다시 덜어 준다. 세인트 제임스는 1인분 양이 상당히 많다. 남긴 음식은 포장이 가능하다. 와인을 좋아한다면 직원에게 추천받는 것도 좋다. 경험상 본인이 고르는 것보다 식당에서 추천해 주는 와인이 음식과 더 잘 어울린다. 가

와인 한 잔을 곁들인 빠에야

격대별로 추천받을 수도 있고 하우스 와인으로 시켜도 좋다. 식사를 마쳤으면 디저트까지 먹어보자. 〈세인트 제임스〉는 디저트도 맛집이므로 웬만큼 배가 불러도 디저트까지 즐겨보자.

마지막으로 계산할 때 팁도 잊지 말자. 스페인 식당에서 팁은 의무가 아니다. 하지만 만족스런 서비스를 받았다면 팁으로 감사를 표현하는 것이 예의이다. 만약 현금이 없다면 카드 청구서에 팁을 얼마간 포함해서 결제해 달라고 하면 된다. 식당 문을 나설 때는 숨도 못쉴 정도로 배부르겠지만 그만큼 이곳에서의 추억이 든든하기를 바라며, 나도 언젠가 다시 이 식당에서 맛있게 빠에야를 먹을 수 있기를 기대해 본다.

Part 5

뮤즈와의 산책

프라도 산책로
역사와 건축

유럽의 파르나소스
프라도 산책로

Paseo del Prado

프라도 산책로의 가을 전경

골든 트라이앵글의 꼭짓점들

'Paseo del Prado' 파세오 델 프라도, 앞으로 파세오라고 줄여 부르기로 하자 는 남쪽 레이나 소피아 미술관에서 북쪽 시벨레스 광장까지 이어지는 약 1.5Km의 대로이다. 이 대로는 그 자체가 예술을 주제로 한 거대한 테마파크이다. 레이나 소피아, 프라도, 티센 보르네미사로 이어지는 3대 미술관 골든 트라이앵글이라 부른다과 기획전시를 즐길 수 있는 카익사 포럼 Caixa Forum과 시벨레스 궁전, Palacio de Cibeles 대로 중앙을 따라 길게 뻗은 가로수길과 아름다운 분수들, 마지막으로 마드리드에서 가장 황홀한 야경을 즐길 수 있는 시벨레스 전망대 Mirador del palacio cibeles 까지. 휴식 없이 걷는다면 30분 가량 소요되는 이 대로는 중앙의 가로수길을 따라 미술관, 박물관, 분수, 주요 건축물 등이 연달아 나타난다. 산티아고 순례길이 종교적 순례길이라면 파세오는 예술의 순례길이다.

파세오의 남쪽인 레이나 소피아 미술관에서 산책을 시작해 보자. 지하철 역으로는 마드리드 중앙역인 아토차 Atocha에서 가깝다. 런던에 테이트 모던이 있고 파리에 퐁퓌두가 있다면 마드리드에는 레이나 소피아가 있다. 레이나 소피아 Museo Nacional Centro de Arte Reina Sofia 는 스페인을 대표하는 현대 미술관이다. 미술관 이름은 개관 당시의 스페인 왕비인 소피아에게 바쳐진 것이다. 스페인 모더니즘을 대표하는 세 명의 거장인 피카소, 달리, 미로의 소장품이 대표적이다. 특히 피카소의 〈게로니카〉가 유명하다. 레이나 소피아는 소장품도 좋지만, 입구의 카페와 서점도 훌륭하다. 카페는 주말이면 라이브 공연이 펼쳐지기도 하고 서점은 마드리드에서 손꼽히는 미술 전문 서점이다. 미술과 책을 좋아하는 사람이라면 한 번 서점에 들어간 이상 빠져 나오기 힘들 것이다.

소피아 미술관에서 5분쯤 북쪽으로 걸어가면 카익사 포럼이 나온다.

<레이나 소피아 미술관> 입구

카익사는 마요르카와 바르셀로나에 본사를 둔 스페인 최대 저축은행이다. 이 회사는 공익사업의 일환으로 스페인 주요도시에 문화공간을 운영 중이다. 카익사 포럼에서는 예술, 유물, 과학 등 다양한 분야에 걸친 기획전이 열리고 있다. 마드리드의 카익사 포럼은 입구의 〈세워진 정원〉 Jardin vertical 이 포토 스팟으로 유명하다. 이름 그대로 정원을 수직으로 세워 둔 느낌이다.

마침 마드리드 여행 기간 중에 본인이 관심 있는 특별전이나 공연을 한다면 빠지지 않고 들러보자. 무심코 주파수를 맞춘 라디오에서 좋아하는 음악이 나오면 음원 사이트에서 콕 찍어 들을 때와 다른 각별한 기쁨을 준다. 어렵게 방문한 여행지에서 우연히 자신이 좋아하는 작가의 특별전을 만날 때도 비슷한 기쁨이리라. 설사 자신이 잘 모르는 작가라 하더라도 그 기회에 좋아할 수도 있지 않을까.

카익사 포럼의 건너편은 왕립 식물원이다. 넓은 공간에 다채로운 식물

카익사 포럼 입구의 <세워진 정원>

들이 어우러져 있는 식물원도 좋지만, 개인적으로는 파세오 대로를 따라 뻗어있는 산책로를 더 좋아한다. 파세오 델 프라도를 한국어로 옮겨보면 "초원의 산책로"쯤 된다. 이름 그대로 산책로는 푸르름으로 뒤덮여 있다. 이 거리는 언제 걸어도 좋지만 특히 여름의 녹음이나 가을의 단풍 사이에서 걸을 때면 매 발걸음이 즐겁다. 카익사 포럼을 보았으면 신호등을 건너 반대편 인도를 따라 걸어보자. 지금 우리가 북쪽으로 걸어가고 있는 것이니 도로의 오른쪽 인도가 되겠다.

산책로를 따라 조금만 올라가면 프라도 미술관이 나온다. 프라도는 스페인 고전회화를 대표하는 3명의 화가가 출입문을 지키고 있다 남쪽에서 올라온다고 가정했을 때 가장 먼저 만나는 화가의 동상은 무리요이다. 무리요는 스페인 예술의 황금기인 17세기를 대표하는 화가로 스페인 왕실에서 작품 반출을 금지했을 정도의 대가이다.

무리요 동상을 지나 조금만 올라가면 〈벨라스케스 동상〉을 만날 수 있다. 전 유럽이 자랑하는 미의 전당 프라도의 정문을 지킬 수 있는 화가로 벨라스케스를 대체할 아티스트는 없을 것이다. 벨라스케스는 곧 스페인 미술의 승리를 나타낸다. 17세기 바로크 시대에는 수많은 대가가 군웅할거 했다. 그 와중에 벨라스케스는 스페인의 자존심이었다. 얼마나 많은 화가가 자신들의 뛰어난 재능에도 불구하고 벨라스케스 작품 앞에서 질투와 선망을 느꼈을까.

　마지막으로 매표소 앞에서 고야의 동상을 만나게 된다. 고전시대의 마지막 거장이자 모더니즘의 첫 번째 거장. 고야는 기술도 뛰어났지만 무엇보다 시대 정신을 반영했다는 점, 자연의 재현을 넘어 작가의 내면을 표현했다는 점에서 근대회화의 개척자라 할 만하다.

　프라도 앞에는 로터리가 하나 있고 로터리 중앙에는 넵튠 분수가 있다. 넵튠 분수를 시작으로 파세오의 남쪽에는 그리스로마 신을 테마로 한 세

프라도 미술관
〈벨라스케스 동상〉

개의 분수가 이어진다. 넵튠은 그리스식 이름으로는 포세이돈이다. 넵튠은 바다의 신이면서도 육지생물인 말을 좋아했다. 그래서 분수 속 바다의 신은 고래가 아니라, 말 위에 우뚝 서 있다. 참고로 넵튠 분수는 마드리드 연고 축구팀 중 하나인 아틀레티코 마드리드의 우승 축하 장소이다.

분수를 지나 오른쪽을 보면 스페인 독립운동 중에 희생된 영령을 모신 현충탑 Monumento a los Caidos por Espana 이 있다. 현충탑은 오벨리스크 모양으로 탑 밑에는 꺼지지 않는 '영원의 불꽃'이 타오르고 있다. 19세기 초, 스페인은 프랑스 나폴레옹 군에 의해 점령당했고 당시 스페인 국민은 프랑스에 강하게 저항했다. 당시의 독립운동을 묘사한 유명한 그림이 고야의 〈5월2일〉과 〈5월3일〉인데 바로 인근의 프라도 미술관에서 감상할 수 있다.

넵튠 분수(Fuente de Neptuno)

현충탑 건너편에는 골든 트라이앵글의 마지막 꼭짓점인 티센 보르네미사 미술관이 있다. 앞서도 소개했듯 서양미술에 관한한 양과 질 모두 가 공할만한 수준의 컬렉션을 소장하고 있다. 그냥 지나치기 전에 티센 미술관의 남쪽 벽면을 살펴보자. 19세기에 쇼팽과 쌍벽을 이룬 피아노 영웅 리스트의 공연을 기념하는 문구가 새겨져 있다. 조금 더 자세하게 위치를 설명하자면, 웨스틴 호텔 맞은편 지하 주차장 입구 인근이다. 리스트가 마드리드에서 리사이틀을 가졌던 장소가 바로 지금의 티센 미술관이다. 리스트가 공연한 것이 그렇게 기념할 일인가 생각할 수 있지만, 당시 리스트의 인기는 지금 BTS 인기 못지 않았다. 지금의 BTS 팬과 당시의 리스트 팬이 만나면 누군가를 열렬히 좋아한다는 마음만으로 금세 의기투합할 것이다. 참고로 독주회를 가리키는 '리사이틀'이라는 용어를 처음 사용한 사람이 바로 리스트이다.

현충탑(Monumento a los Caidos por España)

1844년 리스트의 마드리드 공연 기념문

아폴로, 뮤즈 그리고 파르나소스

보르네미사 미술관을 지나 다시 도로 중앙으로 산책을 이어가 보자. 조금만 북쪽으로 올라가면 그리스로마 신화를 테마로한 두 번째 분수 아폴로 분수 Fuente de Apolo 가 나온다. 아폴로 분수는 앞서 소개한 넵튠 분수나 다음에 소개할 시벨레스 분수 Fuente de Cibeles 에 비해 눈에 덜 띈다. 하지만 아폴로 분수야말로 파세오가 상징하는 바를 가장 잘 드러내는 분수이다. 아폴로는 태양의 신이자 예술의 신, 학문의 신으로 아폴로가 사는 장소를 '파르나소스'라고 한다. 파르나소스에는 아폴로와 더불어 예술과 학문을 관장하는 9명의 여신이 머물고 있다. 이 여신들을 뮤즈 그리스어로는 무사이 라고 한다. 박물관, 미술관을 뜻하는 "뮤지엄"이란 단어도 '뮤즈'에서 나왔다. 이제 파세오를 다시 둘러보자. 곳곳에 자리잡고 있는 미술관과 아폴로 분수 그리고 이들을 품고 있는 아름다운 산책로의 의미를 알 수 있을 것이다. 프라도나 티센 같은 미술관들은 뮤즈이고 아폴로는 예술의 수호신이며 이들을 품고 있는 산책로는 파르나소스인 것이다! 유럽에는 수많은 도시, 수많은 명소가 있다. 하지만 그 어떤 장소도 마드리드의 파세오만큼 강렬하면서도 아름답게 파르나소스를 재현해 내지는 못했다. 파세오를 산책하는 것은 곧 파르나소스를 거니는 것이다. 서문에서도 썼듯 마드리드는 뮤즈 여신들이 가장 사랑하는 도시 중 하나임에 틀림없다.

파르나소스의 수호신, 아폴로 분수 (Fuente de Apolo)

마드리드의 상징, 시벨레스 광장

아폴로 분수에서 북쪽으로 향하다 보면 오른쪽에는 해군박물관이 나오고 왼쪽에는 스페인 중앙은행이 보인다. 16세기 스페인 무적함대는 넬슨 제독의 영국 해군, 이순신의 조선 수군과 함께 역사상 최강 3대 해군이 아닐까. 무적함대로 유명한 스페인 해군의 위대한 영광을 보고 싶다면 이곳에 들러볼 만하다. 박물관에는 해군 장비와 무기, 지도, 선박 모형 등 흥미로운 전시품이 많다. 스페인 무적함대가 투르크 군대를 물리친 레판토 전투의 영광을 기리는 거대한 회화도 놓치지 말자.

시벨레스 분수(Fuente de Cibeles)와 시벨레스 궁전(Palacio de Cibeles)

해군박물관까지 지나면 파세오의 종점인 시벨레스 광장 Plaza de Cibeles 이 나온다. 시벨레스 광장은 중앙의 시벨레스 분수와 분수 뒤로 펼쳐진 장엄한 시벨레스 궁전이 어우러져 마드리드의 랜드마크를 연출하고 있다. 시벨레스 분수는 파세오에 위치한 그리스로마 신화 분수 3부작 중 가장 유명하다.

시벨레스는 대지의 여신으로 두 마리 사자가 이끄는 수레를 타고 있다. 이 사자들은 여신의 분노를 산 히포메네스와 아탈란타라는 젊은 연인이 변한 것이다. 두 연인에 얽힌 이야기는 프라도 미술관의 〈히포메네스와

귀도 레니, 〈히포메네스와 아탈란타〉 Hippomenes and Atalanta, 1618–1619년, 캔버스에 유채, 206x297cm, 프라도 미술관

아탈란타〉라는 작품에서 확인할 수 있다. 참고로 넵튠 분수가 아틀레티코 마드리드의 분수라면, 시벨레스 분수는 지구 대표 축구팀인 레알 마드리드의 축하 장소이다. 축구 실력으로 보자면 바다의 신 보다 대지의 여신이 더 강한가 보다.

분수 뒤의 시벨레스 궁전 Palacio de Cibeles 은 1919년에 개장한 '네오플라테레스크' 양식의 건물이다. 플라테레스크는 스페인만의 독특한 건축양식이다. 고딕과 르네상스를 조금씩 받아들인데다 화려한 장식이 특징이다. 이 건물은 과거에는 우체국으로 쓰였으며 지금은 시청이자 복합 문화공간으로 사용된다. 건물 안으로 들어가면 지하에는 조그마한 음악당이 있어 클래식 위주의 공연을 하고 위로 올라가면 기획전시 공간이 나온다.

마드리드 최고의 경관을 볼 수 있는 곳도 이곳 시벨레스 궁전이다. 전망대가 있는 6층까지는 엘리베이터를 타고 올라갈 수 있다. 전망대에서 눈 아래 펼쳐진 시벨레스 분수와 스페인 중앙은행, 파세오 산책로를 보고 있노라면 '여

행의 추억은 사진이 아니라 가슴에 담는 것이다'라는 여행 철학을 가진 사람도 어느새 스마트폰 카메라 어플을 켜게 될 것이다. 전망대는 낮에도 아름답지만, 야경은 특히 아름답다. 만약 전망대가 문을 닫았다면 4층에 위치한 카페를 가는 것도 한가지 방법이다.

다시 말하지만 파세오는 광대한 예술 공원이다. 가히 유럽의 파르나소스라 할 만한 이곳에서 뮤즈의 가호를 받으며 밤하늘의 별처럼 쏟아지는 예술을 만끽하기 바란다.

시벨레스 궁전에서 바라본 야경

웨스틴 팔레스 호텔과 카페테리아
야외 테라스

역사와 건축
왕궁에서 하원의사당까지 산책

국민이 자랑하는 화가, 시민이 사랑하는 빵집

마드리드에는 매력적인 산책 코스가 많지만 이 책에 다 담을 수는 없다. 고민 끝에 두 가지 코스를 골랐다. 하나는 앞 서 소개한 프라도 산책로이고 다른 하나는 이제부터 소개할 왕궁에서 국회까지의 산책이다. 프라도 산책로에서는 아름다운 자연과 예술 사이를 거닐 수 있다. 왕궁에서 국회까지의 산책은 그와는 다른 즐거움을 준다. 이 지역에서는 근대 건축의 다양한 양식을 감상할 수 있으며 그에 더해 마드리드가 품고 있는 흥미로운 이야기도 만날 수 있다. 산책에도 장르가 있다면 전자는 서정시, 후자는 서사시에 가깝다.

오리엔테 광장 Plaza de Orient 에서 산책을 시작하자. 지하철 역으로는 오페라 Opera 에서 가깝다. 오리엔테는 동쪽이란 뜻이다. 광장이 왕궁의 동쪽에 위치해 있어 그런 이름이 붙었다. 광장 중앙에는 펠리페 4세 기마상이 있다. 벨라스케스를 총애하였던 왕이다. 정치에는 그다지 소질이 없었지만 예술가를 후원했다는 점에서는 스페인에 기여한 바가 있는 인물이다. 펠리페 4세 동상은 스페인 예술에 대한 그의 업적을 기리는 의미에서 세워진 듯 하다. 광장에는 여러 인물 조각상이 놓여있다. 이들은 스페인 왕국의 역대 왕들이다. 왠만한 역사 마니아라도 들어본 적이 없는 왕들일 것이다. 이들은 로마와 이슬람 지배 사이 즉, 서고트족이 다스리던 시절의 지배자들이다. 비교적 친숙한 합스부르크나 부르봉 가문의 왕들은 레티로 공원에 모여 있다. 오리엔테 광장에서는 왕궁을 배경으

오리엔테 광장

로 하든 왕립 극장을 배경으로 하든 멋진 사진을 찍을 수 있다.

　오리엔테 광장 Plaza de Oriente 에서 1분만 걸어가면 라말레스 광장 Plaza de Ramales 이 나온다. 이곳에는 위대한 예술가의 영혼과 함께 스페인 국민의 슬픔이 서려 있다. 광장 중앙에는 조그마한 탑이 있다. 탑 아래에는 스페인 역사상 가장 위대한 화가, 벨라스케스가 묻혀 있는 것으로 추정된다. 그렇게나 위대한 화가가 왜 이렇게 길거리 광장에 덩그러니 묻혀 있는 것일까. 원래 이곳에는 산티아고 기사단이 관리하던 산 후안 교회가 있었다. 기사단 소속이었던 벨라스케스는 사후 이 교회에 묻혔다. 세월이 흘러 19세기 초반이 되자 나폴레옹은 스페인을 점령하고 자신의 형인 조제프 보나파르트를 스페인 왕위에 앉힌다. 광장에 있던 산 후안 교회가 없어진 것은 바로 이 프랑스 출신 왕 때문이다. 도시 정비의 명목으로 교회를 허물어 버린 것이다. 스페인 국민의 상실감을 짐작할 수 있을 것이다. 후손들은 광장 중앙에 탑을 세워 벨라스케스를 기리고 있다. 탑 위에는 산티아고 기사단을 상징하는 십자가가 세워져 있다. 벨라스케스가 시녀들 그림에서 가슴팍에 그려 넣었던 그 십자가이다.

광장에서 아레날 거리 Calle de Arenal 쪽으로 살짝 내려와 계속 걸어가 보자. 상점과 식당이 쭉 이어지는 이 거리는 마드리드 시민, 관광객, 길거리 예술가로 늘 북적인다. 이곳 저곳 둘러보는 재미가 있지만 소매치기를 당할 수 있으니 조심하자. 거리 끝에 도달하면 모퉁이에서 '라 마요르키나' La Mayorquina 라는 간판을 발견할 수 있다. 1894년에 개업한 유서 깊은 가게로 마드리드 시민들이 가장 사랑하는 빵집 중 하나다. 이곳은 화려하거나 고급스러운 장소가 아니다. 마드리드 시민이 편안하게 맛있는 빵을 구입하는 곳이다. 다른 도시 혹은 다른 나라에서 살고 있는 마드리드 사람들이라면 종종 마요르키나에 대한 향수에 시달릴 것이다. 가게 안은 북

라말레스 광장(Plaza de Ramales)

적거리는 편이고 영어도 잘 안 통하기 때문에 선뜻 들어가기가 망설여질 수 있다. 기죽지 말고 용기 있게 들어가 보자. 뭘 주문해야 할지 잘 모르겠다면 나폴리타나 Napolitana 를 주문하자. 페스트리 안에 초콜릿을 넣은 빵인데 커피랑 궁합이 아주 좋다.

라 마요리키나 빵집(La Mayorquina)

마드리드 시민의 뜨거운 피가 흐르는 솔 광장

라 마요리키나 앞에 펼쳐진 광장은 '솔 광장' Puerta del Sol 이다. 기쁨과 슬픔, 즐거움과 분노. 수백 년에 걸쳐 마드리드 시민이 쏟아낸 뜨거운 감정들이 켜켜이 쌓여 있는 장소다. 한때 이 광장은 서울의 동대문 시장 같은 장소였다. 거리의 상인들이 모여들어 옷이나 신발, 가발, 모자를 팔았다. 여름이면 멜론이나 수박 상인들이 모여들었다. 원체 활기찬 마드리드 사람들이 여름 과일을 먹으며 한바탕 풀어내었을 수다 열기는 어마어마했을 것이다. 광장 중앙에는 카를로스 3세 기마상이 세워져 있다. 카를로스 3세는 계몽 군주로 조선의 정조와 비슷하다. 두 왕 모두 18세기 후반 재위에 올라 국정 전반을 개혁하기 위해 노력했다. 안타깝게도 두 왕이 사망한 후 국가가 위태로워지는 모습도 비슷하다. 기마상 앞에는 솔 광장의 상징적 건물인 마드리드 시청사가 있다. 이 건물은 카를로스 3세의 명에 의해 완성된 건물이다.

1808년 5월 2일. 마드리드 시민의 분노가 바로 이곳 솔 광장에서 폭발한다. 앞서 말했듯 당시 스페인은 프랑스의 통치하에 놓여 있었다. 5월 1일, 왕궁 앞에서 시작된 프랑스에 대한 저항은 다음 날 솔 광장에서 계속된다. 왕은 즉시 군대를 투입한다. 당시 프랑스군이 누구인가. 전 유럽을 휩쓸었던 나폴레옹 휘하의 육군 아닌가. 유럽 최강 프랑스군에게 마드리드 시민은 변변한 무기도 없이 달려든다. 이 모습은 고야의 걸작 〈5월 2일〉에 잘 나타나 있다. 마드리드 시민들이 달랑 단도 하나를

솔 광장(Puetra del Sol)

들고 혹은 그마저도 없이 말 위에 올라탄 군인들을 습격하고 있다. 프랑스 군인 외에 터번을 두른 군인들도 보인다. 이들은 나폴레옹이 이집트에서 데려온 맘루크 이슬람 특유의 노예 병사 들이다. 스페인 사람은 정열적이라고들 하는데 여기서 정열적이란 보통 재밌게 즐길 줄 안다는 뜻으로 해석된다. 그 말도 사실이지만 개인적으로 스페인 사람의 정열이라고 하면 5월 2일의 이미지를 떠올린다. 죽음을 두려워하지 않고 프랑스군에게 달려들던 그 모습 말이다. 이후 스페인 전역에서 프랑스에 대한 독립전쟁 반도전쟁이라고 한다.이 일어나고 스페인은 영국의 도움을 받아 마침내 프랑스를 몰아낸다.

고야, 〈1808년 5월 2일, 마드리드〉

　　현재의 솔 광장은 서울로 치면 보신각, 뉴욕으로 치면 타임 스퀘어 같은 장소다. 많은 시민이 이곳에서 한 해의 마지막을 보내고 새해를 맞이하기 때문이다. 12월 31일 밤이 되면 한 손에 포도를 든 시민들이 솔 광장에 모인다. 자정을 알리는 12번의 종소리에 맞춰 포도 12알을 먹는 것이 스페인 사람들의 오랜 새해맞이 풍습이다. 자정이 다가옴에 따라 사람들의 시선은 시청사 위의 시계탑에 모아진다. 이윽고 자정을 알리는 종소리가 울리면 사람들은 포도를 먹으며 옆 사람과 너나없이 끌어안는다.

광장에는 유명한 〈곰과 산매자나무 청동상〉이 있다. 산매자는 딸기의 일종이다. 산매자나무에 앞발을 올리고 있는 곰은 마드리드의 상징이다. 왜 곰이 마드리드의 상징이 되었는지에 대해서는 여러 설이 있다. 그중 하나는 마드리드 부근에서 곰이 많이 출몰했기 때문이라고 한다. 옛 문서에는 "마드리드는 곰과 돼지가 살기 좋은 마을"이라는 문구가 등장하기도 한다.

야외 건축 박물관

곰과 산매자나무 동상

솔 광장에서는 여러 갈래로 길이 나눠진다. 알칼라 거리 Calle de Alcala로 걸어가 보자. 이 근방은 '야외 건축 박물관'이라 할 만하다. 걷다 보면 18세기에서 20세기 초에 걸쳐 지어진 멋진 건물들이 연달아 나타난다. 그중 상당수는 중요 문화재로 지정되어 있다. 먼저 알칼라 거리 15번가에 자리하고 있는 마드리드 카지노를 보자. 1층 한국 기준 2층이 특히 아름답다. 이오니아 양식의 둥그런 주두를 가진 기둥이 연속적으로 이어지는 아치를 떠받치고 있는 가운데 아치 위에는 아름다운 여성들이 걸터앉아 있다. 우아한 곡선이 넘실거리는 아르누보 건물이다. 스페인에서 아르누보 양식은 모데르니스모 Modernismo 라고 불렸다. 모데르니스모는 가우디 작품으로 대표되는 바르셀로나가 유명하지만, 마드리드 곳곳에서도 모데르니스모 건물을 발견할 수 있다. 마드리드 카지노는 소위 도박장이 아니다. 현대에서는 카지노라고 하면 라스베이거스의 도박장을 떠올리나 원래 카지노는 상류층이 유흥을 즐기는 장소를 가르킨다. 마드리드 카지노도 귀족이나 신흥 부르주아들의 사교장이자 유흥시설이었다. 마드리드 카지노 옆에는 앞서 소개한 왕립 예술원 건물이 있다.

마드리드 카지노

카지노 길 건너 모퉁이를 보자. 옥상 양쪽에 청동으로 만든 〈사두전차 동상〉이 세워져 있는 웅장한 건물이 보일 것이다. 건물이 워낙 위엄 있어 처음 보는 사람은 누구나 발걸음을 멈추고 이 건물의 정체를 궁금히 여길 것이다. 이 건물은 BBVA 빌바오 은행 알칼라 지점이다. BBVA는 세계적인 금융회사이다. 그렇다 하더라도 본사도 아니고 지점이 이렇게나 멋들어지다니. 청동상 아래 외벽은 그리스 고전풍의 기둥과 유리로 덮여 있다. 서양 건축의 가장 고전적 디자인에 근대의 디자인을 결합한 것이다. 기둥을 모두 제거한 모습을 상상해보자. 유리로 외벽이 뒤덮인 현대식 건물이 떠오를 것이다. 앞서 소개한 마드리드 카지노가 아르누보라면, 이 건물은 아르데코이다. 아르누보가 곡선을 많이 사용하고 여성적인 것에 반해, 아르데코는 곡선과 직선을 혼합하며 남성적이다. 오래된 은행 건물은 신고전주의나 아르데코풍으로 웅장하게 지어진 경우가 많다.

BBVA 알칼라 지점

그렇게 짓는 은행의 의도는 무엇일까. 위로 쭉 뻗어 올라간 웅대한 기둥은 예로부터 권력을 상징했다. 고대의 전쟁 장비인 옥상 위 전차도 역시 권위적인 이미지를 갖고 있다. 기둥과 전차는 입금 고객에게는 성취감을, 대출 고객에게는 위압감을 줄 것이다.

BBVA 건물을 보았으면 알칼라 대로로 더 내려가지 말고 세비야 거리 Calle de Sevilla 로 꺾어 들어가보자. 조금 내려가다보면 곡선형 건물들이 둘러싸고 있는 카날레하 광장 Plaza de Canalejas 이 나올 것이다. 여기서 다시 왼쪽으로 방향을 틀어 산 헤로니모 거리 Carrera de San Jeronimo 를 따라 걷자. 완만한 내리막길을 따라 걷다 보면 하원의사당 Palacio de las Cortes 이 나온다. 하원의사당의 정면을 똑바로 보자. 좌우로 길쭉한 르네상스식 건물에 그리스 신전을 연상하게 하는 현관이 붙어 있다. 신고전주의 양식의

하원 의사당

표본 같은 건물이다. 현관을 자세히 보자. 여섯 개의 코린토식 기둥이 엔타블러처 그리스로마 건축에서 기둥에 의해 떠받쳐지는 부분의 총칭 를 떠받치고 있는 가운데 페디먼트 그리스로마 건축에서 지붕 위의 삼각형 장식물 에는 국민의 대표가 수호해야 하는 다양한 대상인 정의, 자유, 조화, 과학, 예술, 국토, 상업, 농업 등이 사람이나 여신의 모습으로 새겨져 있다. 유럽을 여행하다 이와 비슷하게 생긴 고전주의 건물을 보면 페디먼트 부분을 관심 있게 보자. 거기에는 그 건물의 용도에 부합하는 의인상이 새겨져 있을 것이다.

이제 현관 양측의 청동 사자상을 보자. 두 사자에게는 이름이 있다. 다오이스와 벨라르데. 이 둘은 앞서 얘기한 5월 2일 봉기를 이끌다 사망한 영웅들이다. 앞서 소개한 레알 궁전에서도 볼 수 있듯이 유럽의 왕궁에서는 사자상을 쉽게 발견할 수 있다. 같은 사자상이라도 왕궁의 사자가 왕실의 권위를 상징한다면 하원의사당의 사자는 민중의 고귀한 애국심을 상징한다.

세르반테스 동상을 지나 럭셔리한 호텔 로비에서 휴식

하원의사당 바로 앞에는 〈세르반테스 동상〉이 있다. 동상 근처에는 세르반테스가 살았던 집이 있고 그 근처에는 같은 시대를 살았던 또 다른 위대한 문학가, 로페 데 베가의 집이 있다. 그래서 이 일대를 '문학 지구' Bario de Letras 라고 부른다. 세르반테스 동상은 문학 지구의 상징이다. 동상 하단에는 청동 부조들이 새겨져 있다. 여기서 우리는 또다시 사자를 만난다. 사자 우리 앞에 당당히 서 있는 돈키호테를 보라. 이는 돈키호테 2부에 나오는 이야기를 묘사한 것이다.

돈키호테는 벌판에서 왕에게 바칠 사자를 운반하는 인부들을 만난다. 돈키호테는 자신의 용기를 보여주겠다며 우리 문을 열라고 한다. 산초 판사와 인부들이 뜯어 말리지만 돈키호테는 요지부동이다. 결국, 인부는 우리의 문을 연다. 하늘이 돈키호테의 용기를 가상히 여기셨는지 사자는 우리에서 나오지 않고 멀뚱하게 앉아 있기만 한다. 돈키호테는 어떻게 했을까. 그는 멈추지 않는다. 거기서 그만뒀다면 돈키호테가 이렇게까지 유명해지지 않았을 것이다. 돈키호테는 사자가 자기에게 달려들 수 있도록 매질을 하라고 한다! 여기서 인부는 멋진 말로 돈키호테를

세르반테스 동상

설득한다. 돈키호테가 사자에게 결투 신청을 했는데도 사자가 나오지 않았다. 결국 수치는 사자의 몫이고 승리는 돈키호테의 몫이라는 것이다. 돈키호테의 무모한 도전들 중에서도 가장 스릴 넘치는 에피소드이다.

〈세르반테스 동상〉 앞에는 마드리드에서 가장 럭셔리한 호텔 중 하나인 웨스틴 팔레스 호텔이 있다. 호텔은 앞서 소개했던 파세오 산책로에 맞닿아 있다. 팔레스 호텔은 1912년 완공된 5성급 호텔이다. 피카소, 달리, 버스트 키튼, 리하르트 스트라우스, 마타 하리. 역대 투숙객 면면이 화려하다. 아르누보 풍의 로비 카페테리아 유리 천장이 특히 유명하다 에서 커피 한 잔에 애플파이를 곁들여 산책으로 지친 다리를 쉬게 해주자. 웨스틴 호텔에서 숙박까지는 못 하더라도 커피 한 잔 정도의 사치는 괜찮지 않을까.

사자 우리 앞의 돈키호테

웨스틴 팔레스 호텔 카페테리아

에필로그

　누군가를 혹은 무엇인가를 너무 사랑하게 되면 둘 중 하나가 된다. 나만 알고 싶어지거나 모두에게 알리고 싶어지거나. 연인이라면 자기만 알고 싶겠지만 팬이라면 모두에게 알리고 싶어질 것이다. 저자는 마드리드팬이자 예술팬이다. 자연히 마드리드와 이 도시가 품고 있는 예술을 사랑하게 될수록 이 도시를 더 알리고 싶어졌다. 회사원으로서 한 도시의 예술에 대해 쓰기로 작심한 배경은 바로 이 '팬심'이다.

　혹자들은 마드리드에 살았으니까 마드리드가 좋다고 얘기하는 것이 아니냐고 의심할 수도 있다. 즉 마드리드가 위대하다는 것은 다분히 개인적 경험 때문이 아니냐고 얘기할 수 있다. 하지만 그 도시에 살았다고 반드시 그 도시가 좋아지는 것은 아니다. 오히려 그 반대도 많다. 또 다른 분들은 유럽의 다른 도시를 보지 않아서 이렇게 얘기하는 것 아니냐고 반문할 수도 있다. 이 또한 그렇지 않다. 마드리드에서 근무하는 동

안은 물론이고, 그 이전에도 여러 가지 이유로 유럽 곳곳을 여행하였다. 새로운 도시에 도착하면 미술관이나 궁전은 빠지지 않고 방문하였다. 그렇게 둘러본 많은 도시 중에서 마드리드보다 대단하다고 느꼈던 곳은 거의 없다. 마드리드가 품고 있는 예술은 질과 양 모두 압도적이다. 많은 분이 유럽을 가장 가고 싶은 여행지로 꼽는다. 유럽이 아름다운 이유는 무엇보다 '예술' 덕분이다. 그런 의미에서 예술의 도시 마드리드는 유럽 여행을 꿈꾸는 분에게 혹은 이미 유럽을 여행하였지만 마드리드의 매력을 충분히 즐겨보지 못한 분에게 강력히 추천드리고 싶은 여행지다.

누군가는 예술보다 음식이나 쇼핑을 더 좋아할 것이고 그런 분들에게도 마드리드는 근사한 도시다. 하지만 취향이라는 것도 배우고 개발하기 전에는 잘 모를 수 있다. 우리는 곧잘 자신을 잘 안다고 착각하고 취향은 선천적이라 생각한다. 하지만 그렇지 않다. 취향은 후천적인 경우가 많다. 프로야구 팬도 어떤 경로를 통해서든 규칙과 선수들의 면면을 배웠기 때문에 야구팬이 된 것이다. 예술도 마찬가지다. 예술에 대해 조금씩 알아가다보면 아름다움을 알아보는 눈, 즉 심미안에 눈뜨게 된다. 그렇게 심미안을 통해 둘러보는 마드리드는 얼마나 놀라운 도시일 것인가. 이 책이 아직 예술과 그리 친근하지 않은 분에게 미술과 음악에 대한 호기심을 일깨우는 자극이 될 수 있으면 좋겠다. 아울러 이미 예술을 사랑하는 분에게는 마드리드에 대한 썩 괜찮은 안내서가 될 수 있기를 바란다.

한창 원고를 준비할 때만 해도 코로나로 인해 해외여행은 엄두를 내기 힘들었다. 시간이 흘러 원고를 마감하고 보니 기나긴 코로나의 터널을 지나 서서히 해외여행이 재개되는 시점이 되었다. 상상하기 싫지만

다른 변종 바이러스가 퍼질 수도 있다. 하지만 머지 않아 우리는 일상을 되찾고 해외여행도 가능해질 것이다. 세상에는 멋진 여행지가 많지만 이 책을 읽은 독자분들은 망설임 없이 마드리드로 떠나셨으면 좋겠다. 오후에는 미술관에서 루벤스의 그림을 감상하고 한밤에는 오페라 극장에서 아리아를 듣고. 카페테리아 야외 테라스에서 한숨 돌린 후에는 예술이 된 건축물 사이를 산책하고. 유럽에서 꿈꿀 수 있는 모든 것이 마드리드에 있다. 뮤즈의 정원, 예술의 파르나소스, 마드리드를 한껏 즐기시기 바란다.

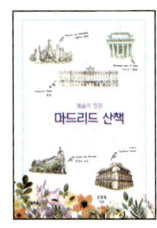

예술의 정원
마드리드 산책

초판1쇄 발행 | 2022년 7월 20일

지은이 강명재
펴낸이 이동석
펴낸곳 일파소
디자인 김성훈

출판등록 2013년 10월 7일 제2013-000294호
주소 서울특별시 영등포구 영등포로 231-1, 3층 **(07250)**
전화 02-6437-9114 **(대표)**
e-mail info@ilpasso.co.kr

ISBN 979-11-969473-8-5 03920

책값은 뒤표지에 있습니다.

파본은 구입하신 서점에서 교환해 드립니다.
이 책을 무단 복사, 복제 전재하는 것은 저작권법에 저촉됩니다.
이 책에 수록된 사진 대부분은 저자가 직접 촬영한 것으로 저작권은 저자에게 있습니다.